Steve Fleetwood

スティーヴ・フリートウッド 著

佐々木憲介／西部 忠／原 伸子 訳

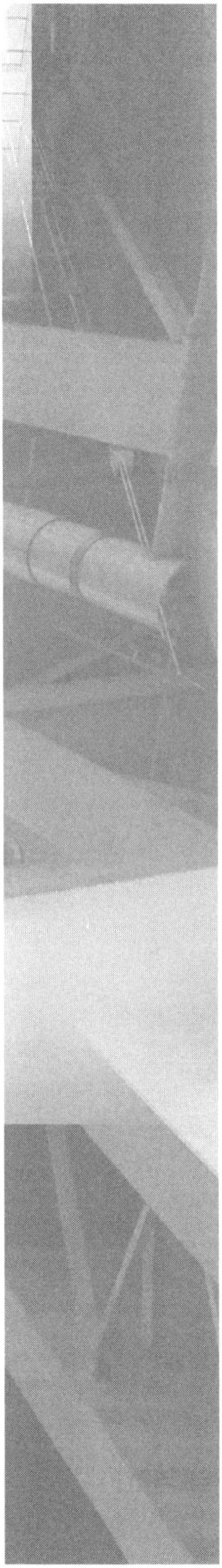

秩序の社会経済学

Hayek's Political Economy

ハイエクのポリティカル・エコノミー

法政大学出版局

Steve Fleetwood

Hayek's Political Economy

Japanese translation rights arranged with
Routledge, a member of the Taylor & Francis Group
through The Asano Agency, Inc. in Tokyo

妻アンに捧げる

日本語版への序文

ハイエクが二〇世紀のもっとも影響力のある経済学者のひとりであり、また、彼が市場の働き方について有力な説明を行なったことを認めるために、ハイエクが書いたすべてのことに同意する必要はない。そして、奇妙なことに、ハイエク自身、自分の著作を正統派経済学の「主要な」ジャーナルで出版することは、今日ほぼ確実に不可能であることに気づくであろう。事実、正統派経済学者たちは、ハイエクを「固有の意味での」経済学者とは認めないであろう。なぜなら、ハイエクは一九三〇年代に、理論と方法に対する典型的な正統派アプローチを放棄し、私が論じるように、「批判的実在論」と両立可能な経済学の方法を採用したからである(1)。

ハイエクが使う理論とは、制約下で一群の諸目的を最大化する合理的主体を含まない。それは関数的関係をともなわないため、需要・供給関数のような基礎的道具が存在する余地がないし、均衡の概念を使用するわけでもない。彼が使う方法は、なんらかの実証主義に根ざすわけでもない。すなわちそれは、数学もしくは統計をともなうわけではないし、仮説演繹法（あるいはなんらかの類似物）を採用するのでも、回帰分析や仮説検定を行なうのでも、非現実的な公理や仮定を利用するのでもない。彼が使う理論はある種の「社会理論」にほかならず、彼の方法は私が因果的説明と呼ぶものであって、批判的実在論に類似するものを基盤としているように思われる。ハイエクは、正統派の理論と方法を放棄し、それに代わって、社会理論的アプローチを因果的説明の方法とともに採用したことによって、洗練された方法で、しかも価格と数量の間の関数的関係に関する分析に基礎をおくことなく、市場経済の基本的な調整メカニズムを（高度に抽象的なレベルにおいてであるとはいえ）説明し記述することができたのである。

このことは、多くの人にとっていささか奇妙なことに思えるかもしれない。ハイエクは自由市場の経済学の大御所ではないのか。自由市場の経済学は、価格シグナルを歪曲し、供給と需要の均衡を阻害する拘束を除去することを目指しているのではないのか。そのことが奇妙に見えるのは、多かれ少なかれ、正統派経済学の本質を受け入れる場合だけである。ハイエクは正統派経済学とはまったく異なる仕方で市場経済を擁護する。この点を把握するために、『ハイエクのポリティカル・エコノミー――秩序の社会経済学』の主要なテーマのいくつかを詳しく述べることにしよう。

個人（ないし集団）が計画を立て、行為を始めるとき、その計画に続いて起こる他人の行為が自分の計画に影響を与えるはずだが、他人の計画については無知なのだから、自分の計画が完了するというなんの保証もないであろう。知識の全体は一カ所に集めることはできないし、一個人ないし一組織が知りうるものでもない。なぜならば、それは断片的で分散的であり、そして多くの場合、暗黙知的（したがって明示不可能）であり、したがって、この無知の状態はいたるところに存在するからである。価格が特定の生産投入物の稀少性などの事柄に対して個人の注意を向けさせることによって、価格メカニズムは情報伝達システムのように作動するけれども、価格は個人にすべてを知らせるわけではないから、個人は他の多くのことについて無知である。実現しうる見込みがかなりある計画を立てるうえで個人を助けるのは、ふるまいの社会的ルールという形態における、社会構造の高密な網を頼りにすることができるという点である。(2) ルールは無知の状況下で行為を導く。これらのルールを頼りにすることによって、個人は進化する社会の集合的英知の一部を利用し、これが知識の発見・伝達・貯蔵を可能にする。しかし、これらのルールが知識を扱う能力は完全からはほど遠いので、計画と行為の調整は完全、効率的、最適などからほど遠く、ある種の定義でいわれるような均衡をけっして生み出さない。いかなる時点においても、無秩序の状態にいる個人が存在する。彼らは他の人々の新しい、あるいは変更された計画や行為の影響を受けるため、また、システムの他の部分が進化し変化するため、彼らの当初の計画はしばしば期待された結果をもたらさない。彼らは誤りから学び、計画を再考し、行為をもういちど開始する。これらの修正された計画は、結果的に予期した帰結をもたらすものもあれば、そうでないものもあるだろう。つまり、成功のための保証はない。実際には、多くの計画が予期された帰結をもたらす程度まで、社会経済システムは秩序あるものになる。重複する失望の連続的な流れを経て、秩序が無秩序から生成する。

よって、ハイエクによる自由市場の擁護は、正統派経済理論の中心的教義、すなわち、諸個人が自由に価格シグナルに反応することによって、資源を効率的に配分し、個人が効用を最大化するような均衡を結果的に紡ぎ出すであろうとする主張とは、なんの関係もない。たしかに、ハイエクの擁護は、自由市場が計画と行為を調整するのにまったく不得手である可能性を許容するものであるとはいえ、彼によれば、私たちがよりよいシステムを設計できると信じることも致命的なうぬぼれなのである。いいかえると、(うまくゆく) 代替案はなんら存在しないということである。自由市場がなしうることに関する主張を弱め、そして、その説明をより現実的なものにすることによって、ハイエクは自由市場の擁護をいっそう強力なものにしている。正統派経済理論が自由市場の擁護として見劣りするのは、その主張がどうしようもなく非現実的であり、簡単に反駁しうるものだからである。そして、これはベッキのような現代オーストリア学派の主張に関して見失うべきではない論点である (Boettke, 1997)。

また、正統派経済理論は説明すべきことをたんに仮定している、ということも付け加えたほうがよいであろう。

これらのいずれも、自由市場の擁護はけっして論破できないものだということを意味しているわけではない。ただ、利用しうる最善なもののうちのひとつであることを意味するだけである。

『ハイエクのポリティカル・エコノミー』を書いたとき、私はなんの批判も提出しなかった。というのも、私の目的はただハイエクの著作の理論的・方法論的基礎を理解することにあったからである。もし今日、私がこの本を書くならば、あえていくつかの批判を試みているだろう。短い序文は徹底した批判を提示すべき場所ではないけれども、この機会を利用させてもらい、オーストリア学派的思考に対して一般的に影響を与えている二つの盲点を指摘することによって、「ハイエク的思考のハイエク的批判」というべきものを簡単に素描してみたい。

第一に、ハイエクによる自由市場の擁護は、本質的には、それに代わる代替案が存在しないというものである。ケインズ主義的な福祉国家資本主義や（ハイエクがそう理解するところの）社会主義の唱道者たちは、無知があまねく存在することを無視し、国家計画当局が、予想される行為を生み出す計画を立てるために、十分な知識を順序正しくまとめることができると仮定している。この議論は強力であり、なんらかの規制された資本主義に賛成するケインズ主義者（およびその他の人々）にとって深刻な問題を生み出すけれども、自由市場資本主義に対してはひとつの盲点をもつ。いかなる種類の資本主義にも反対する洗練されたマルクス主義者は、ハイエクに完全に同意するであろう。マルクス主義には、資本主義は計画できる、さもなければ規制できると考える人々を批判する長い伝統がある。しかし、トロツキー以降、マルクス主義にはまた、「社会主義」のふりをした（そして今もしている）さまざまな全体主義的悪夢に対して幻想を抱いてきた人々を批判する伝統もある。多くのマルクス主義者は、知識が断片的で分散的であり、そして多くの場合、暗黙知であり、その場合、国家計画当局はスーパーコンピュータを利用しても知識を順序正しくまとめることができないのを完全に認めるであろう。こうした知識を識別して集中することを試みるよりはむしろ、「ある時と場所における特定の状況に関する知識」が個人に緊密に結びついたままであるという条件のもとで、諸個人を適切に動機づけることによって共同の利益に奉仕するために彼らがもつ知識を利用することを可能にするような、なんらかの開放的で民主主義的な社会政治経済システムが創発するほうがよいだろう。ここで、ハイエクが経済人（*Homo economicus*）とはなんの関係もないことを想起しよう。このような行為を促進するであろう社会政治経済制度について詳細に論じることは、明らかにこの序文の範囲を超えるけれども、以下の点について言及しておきたい。価格シグナルがそれ自身では計画と行為を調整するための不十分な指針であり、しかも、ふるまいの社会的ルールも私たちの知識にある残りの間隙をすべて埋めることはできないということをひとたび認識すれば、種々の社会構造・制度にとっての空間が開かれたことになる。いまやその道は、（自発的に）生成し、彼らの知識を活用して共同利益のために奉仕するよう個人を動機づけるための、さまざまな他の社会構造・制度について考察することに開かれている。そのようなシステムがいままでけっして存在しなかったという事実は、それが存在しえないことを意味しない。さらに、多くのオーストリアンが唱道する完全自由市場もこれまでけっして存在したことがないのだから、マルクス主義者とオーストリア学派はともに（具体的な）ユートピアン・プロジェクトに関わっているのである。

　第二に、市場の機能に関するハイエクの考えは、生産者（企業）と消費者が自分の計画と行為を調整するという、より広い文脈において展開されているけれども、彼は企業自身について別の盲点をもっている。私が知る限り、ハイエクは企業内部の出来事について書かなかったし、これはオーストリア学派の中心的な主題でもない。ここでふたたび、多くのマルクス主義者は、知識が断片的で分散的であり、そして多くの場合、暗黙知であり、その場合、ここでは経営者が知識を順序正しくまとめることができないのを完全に認めるであろう。こうした知識を識別して集中することを試みるよりはむしろ、ある時と場所における特定の状況に関する知識が個人に緊密に結びついたままであるという条件のもとで、なんらかの開放的で民主主義的な職場が創発するほうがよいだろう。これらの諸個人に適切な社会的権限を委譲することで、すべての利害関係者、すなわち、所有者や株主だけではなく、労働者、消費者、地域住民、環境などの利益に奉仕するために、彼らがもつ知識を活用することが可能になるかもしれないからだ。このような権限委譲された個人が創発しうる職場について詳細に論じることは、ここでもまた明らかにこの序文の範囲を超えるけれども、以下の点について言及したい。多くの複雑さをもつ生産過程を一連の個人労働者間のミクロ的市場交換へ還元することは、計画と行為を調整する有効な方法にはまったくなりえない。しかも、それはたんに取引費用の理由からだけではない。もしそうした企業内調整が市場ベースではありえないとすると、そして、科学的管理のテクニックは労働者を動機づけるための非効率的な方法であると認識する点で現代的経営思考が正しいとすれば、なんらかの形態の権限委譲こそ、ほかに考えられる唯一の選択肢であるように思われる。たしかに、現代の人的資源管理の核心は、自律的・自発的な方法で創造力、想像力、そして創意工夫の力を利用するために、職場に対していかに権限委譲をするかという問題にある。しかし、本当に開放的で民主主義的な職場は大部分の利害関係者の目的と衝突するため、資本主義のもとでは存在していないし、また存在できないから、大部分の労働者にとって、ほとんどいつも、これらの権限のスイッチは切られたままであり、本当の権限委譲は夢にとどまる。したがって、問題は、次のような種類の開放的で民主主義的な職場を思い描くことができないということではない。すなわち、そうした職場では、ある時と場所における特定の状況に関する知識は分散的で、個人により所有されており、個人はそれを利用して全利害関係者の利益に奉仕するための権限委譲を受けている。むしろ問題は、資本主義はそうした職場を生み出すことはできないようにみえるということである。

『ハイエクのポリティカル・エコノミー』で展開した考えが、最近の労働雇用問題への関心とともに、いかにして私を現在のプロジェクトへと導いたかを述べて、この序文を終えたいと思う。私の知る限り、ハイエクは労働市場について書かなかったし、それはオーストリア経済学の中心的なトピックではない。しかしながら、私は現在、ハイエクの市場一般への基本的アプローチを継承し、それを使って労働市場の正統派モデルに対するラディカルな代替案を展開する研究に従事している。経済学と他の社会諸科学との間の伝統的な学問上の境界線を越えて、さまざまな異端的経済学者たち（および、その他）が与えてくれた理論的・経験的な洞察から出発し、それらを批判的実在論が提供するメタ理論的な明晰性によって補強している。私の論点は次のとおりである。

　個々の労働市場参加者が計画を立て、行為を始めるとき、その計画に続いて起こる他人の行為が自分の計画に影響を与えるはずだが、他人の計画については無知なのだから、自分の計画が完了するというなんの保証も存在しないであろう。この場合、賃金率に基づく情報伝達システムが将来の被雇用者と雇用者にシグナルを送るけれども、賃金は彼らにすべてを知らせるわけではない。彼らは社会構造の高密な網に助けられて、成功する確率がかなり高い計画を立てることができる。したがって、労働市場は、賃金率・労働供給・労働需要が互いのたんなる関数となる場所に還元することはできないし、社会構造と別に存在する現象としても考えられない。だからといって、労働市場は社会構造に埋め込まれているとも考えられない。むしろ、労働市場はそれらを構成する社会構造と同じものになり、通常の意味での労働市場はたんに存在しないのである。

　ひとことでいえば、『ハイエクのポリティカル・エコノミー』という私の著作は、労働市場に対する興味深く、そして、自らそう信じるが、ユニークなアプローチを生み出させてくれた。ハイエクがそのことを承認してくれるかどうかはわからないが。

スティーヴ・フリートウッド

英国、アンブルサイド

二〇〇五年一月

謝辞

トニー・ローソンは、博士論文の指導教員として指針を与えてくれただけではなく、インスピレーションと刺激的な批評によって私を導いてくれた。オーメイ夫人からは、ケンブリッジ大学ウルフソン・カレッジのD・オーメイ奨学金を通して、博士論文プロジェクトへの資金的援助をいただいた。マーク・ピーコック、スティーヴ・プラットンおよびヨックン・ルンドは、一連の草稿に対して鋭い批評をしてくれた。これらの方々に心から感謝したい。

ハイエクのポリティカル・エコノミー——秩序の社会経済学◎目　次

凡例

一、本書は、Steve Fleetwood, *Hayek's Political Economy: The Socio-Economics of Order* (London: Routledge, 1995) の全訳である。

一、本訳書には原著者による「日本語版への序文」を添えた。

一、原文がイタリックで強調されている言葉には傍点を付した。ただし、外国語であることを示すためにイタリックになっている言葉には傍点を付していない。

一、大文字で強調されている言葉には、《 》を付した。

一、原著の引用文献中で日本語訳のあるものは適宜参照し、参考文献一覧に書誌情報を示した。本文中では、訳書（複数の訳書がある場合は新訳）のページ数を付記したが、原著のページ数が訳書に併記されている場合には省略してある。なお、訳文は必ずしもそれに拠らない。

一、引用文中のブラケット［ ］は著者による補足である。

一、引用文献を指示する場合、わかりやすいように表現を一部変更した。

一、索引は、事項・人名とも、原著索引を参照しながら訳者が作成した。

一、明らかな誤植は、とくに断らずに修正した。

第1章　序　論

社会生活のなかに、ある種の秩序、整合性および恒常性が存在するということは明らかである。もしそれらが存在しなければ、われわれはだれも、仕事をすることもできないし、もっとも基本的な欲求を満たすこともできないであろう。（著者不明、Hayek, 1960, 160 から再引用）

本書は、F・A・ハイエクの著作のなかで社会経済秩序がどのように考えられているのか、ということを検討するものである。私は、ハイエクの約五〇年に及ぶ著作のなかで展開されている秩序についての考え方を、たんに実質的な観点から（すなわち、メタ理論ではなく経済理論のレベルで）記述するのではなく、別のアプローチを選択する。つまり、ハイエクの実質的な経済学が示す多様な局面を、彼が支持する哲学的立場と関連させ、根底にある哲学的前提によって、ある時期には一定の実質的な発展が抑制されるのに、他の時期には一定の実質的な発展が促進されることになる、ということを論証する。このようにして、彼の実質的な経済学一般、とりわけ社会経済秩序に関する考え方の強さと弱さとが、さまざまな哲学的立場の強さと弱さとに基づくものとなる。思うに、このアプローチが経済学者にとって貴重な教訓となるのは、実質的な経済学の実態に対して、哲学が必然的に影響を及ぼしているということが、それによって照らし出されることになるからである。

社会経済秩序に関する探究の起源

社会経済秩序という用語は、社会経済的活動がなんらかの形態の規則性、パターン、システムもしくは配置を示すという事態に関係している。冒頭の引用文が示すように、社会経済が概して混沌としたものではなく秩序立ったものであるがゆえに、社会経済的活動も相対的に調整されたものでなければならないのである。

社会経済秩序が関心事となるのは、さらにいうと、おそらく「社会科学の真髄をなす関心事」（Clark, 1989, 598）となるのは、なによりもまず、封建的生産様式が崩壊した一七世紀後半の西ヨーロッパにおいてである。封建社会というのは、すべてを包含するひとつの社会というよりも、入れ子型に重なった諸社会を指し示すものであり、各々の社会がその境界内の多数の個人の活動を規制する支配中枢をもっていた。この規制は、直接的かつ意識的に諸個人の連合をめぐって行なわれているから、封建的生産様式は、連合の一様式もしくは秩序としてもっともよく記述されるかもしれない。この様式の基本的な制度は荘園というシステムであるが、このシステムは賦役の慣行に基づいていて、そこでは農奴が領主の土地で一定期間一定の労役をするように強制された。この慣行が、労働という活動、および産出物の種類と量とを規制するうえで中心的な役割を果たしていた。このように、封建制度のもとでの社会経済秩序は、意識的な規制と連合とによって維持されていたのである(1)。

とはいえ、一八世紀までには、イギリスの封建的生産様式は消え失せており、ヨーロッパでも同様の過程が進行中であった。このような発展が啓蒙思想家たちに難問を突きつけることになった。その難問とは、諸個人の間での直接的かつ意識的な規制と連合とがないところで、社会経済秩序はどのようにして維持されるのであろうか、というものである。主権国家の「リヴァイアサン」は急激に弱体化していたが、「孤独で、貧困で、不潔で、野卑で、欠乏した……生活のなかでの、……万人の万人に対する闘争」(*A Dictionary of Philosophy*, 1983) というホッブズ流の危惧は、現実のものとはならなかった。ロック、ヒューム、ルソーといった思想家たちは、ホッブズを出発点とし、自然法哲学を改訂して、社会契約の観点から説明しようとした。ルソーによれば、

共同社会の威力が各構成員の人格と財産の保護のために動員されるという結果をもたらすような、なんらかの形態の連合が見いだされなければならない。しかも、同胞と統合されるときに、服従が自分自身の意志となり、以前と同じように自由なままであるような仕方で、連合が行なわれなければならない。(Kay and Mott, 1982, 32から再引用)

一八世紀中葉になると、アダム・スミスが指導的な啓蒙主義哲学者の一人として登場し、多くの啓蒙思想を首尾一貫した社会科学へと総合した。自然法哲学の影響を受けていたけれども、スミスは探究の方向を変えて、秩序の原因を別のところで探しはじめた。彼は、今日であればおそらく政治科学と呼ばれるであろうものから、政治経済学へと転じ、社会科学の歴史に新たな一章を開いた。ハイルブローナーによれば、

スミスは……当初は秩序に対する最大の脅威になると思われていた完全な自由という社会の属性そのもののなかに、自己調整的な経済の秘密を見いだした。その秘密とは社会的・空間的な可動性のことであり、それは、多くの同時代の観察者には、潜在的な分裂と無秩序との源泉であると思われていた特徴であった。(Heilbroner,

1986, 151)

まさに、諸個人がそれぞれ孤立した原子のような状態にあり、しかも活動的に動き回る性質のものだということ、すなわち連合が欠如しているということが、混沌をもたらすのではなく社会経済秩序をもたらし、その秩序は、政治経済学によって解明されるべきメカニズムを通して成り立っているのである。社会経済秩序は、自己調整的経済の秘密を学ぶことによって、もっとはっきりいうと競争のメカニズムを学ぶことによって、理解可能なものとなる。スミスは、社会に秩序があることの源泉を、(ホッブズとは違って)国家に見いだすのではなく、(ルソーと違って)社会契約に見いだすのでもなく、たいていの啓蒙思想家が無秩序の源泉にほかならないと推定したまさにその制度、すなわち経済のなかに見いだすのである。そこでスミスは、社会経済秩序に関する現代的な探究を開始し、政治経済の制度に探りを入れることになった。このことは、もしいるのであれば、現在ではだれがスミスのプロジェクトに取り組んでいるのか、という問題を提起することになる。

スミスの後継者

スミスのプロジェクト、すなわち社会経済秩序の説明を探し求めるプロジェクトは二〇世紀まで継続されており、そこには二つの大きな傾向を見いだすことができる。一方の傾向は、社会理論家が携わってきたものであり、他方の傾向は、概して経済学者と呼ぶことができる者が携わってきたものである。社会理論家は、相対的に経済現象を軽視するために、スミスの先行者であるホッブズやルソーによって始められた探求の仕方を、ある意味で継続している。すなわち彼らは、社会政治的な観点から秩序を説明することに関心をもっている。経済学者のなかで、スミスのプロジェクトを継続しているということができる学派は、マルクス派[2]、一般均衡理論家[3]およびオーストリア学派、とくにハイエクである。

ハイエクの著作に対する関心が復活しつつあるようにみえるが、それにもかかわらず、彼は捉えにくい経済学者である。これには二つの主要な理由がある。第一は、ハイエクが、正統的な意味における経済学者ではなく、包括的な社会科学者だということである。ハイエクの著作を十分に理解するためには、学科の境界を超える必要があるが、それは今日の多くの経済学者がしたがらないことなのである。ハイエクは次のように述べている。

今日、適正な社会経済秩序という問題は、経済学、法学、政治学、社会学、倫理学といったさまざまな角度から研究されているが、この問題は、全体としてアプローチする場合にのみ成功しうるものなのである。(Hayek, 1973, 4)

経済学者でしかない者は、よい経済学者ではありえない。ただひとつの特定の学科に基づいて適切に回答しうるような問題はほとんどない。(Hayek, 1967a, 267)

これから明らかになるように、本書は、ハイエクのこの発言をそのまま受け取り、彼の経済学、哲学、社会理論および認知心理学を追跡しようとする。ハイエクが捉えにくい人物だという第二の理由は、彼の著作がほとんど六〇年近くにわたって書かれており、その間に重大な変化をこうむっているため、たんに「ハイエクの著作」と呼ぶことができないということである。本書が課題とする研究を容易にするために、ハイエクの著作を三つの時期に区分する必要があることがわかった。（本書ではほとんど論じない）一九三六年までの期間はハイエクⅠの著作を、一九三六年から一九六〇年までの期間はハイエクⅡの著作を、一九六〇年以降の期間はハイエクⅢの著作を表すものとする。これらの日付は、文字どおりに受け取られるべきではない。それらはたんに、有用な基準点となるだけである。一九三五年から一九三六年にかけて、もしくは一九五九年から一九六〇年にかけて、ハイエクがどういうわけか知的に飛躍し、それ以前のすべての思考を捨て去ったというのではない。むしろ、それまでとは大きく異なるものを検出することができるほどに、ハイエクの一連の洞察がそのころまでに積み上げられていたということなのである。私はハイエクの観念の進化を強調するけれども、既存の観念のなかには変化しないものもあるし、修正されるものもあるし、放棄されるものもある、ということに留意する。ハイエクの著作におけるこのような変化と連続とが重複する過程こそ、ローソンがハイエクの「連続的転換」と名づけるものにほかならない（Lawson, 1994c）。

ハイエクⅡの出発点を一九三六年の論文とすることは、今日ではまったくありふれたことであるが、さらにハイエクⅢが現れ、そしてこれが一九六〇年の『自由の条件』に始まると主張するのは新説である、と私は信じている。ふるまいの社会的ルールが自生的秩序を維持するさいに果たす役割について、その認識がはじめて現れるのがこの著作であり、それはまた彼の哲学的立場の転換と結びついている[4]。

現代の文脈におけるハイエクの位置

本書は、経済思想史に関する試論ではなく、現代経済学に対する含意をもつもの、おそらくは教訓となるものである。主流派経済学が混乱状態にあり、（少数ではあるが）しかしかなりの数の経済学者が代替的なアプローチを探しているということに、もはや議論の余地はない。数理経済学は、実在の世界についての経済学としてますます不適切なものになっており、抽象の必要性という煙幕を張って、分析的に扱いやすく、その意味で便利ではあるが、しばしば純粋な虚構である前提の使用を認めている。計量経済学は、モデルが新しいデータに直面するときにも持ちこたえられるような変数間の恒常的関係を探しているが、これが無駄であることは間違いない。(5) とはいえ、これらの相異なるアプローチが共有するもの、そして、まず間違いなくそれらの欠陥の源泉となっているものは、それらが共有している経験論的実在論という哲学上の基盤であり、それは実証主義として知られるアプローチとなって現れている。

ハイエクの著作が意義をもつのはここである。ハイエクは、すでに一九三六年に主流派経済理論を放棄しはじめた。とはいえ、この放棄の真の重要性は、実証主義との決裂、したがって主流派経済理論を支える経験主義哲学との決裂によって、それが促進されたという事実にある。彼の論文（1942a）は、なによりもまず「科学主義」を攻撃するものであるが、「科学主義」とは、自然科学の実証主義的方法を社会科学に不当に拡大することを意味する。ハイエクが主流派経済学と決裂してから約五〇年後に、彼の考えが代替的なアプローチを探している経済学者の関心を引きつけているのである。

ハイエクの経済学の特徴は、彼の哲学の特徴に基づくものである。したがって、ハイエクから学びたいと思っている者には、彼の哲学を真剣に取り扱うことが義務として課せられる。本書は、ハイエクの哲学を真剣に取り上げ、彼の哲学的立場の変化と、彼の実質的な経済学、とりわけ社会経済秩序についての考え方との間に現れる接合に注目する。

本書の議論の要点

一九三六年以降、ハイエクは社会経済秩序の検討に従事する。しかし、一九六〇年以前には、彼はこの検討を成し遂げるための理論的（哲学的あるいは経済学的）装置を開発してはいなかった。あと知恵をもってすれば、一九三六年から一九六〇年にいたる期間は、発展の二つの主要な方向を統合して秩序についての彼の成熟した考え方へと進んでゆく、予備段階とみなすことができる。一方の（消極的な）方向を追求するとき、ハイエクは主流派経済学と決裂するのだが、それはとくに知識についての仮定、均衡、経済人（*Homo economicus*）に封じ込められた人間主体の理論を基準として行なわれた。他方の（積極的な）方向を追求するとき、ハイエクは知識の重要性を意識するようになってゆく。ハイエクは、主体によって、また主体間で、さらには時を隔てて、知識が生産され、発見され、獲得され、変形され、運搬され、伝達され、貯蔵される仕方に強い関心をもっていた。簡潔にするために、私はこの仕方をたんに、知識が発見され、伝達され、貯蔵される仕方と呼ぶことにする。私はまた、この発見・伝達・貯蔵を容易にする制度にも言及する。

しかしながら、この時点でのハイエクに欠けていたのは、社会構造、とりわけふるまいの社会的ルールについてのなんらかの適切な把握であった。この欠落は、知識の重要性をますます意識するようになったことと結びついて、ひとつの問題を生じさせた。彼は知識の複雑な性質を理解するようになり、「情報伝達システム（*telecommunications system*）」（価格メカニズムを表す彼の用語）だけでは、複雑な社会において社会経済的調整を行なうのに必要な、質と量とを具えた知識の発見・伝達・貯蔵を促進しうるわけではない、ということを認めるようになった。しかし、彼はまだ、知識の重要性についてますます意識するようになったことと、情報伝達システムを補いうる社会構造とを統合する手段をもっていなかった。そのために彼は、知識の発見・伝達・貯蔵を促進するうえでの情報伝達システムの役割と効力とを、いわば誇張せざるをえなかった。

しかしながら、一九六〇年以降、ハイエクは社会構造についての考え方を自らの分析に統合することに成功し、その結果、人間主体がふるまいの社会的ルールに従うことによって、社会経済的世界における自分たちの位置を確かめながら進路を決めることができる、という考え方を発展させることができた。この発展が彼の著作における転換点であったように思われる。これらのルールは、情報伝達システムを補う構造として役立ち、主体が知識をもっているときには知識が伝達され、知識をもっていないときには無知にうまく対処することを可能にする。彼が描きはじめたのは、基底にあるルールの構造と市場過程の作用を支える情報伝達システムとの間の複雑な連関であった。

経済理論の実質的な部分に関するこのような大きな変貌を促したのは、ハイエクの哲学的および方法論的（簡潔にするために、私はこの組み合わせを哲学的と呼ぶ）立場における変化である。一九三六年以前のハイエクは、本書では詳しく述べないけれども、実証主義者と規定することができるであろう。[6] 一九三六年から一九六〇年にかけて、彼は認識論としての主観的観念論と存在論としての（拡張された）経験論的実在論とを総合する立場をとる。一九六〇年以降になると、彼は、私が準批判的実在論と呼ぶ哲学的立場へと方向を転ずる。そこで、これらの期間の各々において、ハイエクの著作の実質的な部分は、ひとつの哲学的立場につながっているのである。この結びつきの性質を詳しく述べることが、本書の主要な目的のひとつである。

一九三六年以前にハイエクが「狭い技術的な経済学」に固執していたのは、彼が実証主義の立場をとり、[7] したがって暗黙のうちに（経験論的実在論の）存在論の立場をとって、事実上、感覚経験に与えられる事象だけを許容していたためであるといってよい。経験論的実在論がハイエクに検討することを許した唯一の実在領域は、経験的なものの領域であった。すなわち、彼はその検討を、経験的事象の場面に限定しなければならなかった。このことが、社会経済的活動の組織原理として、均衡概念の使用を促した(8)。そこで、ハイエクⅠは、他の実証主義的経済学者と同様に、均衡という装いをもつ社会経済秩序を構成すると思われる行為の適合性について検討する。一九三〇年代後半にハイエクが実証主義から離脱したのを認識することは、彼の主流派経済学との決別を理解するうえで本質的な意味をもつのである。

一九三六年以降、ハイエクは、感覚経験に与えられる事象だけではなく、主体が抱く想念（conceptions）や観念をも許容する認識論と存在論とを展開するようになる。ここにいたって、彼はもうひとつの実在領域を認めることになる。（比喩的にいうと）絶え間なく変化する事象よりも深層にある領域、あるいは下層にある領域、つまり主体による想念の領域を認める。彼はもはや、「与件」を人間の同定から独立しているものとして取り扱うことはできない。すなわち、（技術者が扱うような）客観的かつ技術的な現象としてではなく、主体の主観的な想念と密接に結びついているものとして、それを取り扱うのである。彼は主流派経済学が知識をきわめて皮相に取り扱っていることを認め、その知識の使用に関わる前提に挑戦しはじめる。ひとたび批判が始まると、ただちに均衡という考え方や人間主体の理論にも批判が及ぶ。とはいえ、主観的観念論と存在論としての（拡張された）経験論的実在論の立場をとることは、ひとつの問題を他の問題で置き換えることを意味した。

先に述べたように、ハイエクは、社会構造一般、とりわけふるまいの社会的ルールについての考え方を発展させる必要に迫られていたが、一九六〇年以前にはそれが行なわれなかった。このことはけっして偶然ではない。彼が採用した認識論としての主観的観念論は、彼の社会科学においては解釈学的基礎づけ主義として姿を現すが、この見解によれば、実在は主体の想念によって余すところなく尽くされるものとされる。この立場が、適切な存在論を発展させるのを妨げた。すなわち、主体の同定とは独立に存在する実在の存在物としての社会構造、という考え方を発展させるのを妨げた。そこで、ハイエクⅡは、（ためらいがちに）均衡は秩序についての妥当な考え方ではないと主張しながら、それに代わるものを持ち合わせていない、という問題に直面した。その結果、彼はこの期間には、社会経済秩序について事実上、何も述べていないのである。

そこで、ハイエクは自分が採用した立場のせいで身動きができなくなった。彼の実質的理論のために必要となる理論的装置が、自分が採用した哲学的立場に妨げられて、手の届かないものになった。あと知恵をもってすれば、もしハイエクが、ふるまいの社会的ルールという形態で社会構造についての考え方を展開しようとするならば、この哲学的立場を放棄しなければならない。一九六〇年ころに彼が行なったのは、まさにこのことなのである。

ハイエクⅢは、準超越論的実在論の哲学を採用する。彼の認識論としての主観的観念論と解釈学的基礎づけ主義とは消散する。そして、彼は事象と想念とを実在と認める存在論を（さらに）拡張し、（隠喩的にいうと）ふるまいの社会的ルールという形態の深層構造をこれに含めるのである。ここにいたって、彼は最終的に均衡に代替するものを提供することができた。それは、事象の「下層に」進むことによって行なわれたが、こんどは（たんなる想念ではなく）これらの事象を支配する実在の構造へと進んだのである。（実証主義者であるハイエクⅠのように）経験的事象を第一の関心事とするのではなく、また（主観的観念論者であるハイエクⅡのように）主体の想念を第一の関心事とするのでもなく、（準超越論的実在論者であるハイエクⅢとして）経験的事象を生じさせる基底的構造あるいは「深層」構造を第一の関心事とするようになる。彼は《社会活動の変換モデル（Transformational Model of Social Activity, TMSA）》に近いものを展開し、私が自生的な社会経済秩序の変換的概念把握（*transformational conception of spontaneous socio-economic order*）と呼ぶもののなかで、市場過程あるいはカタラクシーについて彫琢を加え、最終的には、知識（の種類）、無知、ルール、情報伝達システムという諸テーマの結合を可能にする洗練された社会理論を創り上げたのである。

第2章　哲　学

認識論と存在論

なぜ哲学を気にするのか。なぜすぐに社会経済秩序についてのハイエクの思想を検討しようとしないのか。これには二つの理由がある。第一に、一九三六年から一九四二年の間に、ハイエクは主流派経済学と袂を分かつが、これ自体が明らかに哲学的な性質のものであり、科学主義──すなわち自然科学の方法の社会科学への応用──の拒絶という形態をとる。彼は次のように記している。

おおよそ一二〇年にわたり、《科学》の精神よりもその方法を真似ようとするこうした野望が社会研究を支配してきたけれども、この野望は社会現象の理解にはほとんど貢献していない……。（Hayek, 1942a, 268, 訳四頁）

したがって、ハイエク自身が主流派経済学からの離脱を哲学的性質の問題としているのであれば、そのような問題に関するハイエクの思想を理解することが注釈者の義務となる。

第二に、すべての思想家は（意識すると否とにかかわらず）ひとつの哲学的立場に固執しているが、どの哲学的立場も、その信奉者がある仕方で思想を定式化するように促したり仕向けたりする。思想家たちは、いずれかの哲学的立場——あるいは、たぶんそれらの混合したもの——に基づく一群の概念やカテゴリーの助けを借りて考えなければならないし、事実そうしている。

これらの問題を扱う哲学分野は形而上学である。ハレによれば、形而上学とは、「われわれが思考するさいのもっとも一般的なカテゴリーに関する研究」(Harré, 1988, 100)である。[1] 概念は、なによりもまず思考を可能にする道具である。概念は科学的活動に先立って存在しており、世界にあるさまざまな存在物が意味をもつために必要である。ハレが述べるように、

われわれは世界について考えるためにいくつかの概念を選ばなければならないが、これは帰するところ、……世界の構造を描き出し了解するための、ひとつの体系を受容することに等しい。われわれが選ぶ概念のどの組み合わせも、それがどれほど体系的な関連を欠いているとしても、形而上学的な……仮定を含んでいる。もしわれわれが物概念を使用するならば、われわれはすでに、個物の時間的な連続性を仮定する形而上学に関わっている……。(ibid., 16)

したがって、理論を最初から創り上げる思想家はいない。まえもって用意されている基本的な(そして、しばしば暗黙の)哲学的想定が、問題の定式化と、それに続く解法の定式化とを、両方とも規定する。さらに、このような哲学的想定が変わる場合には、その変化はしばしば実質的な理論の変化をも促進する。後述するように、ハイエクの場合がまさにそうなのである。このような場合には、哲学的変化の性質を理解することによって、それに続く経済理論の変化の性質を、よりいっそう十分に捕捉することが可能になる。

形而上学の核心に位置するのは、何が存在するのか、何を知ることができるのか、という二つの問いである。これらの問いは、それぞれ存在論および認識論という分科に関係している。存在論はまさに、存在の性質についての探究、何が存在するかについての探究に関わっている。すべての理論がなんらかの存在論を前提としているが、その鍵となるのは、何が存在するとみなされるのかという問いである。他方、認識論は、知識の性質と限界とに関わる。認識論は、何が存在するかについての知識をどのようにして獲得するかを問う。存在論と認識論は、かくして、ハイエクの哲学を理解するために用いられる枢要なカテゴリーとなる。

一七世紀以降、経験論が優勢になるとともに、主要な哲学的関心事は（アリストテレス的伝統に沿った）存在論の問題から認識論の問題へと移行し、したがって、何が存在するかについての問いから、何が存在するかを（について）どのようにして知ることができるのかという問いへと移行した。この「認識論的転回」の最終結果は、存在論の衰退であった。今日でも多くの哲学者が関心をもっているのは認識論的な性質の問題であり、これが広範囲な哲学的・科学的論述の方向を定めている。詳細はあとで論ずるが、実証主義に固執している経済学のような「科学」の場合には、とくにそうである。

だが、このような存在論の衰退は、存在論の問題が理論から放逐されてしまったことを意味するものではない。そのようなことは、二つの理由からしてまったく不可能であると思われる。すべての実質的理論は、検討中の実在の性質についてのなんらかの概念把握、すなわち存在論を必ず前提としている。その理論の提唱者が、この存在論に気づいているか否かに関わりなく、想定しているのである。たとえば、「社会」の存在を否定する理論は、概して、結びつきのない原子状の粒子もしくは個人という存在論を前提としている。第二の理由は、認識論に関係している。認識論を構成する一群の主張、すなわち検討中の実在をどのようにして知るのかという理論は、問題の実在はその認識論が示唆する仕方で知られうる種類のものである、ということを前提としなければならない。たとえば、経験される事象の規則的パターンを記録することによって実在を知ることができるという認識論的主張をすることは、規則的で、結びつきのない、原子的な出来事もしくは事象／行為という存在論を前提とすることなのである。(2)

しかしながら、認識論と存在論とは分かちがたく結びついているが、認識論への関心が経験論の影響を受けている場合には、存在論がそこで採用された認識論の派生物になる傾向がある。経験論に起源をもつ実証主義の場合も例外ではない。実証主義は暗黙のうちに特定の存在論に与するが、その存在論とは、存在は感覚経験に与えられる事象からなるというものである。存在するものは知覚されるものである。

これから述べるように、ハイエクⅡの哲学的基礎は、カントの影響を受けた認識論としての主観的観念論と、そのなかに隠されている、感覚経験に与えられる事象についての存在論である（拡張された）経験論的実在論との総合である。この哲学的総合は、ハイエクⅡの方法と、それに従う経済学的思考とを特徴づけている。とはいえ、それを解明する前に、これら二つの哲学的立場について詳しく述べ、より正確に定義する必要がある。

カントにおける主観的観念論的な認識論

カントの主観的観念論は、心から独立した物自体の存在を認めるという点で、物自体は不可知なままにとどまることになっているけれども、バークリ流の観念論と比べて、より「実在論的」であるとみなすことができるかもしれない。(3) カントは、物自体によって、唯物論と観念論との二律背反を解決するというよりも、それを巧妙に回避することができた。彼は、外的世界に存在するものを確定するという難問（さらにいえば、いやしくも何かが存在するのかどうかという難問）から、外的世界を経験する可能性を説明するという、やや異なった問題へと焦点を移す。

すなわち彼は、知識の対象が不可知なままであるときに、（心のカテゴリー構造を経由して）どのようにして知識がもたらされるのかという特殊な認識論的問題に関心を移す[4]。

バクハーストは、世界を経験する可能性というものが意味することを簡潔に解説している。すなわち、それは、主体がどのようにして、「感覚的に多種多様な事象を個体化し同定するのかということ、もしくは主観［主体］がどのようにして、たとえばあれこれの種類の経験として視野に現れる断片を了解するのかということ」（Bakhurst, 1991, 195）の説明に関係する。よく知られているように、カントは、悟性の純粋カテゴリーによる総合化の過程に訴えて、この可能性を説明する。悟性の純粋カテゴリーは、感覚経験のフィルターとして作用し、物自体をわれわれにとっての物に変える。

この点に、カントの主観的観念論の「主観的」側面が存するが、スターンが「存在論的ねじれ」と呼ぶものを観念論に与えるのもこれである（Stern, 1990, 21）。すなわち、超越論的主観である心が外的世界という客観を構造化し、これによって対象もしくはわれわれにとっての物を創り出す。スターンが述べるように、カントにとって、「客観を存在させるという点で重大な存在論的役割を果たすのが主観なのである」（ibid., 111）。客観の統一性は超越論的主観の統一性に依存する。あるいは、より正確にいうと、主体の心の統一性と組織とに依存する。私は本書の全体を通じて、この総合の過程を、簡単に主観が客観を構造化するという[5]。

主観が客観を構造化する過程というのは、超越論的主観の認識上の装置が、（構造化されていない）客観の経験に先立って構造化されており、さらには、経験される客観が、感覚経験のたんなる寄せ集めではなく、特定の何かとして経験されるように構造化されている、という主張に依存している。カントが述べるように、

> すべての結合は……悟性の働きである。この働きに対して総合という一般的な名称を与えることができるが、

それは次のことを示しているからである。すなわち、われわれは、それをあらかじめ自ら結合しておいたのでなければ、何ものをも客観において結合しているものとして表象することはできない、だからすべての表象のうちで結合は、客観を通じては与えられえない唯一のものなのである。結合は主観の自己活動の働きであるから、主観がなければ結合は遂行されえない。（Stern, 1990, 23 から再引用、強調は引用者）

カントの認識論について語るべきことは多いが、カントがハイエクに対して（おそらく暗黙のうちに）与えた影響を例証するという目的のためには、カントの認識論を次のように特徴づけることができるであろう。

(1) 加工されて知識に仕上げられるべき原料は、感覚経験というかたちで現れる。かくして、カントは知識を経験によって与えられるものに限定するわけではないが、知識は経験的現象に関わることによってのみ成立しうるとする。とはいえ、（経験的現象が何ものかをもたらすとしても）未加工の感覚与件がもたらしうるのは、ただ寄せ集めの混沌とした想念だけである。

(2) 悟性の純粋カテゴリーが感覚経験に働きかけることによって、そしてそのときにのみ、なんらかの知識が得られる。さもなければ多種多様な混沌とした想念であるものが、ひとつの概念にまとめられる。

(3) 感覚経験と純粋カテゴリーとの結合が、外的世界を構造化するように作用し、「われわれにとっての」客観を創り出す。これが、主観的観念論の主観的側面である。超越論的主観が客観を構造化する。

(4) 「われわれにとっての」外的世界は、主体の心が投影されたものとなる。カントの主観的観念論の観念論的側面が、この点に存する。なぜならば、主体が世界だとみなすものが、世界になるからである。

(5) 物自体は不可知である。このようにいうとき、カントは、事物の本質を暴露するというアリストテレス的な意味で不可知と言っているのである。カントは、この工夫によって、何が存在するかについての問いから、存在するものについての経験はいかにして可能であるかという問いへと、問題を移動させたのである。

カントの主観的観念論は、存在に関する領域を認識に関する領域に縮減するという効果をもった。知られるべきものとして存在するのは何かという問いが、それはいかにして知られうるかという問いに依存することになる。これは、バスカーが「認識論的誤謬」と呼ぶものにほかならない（Bhaskar, 1989a, 133）。とはいえ、この誤謬にもかかわらず、カントは存在論を放逐したのではなく、暗黙のうちにではあるが、ただ存在論の特殊な変種、すなわち感覚知覚の存在論を受容しただけなのである。

二つの存在論

経験論者のように、存在論ではなく認識論の主張から出発する場合にも、なお暗黙の存在論が採用され、その認識論から存在論が導かれることになる。この節では、哲学思想における「認識論的転回」によって生み出された存在論的立場、すなわち経験論的実在論について詳しく述べる。その叙述を容易にするために、存在論的見地についての枠組みを作り、経験論的実在論をそのなかに位置づける。私が作る枠組みは、ミークル（Meikle, 1985）およびバスカー（Bhaskar, 1978, 1989a）の研究に基づいている。

ミークル（Meikle, 1985, 8–10）によれば、基礎的な存在論は、原子論と本質主義の二つしかない(6)。これら二つの立場は、古代ギリシア人にまで遡ることができるが、とりわけ原子論者であるデモクリトスとエピクロスとの論争、およびアリストテレスに遡ることができる。原子論者が、真空のなかで結合したり反発したりする原子状の小片を

図2－1　関連する哲学的見地についての系統図

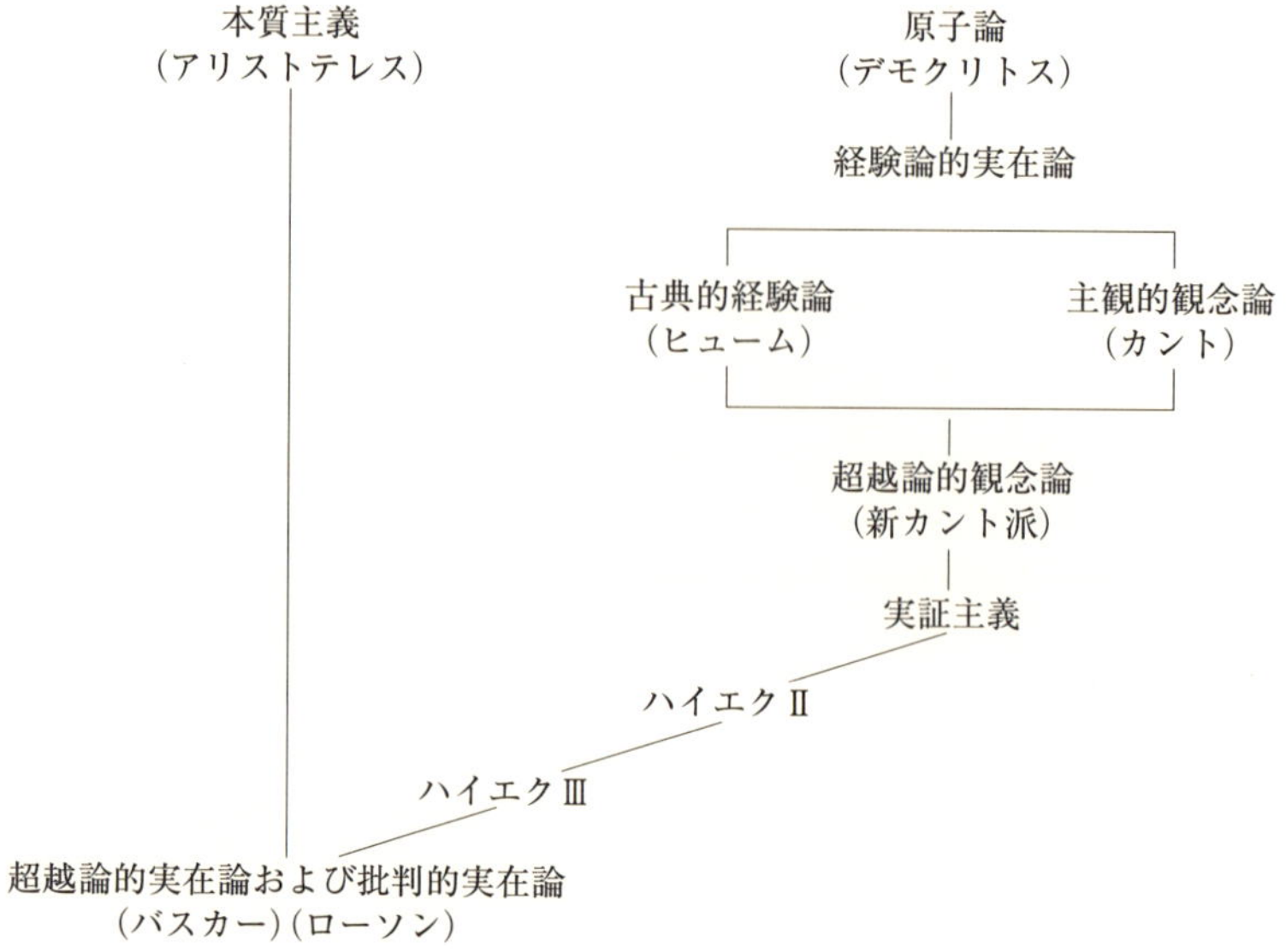

物質と考えたのに対して、アリストテレスは、物質をその構成部分から考えることはできないとし、形相あるいは本質というカテゴリーが必要であると論じた。

バスカーは、どちらかというと形而上学的な観点からではなく、科学哲学的な観点から議論を展開し、本質主義を超越論的実在論の系譜上に位置づけ、原子論を経験論的実在論の系譜上に位置づける。そして、経験論的実在論をさらに二つの部分に分け、一方の古典的経験論はヒュームに起源をもつものとし、他方の超越論的観念論はカントに起源をもち、（新カント派を経由して）あれこれの形態の実証主義として現れるものとする。これら二つの部分は科学哲学の二つの主要な伝統となっているが、その概観にあたって、図2－1はこれから行なう解説を簡略に示している。

経験論的実在論

バスカーは、古典的経験論の基底にある存在論を経験論的実在論と定義するが、彼はこれについて次のように説明している。

科学のどの記述も……なんらかの存在論を前提としているということは、科学が存在論的真空を嫌うということである。経験論者は、自分が作り出した真空を自分の経験概念で満たす。このようにして、暗黙の存在論が……生まれる。第一に、知識は感覚経験によって捉えられる原子的事象についての知識に還元される。そこで第二に、これらの事象は、世界を構成する特殊なものとして同定される。このようにして、実在についてのわれわれの知識は、科学によって知られる実在と同型的に対応するものとして、文字どおり同定されることもあれば、せいぜいそのようにみなされるだけのこともある。……かくして、認識論的誤謬が、経験のカテゴリーを根拠とする存在論、および、原子的事象という経験的対象と恒常的連接というそれらの関係の推定された特徴を根拠とする実在論を、隠蔽し偽装する。(Bhaskar, 1978, 40–41)

これはきわめて重要な注釈であり、その要点を明らかにするためには若干敷衍する必要がある。次のような六項目によって、経験論的実在論の本質的特徴を捉えることができると思われる。

(1) あらゆる科学的言明は、科学者が気づいているか否かにかかわらず、なんらかの種類の存在論を前提としている。

(2) 経験論者は、しばしば明示的に（ヒューム）、しかし通常は暗黙のうちに（カント）、感覚経験に基礎をおく存在論を前提としている。広大無辺な世界についての知識が、知覚されうるものについての知識に切り詰められるので、存在するということは知覚されるということに等しい。知覚されえないものは不可知なもの、したがって科学にとっては許容されえないものである。

(3) 知覚されうるものは、独特の、結合されていない、断片的な、点状の、原子的な出来事もしくは事象である。感覚経験に与えられる事象は、原子的なもの以外ではありえない。なぜならば、感覚による観察は、それらの間のどのような結合あるいは関係をも受けつけないからである。

(4) 感覚経験における事象として与えられる実在についての知識は、科学が知るところとなる実在と、同型的か、または融合するものとみなされる。この認識論は存在論を含意している。認識論的にいうと、もし感覚経験が原子的事象を与え、そしてこれらの事象が実在と融合されるのであれば、その実在は原子的に構成されていなければならない。この認識論から導かれる存在論は、原子論という存在論である。

さらに二つの点が、これらに続く。

(5) 事象が実在を構成するとみなされるのであるから、それらの事象の経験は、確実で矯正できないものとみなされる。

(6) 実在についての知識が感覚経験における事象として与えられるのであれば、これらの事象が科学的知識の基礎となる。ローソンはこの点を簡潔に説明している。

> 特殊な知識が感覚経験における事象であるとすれば、いやしくも科学的知識を含む一般的知識は、それがもしあるとしても、事象が示す恒常的なパターンとしてのみ可能であるに違いない。このようなヒューム流の見解によると、恒常的なパターンは、一般的なものについて考えうる唯一の形態である。そのような恒常的パターン、すなわち「事象*X*が生ずるときには、つねに事象*Y*が生ずる」という形式の規則性は、もちろん、因果法則についてのヒューム的なあるいは実証主義的な解釈となる。（Lawson, 1995a）

要するに、経験論的実在論は、知識の限界ということに基礎をおく認識論のなかに、原子論者の存在論を隠している哲学なのである。一般的もしくは科学的知識が入手できるのは、感覚経験に与えられる事象の絶え間ない変化のなかに、「事象*X*が生ずるときには、つねに事象*Y*が生ずる」という形式の規則的なパターンを発見することができる場合のみである。この形式がここでヒューム的法則と呼ばれているのは、ヒュームがこの見解を奨励したからである。経験論的実在論の見地に立つ経済学は、ヒューム的法則を用いて、仮定で補強された当初の公理から、帰結を演繹しようとする。

超越論的観念論と実証主義

認識論としての主観的観念論と存在論としての経験論的実在論との総合が、科学哲学の領域に転移されるとき、超越論的観念論——新カント派の立場——が生まれる。超越論的観念論の存在論は、感覚経験に与えられる対象もしくは事象が科学的研究の唯一の対象であるとは考えない点で、古典的経験論の存在論と異なっている。とはいえ、超越論的観念論は古典的経験論と同様に、事象の規則性がいたるところにあり、したがって法則はヒューム的な形式のものになる、ということを前提としている。この科学哲学が科学自身および主流派経済学のなかに現れたものが、実証主義なのである。

　実証主義という装いをもつ超越論的観念論は、モデルづくりの作業のなかに、ひとつの創造的な段階を組み込む。すなわち、検討中の事象の規則性を生み出すような、扱いやすいメカニズムが公準として導入される。ここでは、社会構造、メカニズム、磁場、原子あるいはワルラスの競り人のような、直接には知覚できない存在が、科学にとって有用なものとみなされる。とはいえ、重要なのは、そのようなメカニズムは実在する必要はないとされていることである。理論はただ、モデルづくりを容易にし、そして事後的に事象の規則性を合理的に解釈するのを容易にするような、扱いやすいけれども虚構の、構築物を用いればよいというのである。

　そこで、ここで概観した枠組みによれば、古典的経験論と超越論的観念論とは、ともに存在論としての経験論的実在論という共通の基礎を有している。この共通の基礎のゆえに、両者の立場をともに経験論的実在論に分類することが許される。超越論的観念論は、想像上の理論的構築物が科学の実践において有用であることを認めているという点で、ただ若干進んでいるだけなのである。

カテゴリーと用語法の解説(7)

本章の最終節の目的は、本書全体を通じて用いられる若干のカテゴリーと用語法の特殊な使い方を解説することである。

「作用」因（'efficient' cause）という用語は、たとえば、グラスが粉々になった原因は、テーブルからそれを叩き落とした手である、というような常識的な原因概念に当てはまる。これと対照されるのが「質料」因（'material' cause）であり、質料因は実行を可能にする条件、もしくは行為の条件と考えてよい。したがって、グラスが載っていたテーブルはグラスが粉々になったことの質料因である。

社会科学において事象（これは第一義的には自然科学に関して用いられる）の類似物になるのは行為である。とはいえ、「事象Xが生ずるときには、つねに事象Yが生ずる」という様式のヒューム的法則は、しばしば実証主義者によって社会科学・自然科学の両方で使用されるため、事象と行為との間の区別はぼやけたものになる。そこで、社会科学を論ずるさいには、事象／行為に言及することになる。

主体が心に抱くものを表す「観念」「態度」「意味」「記述」「信念」「見解」等々の用語は、ハイエクの一九三〇年代末から一九四〇年代初頭にかけてのすべての著作に浸透しているが、これらはすべて、たんに主体の想念（*conceptions*）として言及される。

「実在（real）」という用語は、実在する存在物（entities）を指示する。したがって、石やウォンバットは実在する。同様に、神や妖精そのものは実在しないけれども、主体が心に抱くかもしれない神や妖精についての想念は実在する。

世界は、次のような実在する存在物からなるものとみなされる。

・主体による同定から完全に独立して存在する厳然たる物理的存在物、すなわち想念に依存しない物理的存在物。

・厳然たる物理的なものでありながら、同時に想念にも依存する道具のような人工物。それらの存在は、部分的には主体の同定に依存している。
・厳然たる社会的存在物、すなわち想念に依存する非物理的存在物。それらの存在は、すべての主体による同定に依存する場合もあれば、そうでない場合もある。たとえば、交通法規上のルールは主体の同定に完全に依存しているが、階級や支配のような社会構造はそうではない。

「同定（identification）」という用語が含意するのは、（a）主体がその存在物についての知識をもっているということ、かつ／または、（b）主体がその認知活動によって、その存在物を創り出すということである（すなわち、主観的観念論的立場）。世界を成り立たせているさまざまなタイプの存在物と「同定」という用語とを結びつけて、「主体による同定から独立して存在する存在物」といった言い方をするためには、解明を要する点が二つある。

第一に、この言い方が含意するのは、これらの存在物は必然的に、それらが（a）知られなくても、かつ／または、（b）特定の主体によって主観的に構築されなくても、存在するということである。似ているとはいえ、（a）と（b）とは同じではない。ある存在物についての知識をもつということは、その存在物を主観的に構築するということと同じではない。なぜなら、実在の存在物がなくても、それについての知識をもつことはあるからである。いいかえると、存在するのは、知識の対象ではなく、知識としての対象だけである。とはいえ、このために、知識という用語の使用には問題があることになる。

もしある存在物が主観的な創造物であるならば、それを創造した主体Aは、（ある意味で）それを知っているに違いない。とはいえ、その存在物は主体Aには知られているかもしれないが、たとえば神のような、完全に想像上のものであるかもしれないという可能性がある。しかし、その場合、主体Bが神の知識をもっている（あるいはまったくもっていない）というのは、何を意味するのであろうか。存在しないものの知識をもつことはできない。AあるいはBにとっての知識の対象が存在するのではなく、Aにとっての知識としての対象だけが存在するのである。したがって、もし同定という用語を使用せず、知識という用語で満足するならば、「存在物がそれらの知識から独立して存在する」という言明は、そのような存在物は知られていないかもしれないが、それらの存在が完全に想像上のものであり、したがって主観的な創造物であるという可能性を排除しない。もし同定という用語を使用するならば、このような問題は生じない。なぜなら、「存在物がそれらの同定から独立して存在する」という言明は、存在物が主観的な創造物かもしれないという可能性、したがって完全に想像上のものかもしれないという可能性を排除するからである。別な言い方をすると、私の定義では、ある存在物が「主体によるその同定から独立して存在する」とされる場合には、それは（a）実在のものであり、たんなる主観的な創造物ではないということ、そして（b）主体には知られていないということなのである。

第二の点を解明するために、世界を成り立たせている三つのタイプの対象ないし存在物の存在様式について考えてみよう。厳然たる物理的存在物の場合、その存在は主体によるそれらの同定にまったく依存しない。人工物の場合は一部依存する。厳然たる社会的存在物の場合には、依存するかもしれないし、依存しないかもしれない。

人工物と若干の社会的存在物とは、少なくとも部分的には同定を必要とするのであるから、「人工物と社会的存在物とがそれらの同定から独立して存在する」、もしくは「心から独立して存在する」と言明することは矛盾ではないだろうか。次のことを理解するならば、この言明は矛盾ではない。人工物と社会的存在物とは、少なくとも若干の主体による同定から独立して存在することがありうる。たとえば、交通法規上のルールは、それらを意識していない主体がいても存在し続ける。すなわち、それらは他の者によって同定され、利用され、したがって再生産される。とはいえ、すべての主体がそれらを意識していないならば、それらは存在しえないであろう。しかし、これとはまったく対照的に、社会的支配や社会階級は、すべての主体がそれらを意識していない場合でさえ、存在しうる。(8)諸主体は働いて所得を得るために互いに生産諸関係に入ってゆく。彼らがこれらの諸関係の階級的性質を同定しているかどうかということは、これらの諸関係の存在とは関わりがない。

「実在的社会的質料、対象、存在物あるいは概念」といった相互に交換可能な用語は、想念に依存する非物理的な性質のものではあるが、それにもかかわらず実在するもの、たとえば社会的ルールなどを指示する。とはいえ、とりわけ社会的質料に関する議論において無視することができないのは、「実在の」という用語は精密には何を意味しているのか、という問題である。私が使用する「実在の」社会的質料という用語は、次のことを意味する。ある存在物は、それが行為に差異を生じさせるならば、実在するといわれる。たとえば、神は人々が安息日を尊重することを望む、という想念もしくは観念をだれかがもっていれば、その人は日曜日には働かないかもしれない。この観念が完全に想像上のものであるとしても、それでもなお原因として作用しており、したがって実在する。ところで、ここまでの範囲では適切なものであるとしても、この議論はなお十分ではない。なぜなら、主観的観念論を理解するうえで重要な区別を捉えていないからである。焦点となる決定的な点は、想念もしくは観念そのものの性質ではなく、それが社会科学者たちによって取り扱われる仕方である。これによって、科学者たちが前提としている存在論が暴露されるのである。

たとえば、社会階級の問題を、マルクス派（唯物論的／超越論的実在論）の見地とウェーバー派（主観的観念論）の見地の両方から（ごく手短に）考察してみよう。マルクス派の場合、主体の階級的立場を決定する一組の社会構造（すなわち生産諸関係と生産諸力）が存在する。これらの構造は、主体によるそれらの同定から独立して存在するだけではなく、主体の階級意識をも決定する。マルクスが述べるように、「存在が意識を決定する」のである。そういうわけで、階級についての観念は、心の認知活動に起源をもつのではなく、ある形態の質料的な基礎をもつ。

ウェーバー派の場合には、これとは対照的に、同定から独立した社会構造は考えられないので、階級が社会構造ないし社会関係に基礎を有するということはできない。階級についての観念以外の何ものかとして、階級を取り扱うことはできない。すなわち、主体の想念を超えて、それを基礎づけるものは何もない。主観的観念論者は観念の第一義性を認めるので、当然ながら、ここに問題があるとは思わない。彼らは実際に、観念や想念は超越論的主観の認知活動に起源をもつということを認めるのである。

それゆえに、階級についての観念は行為に差異を生じさせるから、唯物論の見地からも主観的観念論の見地からも実在するが、それらの観念が各々の場合に非常に異なった含意をもつことは明らかである。したがって、これらの対立する見地において使用される「実在」という用語を区別するために、質料的に基礎づけられているものと推定される社会的質料を実在的社会的質料と呼び、心の構造に起源をもつものと推定される社会的質料を観念的社会的質料と呼ぶことにしよう。そういうわけで、「観念的社会的質料」という用語を使用するとしても、（重要な点であるが）それは非実在的ということを意味しない。それはたんに、その観念には質料的基礎がないと推定されるということ、すなわち、その起源が主体の認知活動にあるということを意味するのである。

解釈学的基礎づけ主義（*hermeneutic foundationalism*）という用語は、極端な主観主義の一種である。解釈学的基礎づけ主義の主張によれば、社会的世界は完全に想念に依存する性質のものである。すなわち、社会的世界はたんに概念依存的であるだけではなく、概念決定的である。別の言い方をすると、社会的世界は、主体が抱いている想念によって余すところなく尽くされる。私がこれから論ずるように、それは、基底にある主観的観念論者の哲学の社会理論のレベルでの表現なのである。

私がこれから論ずるのは、ハイエクⅡが、その社会理論として解釈学的基礎づけ主義を採用し、基底にある哲学として主観的観念論を採用しているということであるから、この段階で主観的観念論について二、三の注釈を加えることによって、ありうべき誤解を防ぐことができるかもしれない。

私が先に定義したような主観的観念論によれば、超越論的主観の心の構造が、(おそらく構造化されていないであろう) 客観を構造化する。「構造化する」という用語は、「物理的に創造する」「物理的に存在せしめる」等々といったことを意味するものではない。もし、たんなる思考の作用が社会的あるいは物理的世界を存在せしめるのであれば、これは主観的観念論ではなく魔術であろう。主観的観念論についての私の記述が意味することのすべては、外的存在物が存在するということは (もちろん) 認められているとはいえ、人間がそこに知覚するどの構造も、存在物の客観的特性ではなく、心の認知能力の結果であるということにほかならない。

私は「主観的観念論者」という用語を軽蔑的に用いてはいない。先に使用した例を続けるならば、階級についての主観的観念論者の想念のウェーバー的形態は、私自身はそれを誤りだと考えているが、社会科学における強力な伝統を形成しており、けっしてばかばかしい立場というわけではない。とはいえ、もし主観的観念論についての私の定義が誤解されて、バークリの「独断的実在論」、すなわち魔術に似ているものと解されるならば、ばかばかしいものに思われるかもしれない。

私は、超越論的形態の論議あるいは探究を利用することにする。一般的にいうと、超越論的探究とは、ある存在物が可能になる条件についての探究のことである。要するに、Xが可能であるためには、どのような事情があるのでなければならない (*must*) か、と問うことである。ここで、「でなければならない」という用語の意味を明らかにしておく必要がある。ローソン、ピーコック、プラットンといった超越論的実在論者が、この点をきわめて手短に明らかにしている。

［でなければならない］は、知識の獲得についての非歴史的な無謬の概念把握を意味するものではない。……超越論的分析から帰結する理論は、せいぜい、受容されうる前提と整合的であることが知られる、その時点で唯一の理論だということである。いいかえると、でなければならないという用語は、超越論的論議の二段階の構造に関係している。すなわち、第一の積極的段階は、なんらかのYの存在がXを理解可能なものにする、ということを示す。第二の消極的部分は、Yを認めないと、直感に反し、矛盾し、首尾一貫しない結果が生じてしまう、ということを示す段階である。（Lawson *et al*., 1995）

ハイエクの哲学、とくに存在論を議論する場合には、私はこの形態で論ずることになるだろう。つまり、ハイエクがこれこれの実質的主張を保持することが可能であるためには、存在の性質についてどのようなことを前提としているのでなければならないか、と問うことになるだろう。そこで、ハイエクが前提としているのでなければならないものについての私の主張が、無謬のものだといっているのではない。その主張についても、私の論議に反対する評者たちによって、賛否の推理がなされなければならない。

結　論

経済学者たちは、（方法論、存在論および認識論を含む）哲学を無視すること（無視しようとすること）ができる。しかし、哲学は根源的なものであるから、哲学が経済学者や経済理論を無視することはない。とくに認識しなければならない重要なことは、存在論がすべての実質的理論のなかに暗黙のうちに含まれていて、それらを潤色しているということである。大部分の主流派経済学者とは違って、ハイエクは正式にかつ明示的に実証主義と袂を分かつのであるが、このことが社会経済秩序についての彼の考え方に深い影響を与えている。したがって、彼の経済学を理解するためには、彼の哲学的・方法論的な立場を理解しなければならない、ということに選択の余地はない。それゆえ、ハイエクの哲学的・方法論的立場が次の二章の主題をなすが、これが、第5章で彼の社会経済学を検討するための地固めとなる。

第3章　ハイエクⅡの社会経済理論の根底にある哲学

前章では、認識論としての主観的観念論と存在論としての経験論的実在論とを概観した。本章の目的は、ハイエクⅡの哲学的立場がこれら二つの要素の総合によって成り立っていることを立証し、第5章において、この哲学的立場が彼の社会経済学的思考にとって意味するものを引き出すための序曲とすることにある。

ハイエクの哲学的立場を確定するさいに、問題を複雑にしてしまう主たる要因は、彼が自然科学と社会科学とを別様に取り扱っているという点である。これから論証するように、ハイエクは事実上、二つの意味で自然科学を実証主義に譲り渡す。第一に、（ヒューム的）法則の基礎である事象の恒常的連接の遍在性を受け入れるという意味で、そして第二に、モデルを作るさいに虚構の存在を用いるという意味で、ハイエクはこれを行なうのである。ハイエクは、社会科学については実証主義に代替するものを開発しようと試みるが、彼が自然科学において実証主義のある側面を無批判に受け入れ、（暗黙のうちに）それを社会科学に持ち込んだために、この代替案も不適切なものになった。われわれは、自然科学と社会科学の両方についての彼の考えを明確なものにすることによって、社会科学についての彼の思考を評価するための、よりよい位置を確保することができる。

私は、本章の議論を二つの部分に分ける。すなわち、第一の部分では自然科学に関するハイエクの哲学的立場を論じ、第二の部分では社会科学について同じことを行なう。

自然科学についてのハイエクの哲学的立場

表3-1を見ることによって、読者は、これから行なう解説がどのような構成になっているかを、はっきりと理解できるであろう。

この節で論証するのは次のようなことである。すなわち、ハイエクは、

・物自体が不可知であることを否定する。すなわち、科学は探究中の対象を知ることができるようになる、と主張する。

・(ヒューム的)法則の基礎である事象の恒常的連接が遍在することを認める。

・理論的構成物の超越論的観念論的/実証主義的使用法を認める。

・感覚経験で与えられる事象についての存在論としての経験論的実在論を認める。

これらの論点をひとつずつ取り上げるのではなく、不可知な物自体をめぐる問題を検討するなかで、そのすべてを取り上げることにする。

ハイエクは、物自体を知ることができると主張しているように思われる点で、カントとは違っている。もっとも、本質の解明というアリストテレス的な意味において物自体を知ることができると、断固主張しているわけではない。

表3－1　自然科学と社会科学両方における認識論，存在論，
および法則についてのハイエクの把握

	認識論	存在論	法　則
自然科学	不可知なものを否定	事象	事象の規則性（ヒューム的）
社会科学	不可知性は不適切と主張 主観主義と観念論とを維持	事象と想念	なし

彼は、本質という考え方はまったく無意味だと考えていたように思われる。このことは、「われわれが関心をもつのは、あるものが『何である』とか、『真に何である』（その意味がどうであれ）とかいうことではない」（Hayek, 1952, 4, 訳一二頁、強調は引用者）という、いささか気短な発言によって示唆されている。彼は「物自体」という言葉を使っておらず、どのようにしてその物を知ることができるのかということを明示的に論証しようとしたわけでもないが、自然科学の手続きを彫琢するなかで、事実上このことを実行している。カントの言語と問題構成とをハイエクの言語と問題構成とに翻訳するときに、ハイエクは自然科学に関する一種の超越論的問題を提出しているように思われるのである。すなわち、感覚経験を通して知りうるものを超えて、物的世界に存在する対象について何かを知ることができるようになるのは、どのようにしてであるのか。私は、この問題を簡潔に、対象を知ることはいかにして可能であるか、というように表現する。

この問題に取り組むさいに、ハイエクは一見矛盾するように見える二つの経路を進む。まず第一の経路を考察しよう。対象を知ることはいかにして可能であるかという問題は、ハイエクの論文（Hayek, 1942a）、とくに第二節、および『感覚秩序』（Hayek, 1952, ch. 2, s. 2）のなかで暗示されている。そこで彼は、科学の課題は体系的なテストによって、感覚経験に与えられる当初の分類を、事象間の特殊な規則性をいっそう一般的な規則の一例として記述するのにより適した分類で置き換えることにある、と述べている。「特殊な現象を一般的な規則の事例として認めること」（1942a, 271, 訳一〇頁）は、対象をこれこれのものとして分類し同定することにほかならない。これが行なわれるときに、科学者は、その対象が知られ

ていると主張する。そこで科学の過程とは、「物自体」という用語が使用されているかどうかに関わりなく、対象の知識に接近する過程なのである。ハイエクによれば、自然科学では「客観的事実とじっくり取り組む」（1942a, 271, 訳一〇頁）ことができる。「じっくり取り組む」ことができる「客観的事実」のレベルが存在すると主張することは、感覚経験を超えるけれども、知ることのできる実在の存在を彼が受け入れていることを、強く示唆している。

第二の経路を考察しよう。同じ論文の別の個所は、第一の経路で主張していたことと矛盾しているようにみえる。

> 科学の世界は、感覚知覚の多様な複合の間の結びつきを跡づけることのできる、一連の規則としてしか表されないであろう。……このような知覚しうる現象が従っている斉一的規則を確立することは、……（Hayek, 1942a, 273, 訳一四頁）

ここで、自然科学の課題は「感覚知覚の複合」、すなわち「知覚しうる現象」の間の結びつきを立証することにあるという主張は、実在の対象はそれらが生成させる感覚経験と違って知ることができないから、科学は実在の対象間の結びつきを立証することはできないという見解を、強く支持するものである。この主張が示唆しているのは、感覚経験を超えるものは存在せず、ただ感覚知覚の複合だけが存在する、という古典的経験論の立場である。主観的観念論者であるエルンスト・マッハがかつて述べていたように、「物体が感覚を産出するのではなく、感覚の複合が物体を作り上げるのである」（Vries, 1994, 317から引用）。

『感覚秩序』では、一貫して客観的世界を客観的な「事象の秩序」として語っているが、そのときにハイエクが心に抱いていたのは、弱い古典的経験論だったと思われる（Hayek, 1952, 173）。彼の主張によれば、事象の物理的性質の類似性とは、それらが生じさせる結果の類似性のことである（ibid., 5, 15, 23, 47, and passim）。したがって、二つの対象が同じ種類の物であるのは、それらが同じ条件のもとで同じ結果を引き起こす場合である。このことは、対象が感覚知覚の複合として現れるときに、その対象が知られるのはいかにしてであるか、ということについてのハイエクの理解と密接に関係している。

ハイエクは、「実在の」という言葉は「科学の議論では一切用いるべきではない」とし、「『外観』と『実在』とが対比されるのではなく、事象がわれわれにもたらす効果の相違が対比される」と述べている（Hayek, 1952, 4–5）。このかなりあいまいな議論でハイエクが言おうとしているのは、次のようなことである。すなわち、外観とは一連の事象がわれわれに与える効果のことであり、実在とは事象が相互に与えあう効果のことである。外観の知識は、普通の人々の観想過程（あるいは当初の分類）によって得られ、これらの外観を生成させる対象についての知識は、科学の過程（再分類）によって得られる。科学の過程においては、ひとつの対象が他の対象に作用するときに一連の事象によって生成させられる効果が、記録されたり、それから推論されたりする。

とはいえ、これらの二つの経路は調停可能である。対象は感覚知覚の複合として現れるだけであるが、ハイエクは対象を認識しうる可能性を認めているように思われる。物理的対象が相互に、あるいは多様な条件のもとで作用することによって生み出す事象について、その規則的な配列という形態において、経験的事実そのものを記録し、それらを知覚することによって、すなわち実験を行なうことによって、だれでも対象を知ることができるようになる。感覚経験が科学の過程によって組織されるときには、感覚経験を通して対象を知ることができるようになると思われる。そこでは、ある一定の条件のもとで生成した事象の配列が感覚経験によって捉えられるが、これを媒介として、だれでも対象の認識に近づくのである。

ここで注意してほしいのは、ハイエクの議論が、事象の規則性が存在するという推定に完全に依存していることである。なぜなら、（前章で述べたように、ヒューム流の理解によれば）事象が規則的に結合しているのでなければ、一般的知識は成り立ちようがないからである。とはいえ、このことは次のような問題を提起する。すなわち、精密にいって、一般的に科学の過程が、とくに事象の規則性を記録することが、どのように対象の認識に近づく可能性を立証するのか。解答を見いだすためには、自然科学についてのハイエクの概念把握を詳細に検討することが必要になる。

いかにして科学は対象を認識する可能性を立証するのか

ハイエクにとって科学の過程とは、「われわれの感覚がすでにある仕方で分類している対象を再分類する」過程である（Hayek, 1942a, 272, 訳一三頁）。このあとの議論では、二種類の白い粉末の再分類というハイエクの例を用いることにする。とはいえ、論じているのはもちろん一般的な問題である。彼が論証しようとしているのは、感覚経験の再分類が、いかにして探究中の対象を「一般的規則の特殊例」として認識することを可能にしうるのか、ということであるように思われる。彼が主張しているのは、物が何であるかという認識に、科学は近づくことができるということである。

神経組織が外的な刺激に反応し、それによって心が、たとえば二種類の異なった粉末を、同一のものとして分類するかもしれない。この段階では、主体は暫定的な分類を行なう。すなわち、二つの外的対象を、感覚的諸性質の複合がつねに同じであるものとして分類する。認知のこの段階は、感覚的なものの領域と実在するものの領域が融合している点で、古典的経験論の一例である。この段階では、見えるものが存在するものである。とはいえ、自然科学はこの段階に安住することはできない。白い粉末が実際には異なったもの、たとえば食塩とコカインであることが、実験によって明らかになるかもしれない。暫定的な分類は、科学的な吟味に耐えられるほど十分に深いものではない。したがって、見直され再分類されなければならない。

ところで、外的対象とそれについての人間の知覚との間の区別をハイエクが明示しているという事実は、経験的事象は矯正できると考えられていること、したがって、感覚与件をたえず見直し再分類する必要があることを含意している。この場合には、(科学的探究によって示される)外的世界と(観想によって示される)感覚世界とを融合することはできないし、ハイエクをヒューム的伝統に直結する古典的経験論者として描くこともできない。とはいえ、ハイエクを、存在論としての経験論的実在論に賛成する、経験論的実在論者として分類することはできる。

このことが明白でないのは、再分類の議論が、観想による普通の主体の分類と科学的手続きによる科学者の再分類との間の隔たりを、強調する傾向があるからである。とはいえ、普通の主体と科学者との間の隔たりは、実際には吟味されていない。吟味されているのは、むしろ科学的状況(すなわち実験の手続き)と非実験的状況(すなわち実在)との間の隔たりである。そしてここに、経験論的実在論を特徴づける融合がみられるのである。

外的世界と、観想に由来する感覚世界とが融合され、その結果、観想において直接経験されるものが存在するものである、ということになるのではない。むしろ、外的世界と、実験に由来する感覚世界とが融合され、その結果、生成されることによって経験される(すなわち間接的に知覚される)ものが存在するものである、ということになる。これによって、事象の恒常的連接が非常に重要なものになる。事象と、実験によって生成させられたそれらの恒常的連接との間に融合が起こる。そして事象と、実験的状況の外でも持続するものと推定されるそれらの恒常的連接との間に融合が起こる。実在と融合するのは事象そのものではなく、恒常的連接として現れる事象であり、その結果、生成させられた配列が存在するものとなる。そこで、矯正できないものと考えられるのは、事象そのものではなく、それらの恒常的連接なのである。

再分類の過程は、(なによりもまず)概念的存在物の創造、すなわち、たとえば化合物の原子構造のような、感覚によってはまったく知覚することのできない概念的構成物の創造をともなっている。重要なのは、ここでは完全な虚構を用いることが一切妨げられないということである。ハイエクは、「電子」「波」「原子構造」あるいは「電磁場」のようなものが存在するということを認めていない。これを承けてローソンは、ハイエクにとってそれらはたんなる概念的構成物であった、と述べている（Lawson, 1994c, 145）。そういうわけで再分類は、創造的な一歩をともない、事象の規則性の彫琢を助けるモデルづくりを容易にするのである。

感覚的性質の恒常的複合……に代わって……新しい存在物である「構成されたもの」が作り出されるが、これはさまざまな状況、さまざまな時点において「同一なもの」を捕捉する感覚知覚によってのみ規定されうる。（Hayek, 1942a, 273, 訳一四頁）

この創造的な一歩は、ハイエクがすでに言及していた二つの領域もしくは世界（a）と（b）に加えて、第三の領域もしくは世界（c）の存在をはっきり示している。したがって、諸領域は次のようになる。

（a）物理的あるいは外的な世界（*e*）
（b）感覚の世界（*s*）
（c）理論的な世界（*t*）

それでもなおハイエクは、理論において創造されるものが知覚されるものとなんらかの関係をもっていることを、しきりに指摘したがっている。

図３－１　理論的世界，感覚的世界および外的世界の間の関係は，それぞれの世界に属する事象間の恒常的連接といわれるものを媒介として確立される

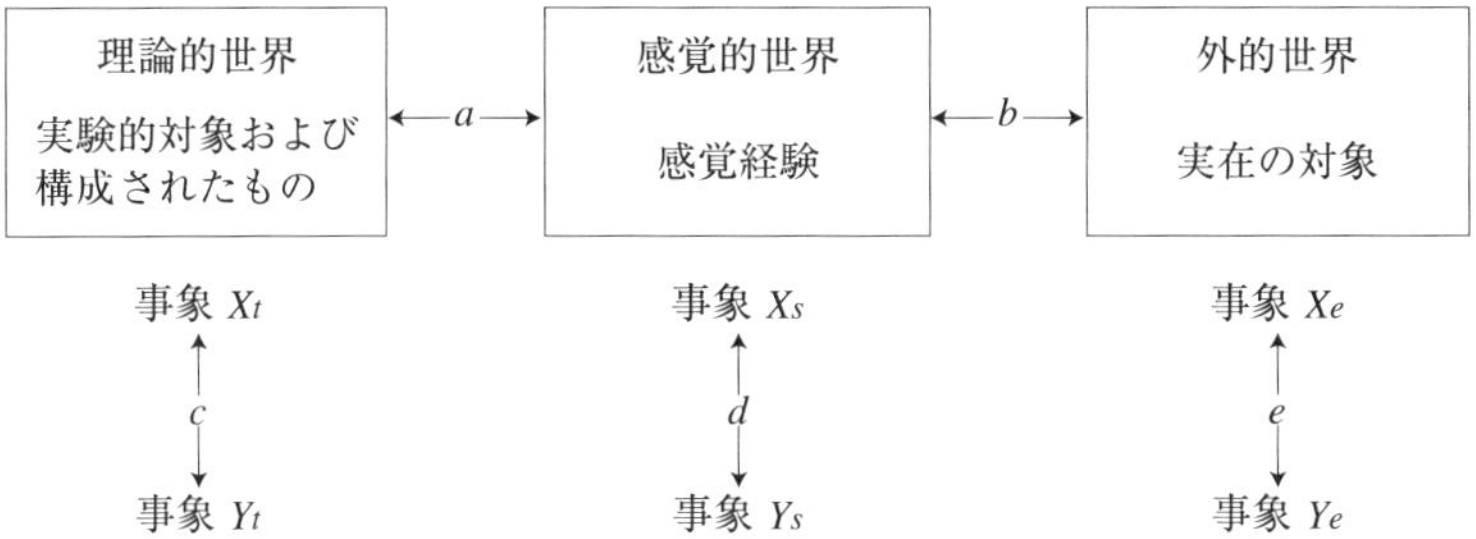

このように人間の心のなかで創り出された新しい世界は、感覚によっては知覚することのできない存在物……（電子、波、原子構造、電磁場）……によってもっぱら構成されているが、しかしそれはやはりわれわれの感覚の世界と一定の仕方で関係している。（Hayek, 1942a, 273, 訳一三－一四頁）

図３－１は、これから論ずることを明快なものにするのを助けるであろう。しかし、三つの点についてはとくに注記しておくことにする。

(1)　理論的世界は、食塩や水のような実験的対象と、化合物、原子あるいは電磁場のような概念的構成物とを、ともに含んでいる。

(2)　各事象X_tとY_t、X_sとY_s、およびX_eとY_eの間の相違は、それらが異なった世界もしくは領域で生ずるということである。X_tとY_tは、実験的状況のもとで生ずる。X_eとY_eは、実在の世界で生ずるといわれる。X_sとY_sは、X_tとY_tおよびX_eとY_e両方の感覚経験である。

(3)　事象X_tと事象Y_tとの間に、ある特殊な関係（すなわち、ある恒常的連接）があることが実験によって立証されるとき、この関係はただちに感覚的領域において事象X_sと事象Y_sとの間の恒常的連接として知覚される。そして、（すでに述べたような）感覚的領域と外的領域との融合のために、事象X_eと事象Y_eも恒常的に連結するものと暗に想定される。

科学的活動の要点は、探究中の対象を何か特定のものとして、たとえば食塩として、認識し解明するにいたるということである。とはいえ、この対象を直接認識することはできない。この対象は、実験的状況においてそれが生成させる事象を媒介としてのみ、感覚経験によって捉えることができるものになる。

もし科学が有用なものであるならば、第一に、理論的世界と感覚的世界とが関係していなければならない（関係 a）。そうでなければ、理論的世界で生成させられた事象についての言明は、感覚知覚で与えられる事象と何の関係もないことになるであろう。第二に、感覚的世界と外的世界とが関係していなければならない（関係 b）。そうでなければ、理論的世界で生成させられた事象と感覚経験で与えられた事象とは、実在から完全に切り離されるであろう。とはいえ、注意しなければならない重要な点は、それぞれの世界で生ずる事象の間の（恒常的）関係、すなわち理論的（関係 c）、感覚的（関係 d）および外的（関係 e）を媒介として、これらの関係（a および b）が確立されるということである。

理論的世界と感覚的世界との間の関係について考察しよう。ハイエクが示唆するのは、「規則」と「鍵」によってこの関係が確立されるということである。

物理科学の理論は、もはや感覚的性質をもってしては述べることができない段階に現在到達している。とはいえ、理論のもっている意義は次の事実を通じて明らかにされる。すなわち、われわれは規則、つまりひとつの「鍵」をもっていて、これを使うことによって理論を知覚現象に関する言明に翻訳することができるという事実である。（Hayek, 1942a, 訳一四頁）

規則が鍵の役割を果たし、理論的世界と感覚的世界とを関係づけるというのであるが、この関係がどのように発現すると考えられているのかは不明である。「翻訳する」という言葉は、理論的世界で獲得される言明を、感覚経験として与えられる外的世界についての言明に翻訳する、ということを意味しているように思われる。

この翻訳を容易にする規則、すなわち比喩的に鍵と呼ばれるものがなければ、理論的言明は「意義」のないものになり、純粋に形式的なものになるであろう。この翻訳が行なわれるためには、言明が特殊な形式をもたなければならない。つまり、言明が規則の形式をもたなければならない。言明が規則という特殊な形式をもつときにのみ、理論的世界に関する言明は、感覚経験として与えられる外的世界についての言明へと翻訳されうる。規則とは、事象の間の規則的な結合を表しているように思われる。ハイエクによれば、

《科学》は実際に、感覚知覚の多様な複合の間の結びつきを跡づけることのできる一組の規則としてしか表されないであろう。……このような知覚しうる現象が従っている斉一的規則を確立することは、……。（Ibid., 訳一四頁）

「斉一的」あるいは「一般的規則」という言葉を、ハイエクは「科学的法則」を意味するものとして用いているように思われるが、これが事象の間の結合を確立するのである。ハイエクによれば、「同じような状況においては同じようにふるまうことがわかるもの」を実験が明らかにする（Hayek, 1942a, 271-3, 訳一二頁）。このことはただ、事象Xが事象Yと規則的に連結していることを意味しうるにすぎない。事象の間に確立される規則（すなわち、関係c、dおよびe）が、ともかくも理論的世界、感覚的世界および外的世界の関係づけを可能にし（すなわち、関係aおよびb）、これによって、対象を食塩として認識し分類することが可能になるのである。問題は、どのようにしてかということである。

ハイエクによれば、科学者たちは、次のような理論的構成要素からなるモデルを理論と実験とによって構築し、かつ／または獲得する。

・外的指示対象があるかもしれないしないかもしれない、原子や電磁場のような概念的対象、
・外的指示対象である事象X_eとY_eをもつものと推定される事象X_tとY_t、
・究極的には事象X_eとY_eとの間の関係を立証するものと推定される法則。その規則あるいは法則は、事象X_tとY_tとの間の恒常的連接を生成させることによって立証される。

実験的な条件のもとでこのモデルを構築しテストした後で、科学者たちは、実験上の事象X_tとY_tとの間の関係から導かれた言明を、実在の事象X_eとY_eに関する言明に翻訳することができるものと推定する。いいかえると、実験的な条件のもとで事象X_tとY_tとが恒常的に連結しているので、実験的な条件の外部でも事象X_eとY_eとが同様に恒常的に連結しているものと推定する。白い粉末の例を続けよう。適量の食塩（探究中の対象）を適量の水にいれる（事象X_t）ときにはいつも、それは溶ける（事象Y_t）。それによって、この対象はチョークなどではなく、実際に食塩であることが示される。当初はチョークとして分類された対象が、食塩として再分類される。

この点に関しては、議論は完璧である。すなわち、理論的世界が感覚的世界と関係づけられ、感覚的世界が外的世界と関係づけられる。それによって、たとえ感覚経験だけしか利用できないとしても、われわれは対象について、そのたんなる外観以上の何かを知るにいたるのである。ハイエクは、自然科学における再分類という過程を彫琢することによって、実在の対象が存在するということ、その効果を媒介として対象を認識し、対象をこれこれのものとして分類することができるようになるということを立証した。とはいえ、きわめて重大なのは、ある一定種類の

効果だけが、一般的な科学的知識を獲得するために必要かつ十分なものである、という事実である。（実証主義的）科学が一連の事象に基づいて対象を分類し同定することができるのは、その事象が実験的な条件のもとで恒常的連接として現れるからである。もし事象が不規則な変化として現れるだけなら、それらを特定の何かとして分類することはできないだろう。もし食塩が水に溶けたり溶けなかったりするのであれば、事象の規則性を得るために追加的な実験をすることなしには、われわれが取り扱っているものを知ることはできない。したがって、ハイエクが、心から独立した対象を知ることができると主張し、同時にその対象は感覚経験を媒介にしてのみ知ることができると主張するためには、事象の恒常的連接の遍在性、すなわち科学法則についてのヒューム的な考え方を受け入れなければならないのである。

物理的存在論

ハイエクが科学を再分類として理解していたことをふまえると、彼の存在論は容易に確定される。科学においては、ただ二つのタイプの存在物だけが用いられる。すなわち、原子のような概念的構成物と、感覚経験として与えられる事象とである。前者は、理論形成を助ける有用な構成物にすぎず、実在する存在ではないから、存在論で認められる存在物のなかには含まれない。このようにしてハイエクは、感覚経験という事象からなる存在論、すなわち存在論としての経験論的実在論へと向かうことになる。

前章で述べたように、認識論としての主観的観念論と存在論としての経験論的実在論との総合が、科学哲学の分野に転移されるとき、超越論的観念論すなわち新カント派の立場を生み出すことになる。超越論的観念論が実証主義の装いをもつときには、モデルづくりの作業のなかに創造的な段階を内包することになるが、そこでは、精査中の事象の規則性を生み出すようなメカニズム、しかも扱いやすいメカニズムが公準として導入される。とはいえ、そのようなメカニズムが実在のものである必要はない。理論においては、たんにモデルづくりを容易にし、事後的に事象の規則性についての合理的な解釈を与えるためにのみ、虚構の理論的構成物が利用されるかもしれない。自然科学についてのハイエクの立場は、虚構の理論的構成物と事象の恒常的連接が遍在するという推定とに依存するものであり、明らかに超越論的観念論の立場にほかならない。

主観的観念論は本質的に形而上学上の立場であり、超越論的観念論は科学哲学上の立場であるため、両者の関係は明快なものではない。そのため、ハイエクの主観的観念論を彼の超越論的観念論から直接読み解くことはできない。とはいえ、「世界にある秩序は実際には人間の認知活動によって負荷されたものである」(Bhaskar, 1978, 27) ということ、これが主観的観念論と超越論的観念論との両方に共通する特徴であるという事実が、両者の結びつきを立証する。これは二つの契機からなる。

第一に、実験的状況において事象の恒常的連接を創り出すことによって、秩序が自然に負荷される。第二に、虚構の理論的メカニズムを使用することによって、それらは人間の心によって構成されたものであり、感覚経験の現象に負荷された構造である、ということが暗示される。バスカーが述べるように、この見解によれば、「自然的世界は人間の心が構成したものになる。あるいは、その現代的な言い方においては、科学共同体が構成したものになる。……自然は人間が産み出したものなのである」(Bhaskar, 1978, 25)。

主観的観念論においては、悟性の純粋カテゴリーによって構造が対象に負荷されるが、超越論的観念論においては、概念的構成物と事象の恒常的連接の生成とを媒介とする再分類の過程を通して、構造が対象に負荷されるのである。

社会科学におけるハイエクの哲学的立場

社会科学におけるハイエクの立場は、実証主義、より正確には科学主義に対する過剰反応として解釈するのがよいかもしれない。ハイエクは、（古典的経験論や実証主義とは違って）社会科学者にとって外的世界は客観的に与えられるわけではないということを認識したが、そのような認識にひとたび到達するや、外的世界は主体が主観的に形成した想念に左右される、あるいはそれに依存する、という適切な見解を踏み越えて進んだ。彼は過剰な反応をし、社会的世界は主体の想念によって決定される、あるいは余すところなく尽くされる、という解釈学的基礎づけ主義者の思い込み、またこれから述べるように、主観的観念論者の思い込みに陥った。

ハイエクは、実在的社会的質料を含む社会的存在論を事実上放棄し、想念、観念、信念、態度などによって、すなわち観念的社会的質料以外の何ものでもないものによって、その空白を埋める。存在論の喪失、より正確にいうと存在論を認識論へと解体することは、バスカーが「認識論的誤謬」と呼ぶものであるが、これが社会理論のレベルに現れるのは、心から独立した外的世界を、社会科学が関心をもつ分野から除外する点においてである。バスカーが述べるところによれば、

> ［一九四〇年代のハイエクにとってそうであったように］科学的確実性という観念がついに崩壊したとき、存在論的次元が失われたために、純粋な意欲に基づく活動以外のものはすべて信頼を失った。そこでは、世界についてのわれわれの信念は、世界によって因果的に決定されるのではなく、われわれ自身の心が自由に創り出

すのだと想定された……。(Bhaskar, 1978, 44)

以下の諸項では、ハイエクがどのようにして実在的な社会的質料を含む存在論を放棄したのかということを示す。最初の項では、人工物について手短に考察し、第二項では、社会的質料のなかのもっと重要なカテゴリーに集中し、ハイエクがこれを主体の認知活動に起源をもつものとみなしていることを示す。第三項では、ハイエクが、同定されるかどうかに関わりなく存在する社会的対象の考察を避ける方法を提唱していることに注目する。ハイエクがこの方法を提唱していることは、社会的世界の性質に関する彼の想定を示している。最後の項では、ハイエクの図式のなかで彼が心について論じていることを考察し、それが社会の研究において中心的な役割を果たしていることを例証する。

人工物と主観的観念論(1)

道具のような人工物は、一部は心から独立した物理的存在物だという意味で、厳然たる物理的性格をもつが、それとともに、一部は人間主体がそれらを同定することに依存しているという意味で、観念的なものでもある。この二重の性質のために、人工物の研究は困難なものとなる。それはまた、この問題についてのハイエクの叙述があいまいであることにも関係している。

このような困難があるために、この項では、ハイエクによる人工物の取り扱いと主観的観念論との間に関連があるかどうかについて、結論を出すことはできないだろう。とはいえ、そのような消極的な結論をともなう項を挿入することには十分な理由がある。人工物(たとえばハンマー)に関するハイエクの考えは、しばしばどの哲学的立場に帰することもできず、社会的質料(たとえば警官)についての彼の言明と混同もしくは融合されるべきではない。後者は、主観的観念論を示唆するからである。人工物を分離して論ずることによって、ありうべき混同もしくは融合が防止されるであろう。

ハイエクの論文（Hayek, 1942a）から抜粋された（たくさんあるなかの）次の例について考察しよう。そして、どのように外的世界の物的な性質が理解され、認知活動が誇張されているかに注目することにしよう。(2)

人間的行為に関わる限り、行為する人間がそう考えるものが事物なのである。（Hayek, 1942a, 278, 訳二四頁）

［ハンマーや気圧計のような道具の定義には］その実体や形状や物理的属性を指すものは、なんら含まれないであろう。それらは、事物のあらゆる物理的属性から抽象されたものであり、……それらの定義は、もっぱら事物に対する人々の精神的態度という観点から得られなければならない。（Ibid., 訳二五頁、第二の強調は引用者）

われわれが物質的な物の真の性質をたまたま知っており、われわれがその行為を説明しようとする人々がそれを知らないとしても、このことはその人々の行為の説明にはほとんど関係ないことである。それは、われわれが個人的に魔力の効果について不信を抱いていても、それを信じている野蛮人の行動の理解を助けないのと同じである。（Ibid., 280, 訳二五頁）

社会の研究にとって重要なのは、これらの自然法則がなんらかの客観的な意味において真であるか否かということではなく、人々がそれを信じそれに基づいて行為しているか否かということだけである。そして、経済学にみられる「生産の物理的法則」はいずれも、物理科学で用いられている意味での物理的法則ではなく、自分たちがなしうる事柄についての人々の信念のことなのである。（Ibid., 281, 訳三〇頁、強調は引用者）

意識的な行為の動機となりうるのは、主体が知っていたり信じたりしている事柄だけである。（Ibid., 284, 訳三五頁）

ハイエクはこれに続けて、彼が社会科学における最重要点の一部をなすものと思っていることを立証するために、長い叙述を行なう。すなわち、（a）想念、観念、信念等々は、物理的対象と同じものではない、（b）主体は、物理的対象それ自体によってではなく、それについての想念によってのみ動機づけられる、（c）したがって、対象の物理的性質あるいは厳然たる物理的性格は、主観的事実の一部をなすものではなく、その場合には、（d）残されたもの、問題とされるもののすべては、普通の主体が真実であると考えていること、すなわち彼らの想念だけであり、その結果、（e）たとえ社会科学者が、その物理的対象が本当は何であるかということを知っており、普通の主体の信念が適切なものではないことを「知っている」としても、前者の知識は、主体がどのように行為するかを理解するのには関係がない、というのである。

これらの例は人工物の性質が完全に社会的に構成されるということを示唆しているが、もうひとつ別のことも示唆している。ハイエクは、心から独立した存在物の物理的性格に属する性質は、社会科学が関心をもつ領域には入ってこないと主張しているように思われるのである。およそ「社会研究の目的からして」（Hayek, 1942a, 280, 訳三〇頁）問題となるのは、それらについての主体の想念である。いいかえると、人工物の物理的性格が主体の想念の形成やそれに続く主体の行為を、いわば「引っ張る」ことは否定しておらず、ただ社会科学が関心をもつ領域からこれを排除するだけである。とはいえ、この主張は一見そう思われるほど無害なものではない。そして、この主張については二つの解釈が可能である、と私は思う[3]。

第一に、この主張は間違ったものとして、あるいはおそらく焦点をあてる領域が狭すぎるものとして、解釈されうる。というのは、想念という狭い領域に焦点をあて、心から独立した外的世界を無視しているからである。ハイエクは科学主義や、主体の行為は外的世界の客観的性質に由来するという粗雑な唯物論的見解に過剰反応し、外的世界とその性質とを軽視ないし無視し、社会科学が関心をもつ領域からそれらを排除することさえする。主体は、外的世界についての自分の主観的な信念にのみ基づいて行為するものと推定される。もちろんハイエクは、心から独立していて、ことによると因果的に結びついているかもしれない外的世界の存在を否定しない。彼が主張するのは、（これから述べるように）たとえ適切なものではないとしても、この領域に属す存在物の性質は社会科学が関心をもつ範囲の外部にあるということだけである。そこで、この解釈によれば、ハイエクはただ社会理論のレベルで間違いを犯しただけで、彼が前提としている哲学的立場について、ここから何かを推論することはできないとされる。

第二に、この主張は暗黙の哲学的立場の現れであり、それと整合的なものであると解釈することもできる。前章で指摘したように、すべての科学的思考は特定の存在論を前提としている。外的世界を関心領域の外側におくのはたんに間違いによるものであるという主張は、どのような存在論を前提としているのか、という問題に答えていない。そこで、われわれは次のように問うことができるだろう。このような間違いが犯されるとき、どのような存在論が前提とされていなければならないのか。二つの（副次的）解釈が可能である。

(1)　ハイエクは、観念的な存在物からなる社会的存在論にコミットしているのかもしれない。すなわち、認知的に活動的な主観によって構成される想念について実在論者であるのかもしれない。この場合には、心から独立した存在物を社会経済理論において無視するという決定は、その存在論と完全に整合的である。因果的な効力を有する外的世界が存在しないだけである。つまり、外的世界は存在するけれども不活性なのである。そこで、解釈学的基礎づけ主義は主観的観念論の整合的な現れといえる。

(2) ハイエクは、実在的で因果的な効力を有する、心から独立した存在物からなる社会的存在論にコミットしているのかもしれない。すなわち、心から独立した存在物について実在論者であるのかもしれない。そのうえで彼は、主体の想念を特徴づけ、したがって行為を特徴づけるさいにそれらが果たす役割を、自分の社会理論において無視することを選択しているのかもしれない。とはいえ、自分自身の存在論的コミットメントを無視することによって、存在論と理論との間に不整合が生ずる。

これらの解釈および(副次的)解釈のうちのどれかに、なんらかの根拠があるのかどうかを見分けるために、それらをもう少し深く考察してみよう。人間行為は外的世界の状態に基づいているが、この領域が自分たちの関心領域の外部にあるという理由だけで、社会科学者がそれを無視することを選択するかもしれない、というのがハイエクの前提であるとき、それはもうひとつの前提を隠してしまうであろう。つまり、行為は信念と想念とに基づいている、ただそれだけだ、という前提を隠してしまうであろう。これが暗黙のうちに前提とされているかもしれないということは、二つの根拠に基づいて信憑性のあるものとなる。第一の根拠は、人間行為にとって問題なのはただ想念だけだということを、ハイエクが繰り返している回数である。そして第二の根拠は、次のような超越論的な問いである。すなわち、社会科学研究に関する説明から外的世界が完全に脱落しているとすれば、外的世界と社会的行為との間の関係について、ハイエクはどのようなことを前提としているのでなければならないか。もし行為が部分的にせよ外的世界の諸性質に基づくのであれば、これらの諸性質がどこかの段階で社会科学の関心領域に含まれなければならない。社会研究が完全なものであるべきだとすれば、そうなるであろう。

超越論的実在論／唯物論の見方と手短に比較することで、理解が容易になる。唯物論者にとっては、人工物の物理的性格は、それがすべてではないにせよ、人工物についてのどの社会科学的研究あるいは定義にも不可避的に関係しているから、前記のような一面的なアプローチはまったく考えられない。もしある主体が（誤って）ハンマーが魔力をもっていると考え、この誤った想念に基づいて行為するならば、そのような誤った想念が生じたのはどうしてか、この誤った想念を形成したり持続させたりする社会的実践、権力構造あるいはイデオロギー的要因は何か、それに続く主体の行為の帰結は何か、といった事柄を社会科学者は知りたいと思うであろう[4]。たとえ「多くの人々の行為……を説明すること」（Hayek, 1942a, 276, 訳二一二頁）だけが課題であるとしても、このような研究は必要である。なぜなら、社会的行為は（完全な主意主義に同意するのでなければ）おそらく主体の（誤った）想念以上のものの結果だからである。すなわち外的実在は、たとえ想念によって媒介されるとしても、それもまた行為の原因であり、したがって検討されなければならない。

そのような外的存在物の諸性質を無視することができるのは、存在論と理論的アプローチとの間の不整合という犠牲を払うことによってのみである。つまり、一方の存在論では、因果的な効力を有し活性的でもある外的な諸性質を認めながら、他方の理論的アプローチでは、自分自身の存在論的コミットメントをあっさりと無視するのである。もしハイエクが不整合を避けようとするならば、彼はただ想念についての実在論者でなければならない。すなわち、主観的観念論に根ざした存在論を前提とするのでなければならない。

ハイエクは主観的観念論哲学を採用しているのであって、たんに社会経済理論で間違いを犯しただけではないという解釈のもっともらしさ、したがってまた、その存在論と理論との間の不整合を回避しているという（副次的）

解釈のもっともらしさは、彼が身体的活動ではなく認知的活動を第一の関心事にしたという点にあるように思われる。しかしながら、ハイエクとは反対に（Hayek, 1942a, 288; 1952, 5-8）、主体が外的世界についての想念を形成する仕方や、それに続くどの行為の基礎にしても、心理学の問題であるだけではなく、（a）外的世界の諸性質と、（b）主体がその物理的組織と相互に作用を及ぼしあう仕方、すなわち人間の実践という問題でもある。実践が意味するもの、また実践はなぜたんなる心理学以上のものを意味するのかということについて、テイラーが巧妙な例を提示している。

対象についての私の像と対象そのものとの間に整然とした線を引くことはできるが、対象を私が取り扱うことと対象そのものとの間にはそのような線を引くことができない。何かについて、たとえばサッカーについて、それが目の前で行なわれていない場合でも、それに考えを集中するようにだれかに依頼することは意味があるであろう。しかし、実際にサッカーをすることになると、同じ依頼はばかげたものになるであろう。ゲームに関係する行為は対象なしには行なわれえない。行為が対象を含んでいるからである。（Sayer, 1992, 48 からの再引用）

われわれが行為するとき、われわれは（物理的あるいは社会的な）外的世界と相互に作用を及ぼしあう。そのために、この世界の組織は、われわれが形成する想念やそれに続く行為と分かちがたく結びつく。ハイエクが実在する身体的活動について詳しく述べず、認知的活動を第一の関心事にしたことは、ある意味では想念が外的世界の組織から切り離されることを示唆し、ハイエクは主観的観念論者であるという解釈を招く。

この解釈の根拠となりうるものについて述べたので、もう終わりにする。ハイエクは主観的観念論者であるのか、それとも社会理論のレベルで間違ったにすぎないのか、ということを確定するのは、一部は人工物の性質のために、一部はこの問題についての彼自身のあいまいさのために、事実上不可能であると思う。とはいえ、この人工物についてのいくぶん消極的な議論から出てくる二つの点に注意すべきである。

第一に認識すべきことは、人工物についてのハイエクの理解を主観的観念論として非難することには、根拠がないわけではないということである。私はハイエクを主観的観念論者として非難するわけではないが、彼がこの解釈を助長する発言をすることも確かにある。したがって、私が言いたいのは、ハイエクはただ、人間行為の研究において、心から独立した外的な存在物の役割を軽視する間違いを犯したということである。第二点として、人工物についてのハイエクの考えを社会的質料についての彼の考えと混同することによって、誤謬が生じる可能性があるが、人工物の性質を彫琢することで、この誤謬を避けることができる。すなわち、ハイエクは社会的質料を実在の存在物として論ずるために、人工物を実在の存在物として取り扱うことがあるが、われわれはそのような例を用いることはできない。両者はまったく違う種類のものだからである。

社会的質料と主観的観念論

人工物についての議論から、社会構造や社会構造の諸要素（ハイエクは警官を例としてあげている）のような社会的質料の議論へと移動するとき、彼の思考の根底にあるのは認識論としての主観的観念論であるという主張は、ある程度満足できる主張となる。ハイエクにとっての社会的質料、すなわち社会構造は、私が第2章で観念的社会的質料と呼んだものの一例である。それは、差異を生じさせるという意味では実在的であるが、物的な基礎をまったくもっていない。その起源は超越論的主観の認知活動であり、心から独立した社会構造ではない。ハイエクは、誤って社会「構造」と呼んでいるものについて論じようとしているが、その試みを彫琢することによって、この点を例証することができる。

まず最初に、ハイエクの論文（Hayek, 1942a）から抜粋した次のような注釈を実例として考察しよう。

知られているように、社会はいうなれば、人々が抱いている概念や観念によって作り上げられている。……社会構造の真の要素を形づくっているのは個々人の概念であり、人々がお互いに対して、また事物に対して形づくってきた見解である。（Hayek, 1942a, 283–4, 訳三四頁）

特定の時点でさまざまな個人が相互に引き継ぎを行なっているけれども、それでも社会構造が同一のままなのは、相互に引き継ぎを行なっている個人が完全に同一だからではなく、これらの人々相互の特定の関係または他の人々に対する特定の態度が引き継がれているからであり、またこれらの関係や態度に対して他の人々が抱いている特定の見解が引き継ぎの対象となっているからである。（Ibid., 284, 訳三四頁）

個々人は関係の網の目にすぎないのであって、社会構造において繰り返し認識される周知の要素を形づくっているのは、個々人の相互に対する多様な態度（または個々人の……物理的対象に対する態度）である。（Ibid., 訳三四－三五頁）

一人の警官がある特定の地位を他の警官から引き継いだとする。このことは、……新任者が前任者から同僚に対する一定の態度を引き継ぐこと、つまり警察官としての職務に関連した同僚に対する一定の態度を引き継ぎの対象とすることを意味する。恒常的な構造の要素を保持するにはこれで十分である。……人間関係のこのような要素が認識できるのは、われわれが自分自身の心の働きを通じてこれらの要素を知っているからにほかならない。（Ibid., 訳三五頁）

社会関係のこれらのさまざまな型を構成するこうした努力を通じてなされるべきことは、人間の客観的性質や個々人が働きかける事物に、個人の行為を関連づけることではない。データとすべきものは、われわれがその行為を説明しようと試みる人々に対して現れている、人間や物理的世界でなければならない。このことは、意識的な行為の動機となりうるのは、人々が知っていたり信じたりしている事柄だけである、という事実から導き出されるのである。（Ibid., 訳三五頁）

さまざまなタイプの個人の信念や態度は、……われわれが諸個人の間のありうべき関係の構造を作り上げるさいの要素である。（Ibid., 288, 訳四四頁）

私はこれらの注釈を次のように解釈する。社会を組成するのは社会構造であり、社会構造を組成するのは社会的要素である。異なる構造は異なる諸要素から組成される。諸要素は想念からなる。すなわち、諸主体が他の主体や対象について形づくる観念・態度・信念などからなる。社会構造は究極的には想念からなる。個々の主体が入れ替わっても社会構造が持続し同一のままであるのは、社会構造を組成する要素となる想念が相互に同一の関係を保つからである。関係のネットワークは、諸主体自身の間に存在するのではなく、諸主体の想念の間に存在する。ハイエクは、社会構造を関係として概念把握するが、その関係はたんなる想念の間の関係なのである(5)。

ハイエクが社会構造の要素の実例としてあげている警察官について考察しよう。彼は（まったく正当に）警察官の物理的性格そのものにではなく、その社会性に、すなわち社会的カテゴリーとしての警察官にのみ関心をもっている。とはいえ、この社会性はどこに存するのだろうか。

諸主体は警察官に対してある態度をとり、また警察官に対してある態度をとる他の主体にも、ある態度をとる。警察官は、諸主体および他の警察官に対してある態度をとる、等々。（このネットワークの置き換えは、もちろんこれよりもはるかに複雑である。）たとえば、ある特定の主体が警察官は犯罪と闘う人であると考え、ある特定の警察官もまた自分の役割を犯罪と闘うことであると考えているかもしれない。諸主体と警察官とがこのような態度をとるようになると、この態度によって警察官という社会構造が構成されることになる。社会的カテゴリーとしての警察官、すなわち社会構造の一要素としての警察官は、主体と警察官とがとる態度からなる。犯罪と闘う者としての警察官という社会的カテゴリーが、このようにして構成される。事実、ある個所でハイエクは、「社会的複合体……の構造の要素を形づくる諸個人の態度」（Hayek, 1943, 43, 訳六九頁）に実際に言及している。

個々の主体と個々の警察官の両方が時間的・空間的に入ったり出たりしても、警察官という構造的要素は持続する。なぜなら、存在し持続するのは主体と警察官との間の関係ではなく、こうした人々の態度の間の関係だからである。社会構造の継続性が生ずるのは、引き継ぎをする人々が同一だからではなく、その状況にある人々の態度がそのまま継続するからなのである。

いいかえると、社会構造の要素としての「警察官」は思考作用によって構成される。社会構造を構成する要素としての警察官は、主体がその存在を信じているがゆえに存在するものにほかならない。もし警察官が社会構造を作り上げる質料の一部であり、社会的カテゴリーの一部としての警察官が主体の想念にすぎないならば、社会構造とはたんに想念に依存する性質のものということになる。多くの社会的質料は想念に依存する非物質的性質のものである、ということは真であるが、この場合には警察官という社会的カテゴリーはなんらの物質的基礎ももっていない。したがって、観念的社会的質料として、すなわち主観的観念論の表出として解釈しなければならない。

　私の解釈を批判する者は次のように主張した。すなわち、ハイエクが示唆しているのは、警察官について社会科学的に研究しようとする場合には、ただ主体の想念のみが問題になるということだけであって、このことは警察官がたんなる想念に還元されるということを含意してはいない、というのである。とはいえ、繰り返すが、隠された部分を明らかにするのは次のようなハイエクの沈黙である。つまり、彼のアプローチは、警察官のような社会的質料の諸要素に対する、さまざまな社会科学的アプローチのなかのひとつであるということを示唆してもよいにもかかわらず、主体の想念以外のものについては論ずる必要さえも感じていないという意味で、他のアプローチについて沈黙しているのである。超越論的実在論／唯物論の視点と手短に比較することによって、この沈黙のなかに隠されているものが再度明らかになる。

　想念の領域に完全にとどまるような超越論的実在論／唯物論の（たとえばマルクス流の）アプローチというのは、まったく考えることができない。警察官は実在的社会構造の一部を形づくっている。なぜなら、「警察官」という社会的カテゴリーを構成する立場や実践は、国家のような心から独立した存在物を含む、一定の社会関係に基礎を有するからである。もし警察官が実際には強力な国家権力として存在しており、主体が（間違って）警察官は犯罪と闘うために存在すると信じているのであれば、主体の信念は「警察官」という社会的カテゴリーを余すところなく尽くしているとはいえない。「警察官」という社会的カテゴリーには、主体によって捉えられたもの以上のものがあるから、この追加的な成分も社会科学者の関心領域に入らなければならない。主体が形づくる警察官の想念は、「警察官」という社会的カテゴリーを構成するのではなく、実際には、社会関係のような心から独立した一連の存在物によって構成されるものなのである。

　そこで、心から独立した社会的存在物は、たとえそれらが考察中の主体にはまったく知られていないとしても、主体および主体と社会構造との相互作用に関する社会科学的研究において、無視することのできないものである。社会的存在物は、観念的なものではなく実在的なものである。社会的存在論はこれを反映しなければならない。そうでなければ、ハイエクの場合にみられるように、われわれは誤った存在論的カテゴリーを用いて社会的世界の把握を試みることになるであろう。

とはいえ、ハイエクがそうしているように、社会科学者たちが、心から独立した外的な社会領域を参照する必要のない社会研究を擁護するならば、われわれは、主体に影響を及ぼさないという理由でそのような領域を無視することについて、それが可能なのかどうかを考察する権利を有する。社会科学者は、彼らの関心分野の外にあるという理由で、この領域を無視することを選択するかもしれないが、このことは、行為は信念と想念とに基づいている、ただそれだけだ、という可能性があることを隠してしまう。これが暗黙の前提だという可能性は、次のような超越論的な問いによって明らかになる。すなわち、社会科学研究に関するハイエクの説明から外的な社会的世界が完全に脱落しているとすれば、外的な社会的世界と社会構造の形成との間の関係について、ハイエクはどのようなことを前提としているのでなければならないか。もし想念が部分的にせよ外的世界の諸性質に基づくのであれば、これらの諸性質が社会科学の関心領域に含まれなければならない。

外的な社会的領域を無視することができるのは、存在論と理論的アプローチとの間の不整合という犠牲を払うことによってのみである。つまり、一方の存在論では、因果的な効力を有し活性的でもある外的な社会的世界を認めながら、他方の理論的アプローチでは、自分自身の存在論的コミットメントをあっさりと無視する。ハイエクの立場が整合的なものになるのは、主体という形態における主観が社会構造という形態における客観を構成するのだから、外的世界は概念形成にさいして因果的な効力をもたないことを認める場合、すなわち、自分が社会的質料について主観的観念論者であることを認める場合である。

方法論的考察に移る前に、ハイエク（Hayek, 1942a）の議論の糸を解きほぐしておくのは意義のあることである。議論のために、社会科学者の研究する世界は主体の想念が織り合わされて作られているものだ、というハイエクの過度に熱心な主張を認めるならば、彼が立証したのは、想念に依存しない物理的対象そのものも人工物の物理的性格も社会科学とは無関係だということ、すなわち関係があるのはすべて主体の想念だということになる。

とはいえ、議論はここで、密かにそして（事実上）気づかれないうちに、物理的質料についての議論から社会的質料についての議論へと跳び移るが、ひとつの決定的な論点は保持される。ハイエクは、想念に依存しない物理的形態の外的世界を、社会科学者が考察する必要はないとした。それから社会的世界の議論へと移るが、そのとき彼は、取り扱っている外的世界はもはや物理的ではなく社会的なものだが、同じような立場を維持する。すなわち、残されているのはすべて、主体によって捉えられた想念なのである。彼は社会構造のような外的現象を認めない。なぜならば、これらは彼がしりぞけた物理的対象に類似するものだからである。いいかえると、想念に依存しない物理的なものを排除するさいに、それと同時に、実在的社会的質料を含む、想念に依存しない非物理的なものをも排除し、観念的社会的質料を残す。主体の想念が社会を余すところなく尽くすことになる。ハイエクが、「本当の区別は、人々に抱かれることによって社会現象の原因となるような諸観念の間にある」（Hayek, 1942a, 285, 訳四一頁、強調は引用者）というような論評をすることができるのは、そのためである。

したがってハイエクは、社会的世界は概念依存的であるという適切な洞察から、社会的世界は概念決定的であるという不適切な、もしくは誇張された主張へと移る。ハイエクは、対象の社会性を取り扱うことができなかった実証主義と袂を分かち、その正反対の極端へと進んで、すべての外的社会的対象を純粋に想念に依存するものとして取り扱っているように思われる。

方法論と主観的観念論

次のような超越論的な問いを突きつめることによって、ハイエクの立場が主観的観念論であるという証拠がさらに現れる。すなわち、社会科学の方法（についてのハイエクの見解）が成功とみなされるには、彼は世界の性質についてどのようなことを前提としていなければならないのか。

最初に、ハイエクが提唱する方法論的アプローチについて考察しよう。次章で明らかになるように、ハイエクの場合、社会科学者にとっての主題は、もっぱら普通の主体の想念である。普通の主体が世界を経験し、それを特定の仕方で理解し、特定の仕方で記述する。そして、この理解や定義に従って行為する。そこで社会科学者は、自分自身の理解や記述を、普通の主体のそれに基づくものにしなければならない。後者は、問題のないもの、矯正できないものとみなされなければならない。社会科学においては、主体が理解するように理解しなければならず、主体が記述するように記述しなければならない。観察している社会科学者が、主体の観念に接して得られるもの以上のものをたまたま知ったとしても、ハイエクの場合には、それがどのようなものであれ主体の行動の説明とは無関係なのである。

ここで重要なのは、明らかにハイエクはこれを不利な条件だとは思っていない、という事実である。人工物と社会的質料の例を用いて論証したように、ハイエクは、社会的世界をこのような貧弱な存在論で理解できると思っている。ハイエクが、実在的社会的質料の領域を考慮しない人間行為の研究を提唱しうるのは、この領域が主体の行為にまったく影響を及ぼさないと考えているからにほかならない。なぜなら、もしそれが影響を及ぼしていて、そのことが認識されるのであれば、どこかの時点で、それが研究されなければならないからである。

もし実在的社会的質料からなる外的領域が主体の行為にまったく影響を及ぼさないならば、主体が行為を始めるのに必要な現象はすべて内的なものでなければならない。つまり、行為を支配するものは想念の領域内に、すなわち主体の観念のなかに存在しなければならない。たとえば唯物論者にとっては、行為のルールのような実在的社会構造は、（若干の）主体に対しては外的に存在し、行為の条件もしくは質料因となる。これとは正反対に、もし主観的観念論者が心から独立した社会構造を考えることができないのであれば、行為の質料因は存在しえないことになる。因果性は主体に内在するものとなる。この筋書きでは、主体が外的構造に依存しそれによって行為を始めることができる、というのは真実ではない。主体はその行為の条件を、自分自身の心のなかに作り上げるのである。そこで、行為の条件は実在的ではなく観念的なものとなり、このようにして、解釈学的基礎づけ主義の主意主義となる。

ここにいたって、本項冒頭の超越論的な問い、すなわち社会科学の方法（についてのハイエクの見解）が成功とみなされるには、彼は世界の性質についてどのようなことを前提としていなければならないのか、という問いに対する解答を与えることができる。彼が前提としていなければならないのは、社会的世界は主体の主観的創造物だということである。繰り返すが、このことはたんに、実在的社会的質料ではなく観念と想念とに焦点を合わせる方法を提唱することをハイエクが選択した、ということを意味するだけではない。他の選択はありえない。社会的質料は観念的なものにほかならず、心によって構成されるものなのである。

心の役割と主観的観念論

主観的観念論者が行なう主張のなかの枢要なもののひとつは、超越論的主観が客観を構造化するということである。この過程は、構造化された活動的な心が存在するということ、しかもそのような心は外的世界の経験に先立って存在するということを必要とする。ハイエク（Hayek, 1942a）は、活動的な心の第一義性を奉ずる方法論的アプローチを構築しようとする。これはおそらくカント哲学の表明である。ハイエクは、この活動的な心を舞台の中心に押し出すのである[6]。

ハイエクは心の第一義性という主張を擁護するために、ひとつの議論を提出する。それがハンマーや気圧計といった道具や器具についての議論である（1942a, 278, 訳二四－二五頁）。彼が論ずるところによれば、人々が道具や器具について考えていることと無関係に、客観的事実としてそれらに言及しようとするのは、とにかく不可能である。定義を行なう場合につねに必要とされるのは、思考する人間、実際上あるいは想像上の結果、および定義される事物であり、それ以外のものは必要ではないであろう。定義は、その対象がもっているかもしれない物理的性質には言及しないであろう。彼はもうひとつの例を与える。考古学者が、調査中の対象が石器なのか、それともたんなる自然の偶然的産物なのか、ということを決定しようとしている。これを決定するために科学者が試みるのは、歴史上の人間の心を理解すること、すなわち、その人がどのようにして道具を作ったのかを理解することである。

いずれの場合にも、自分自身の心の働きについての知識を頼りとして、人間活動の諸側面を内面から直観的に知ることができる、とハイエクは主張する。ここで重要なのは次のような論点である。すなわち、ハイエクが主張しているのは、科学者が対象（ハンマー、気圧計、歴史上の道具など）についての概念を形づくることができるのは、ひとえにすべての人間が同じような心をもっているという事実があるからだ、ということである（Hayek, 1942a, 279, 訳二六頁; 1952, 23）。したがって彼は、社会的質料は概念依存的であるという（適切な）主張でやめずに、これを誇張して、社会的質料の概念依存性がすべてである、という（不適切な）主張をするのである。

私の議論に対して、ハイエクは道具の物理的性質を否定しているのではなく、主体の想念を所与として、そこから出発しているにすぎない、という反論が提起されるかもしれない。ハイエクの推定では、道具の物理的性質はすでに主体の想念に入り込んでいるのだから、社会科学者の任務は、（a）主体の信念あるいは意味を追認し、（b）これらの信念の含意を追跡することだけなのである。とはいえ、この反論は後退を引き起こすだけである。もし主体の想念が、道具の物質的性質によって（たとえその一部だけでも）過去のある時点で形成されたのであれば、その時点でこれらの性質は社会科学の関心領域の一部を形成することになる。想念がいつ形成されたのかということは問題ではない。人工物の物理的性質に関して想念が形成されたのであれば、これらの性質はある時点で社会科学者の関心領域に入らなければならない。たとえ「社会研究の目的のため」（Hayek, 1942a, 280, 訳三〇頁）であっても、これらの性質を永久に無視することはできないのである。

人工物の物質的性質を軽視し続けることに埋め込まれている誤り（おそらく主観的観念論）は、そのような現象に関する批判的実在論／唯物論の説明を考慮することによって鮮明なものとなる。ハンマーの物理的構造は、ハンマーをある特定のものとして分類する社会的過程にとっても無関係ではない[7]。ある対象がハンマーと呼ばれるのは、たんに主体がその対象をハンマーとして分類することを選択するからではない。むしろ、その対象がハンマーとなりうる一定の内在的な性質をもっており、そしてまた、その対象がハンマーの目的に適していることが特定の活動を通じてわかっているから、主体がそれをハンマーとして分類するのである。同様に、ある対象の性質を理解しようとする考古学者が研究を行なう場合、（するとしても）たんに先史時代の人間の心を追認しようとし、そのような人間に現代人の観念を負荷しようとするだけではなく、先史時代の人間の実際の活動をも追認しようとする。このことが要求するのは、あらゆる種類の社会的労働、すなわち実践的活動が中心に位置するという理解である。

人間主体の認知活動の役割を誇張し、社会生活における客観的で実践的な人間活動の役割を軽視することで、ハイエクは主観的観念論への傾斜を示している。ハイエクについて論じたものではないが、考古人類学者E・リーコックの次のような注釈は観念論の誤りの根源を正確に突くものであり、この誤りはハイエクにも当てはまるように思われる。

とはいえ、人間の心が達成したものについての印象が非常に強いために、労働の基本的な重要性があいまいにされてしまった。さらに、労働についての計画を労働そのものから分離することによって、……観念論的な世界観が発生することになった。観念論的な世界観は、人々の行為をその必要からではなく思考から生ずるものとして説明するのである。（Woolfson, 1982, 77 から再引用、強調は引用者）

しかしながら、ハイエクの社会科学において客観を構造化していると思われる超越論的主観は、ひとつの基本的な局面で、カントの図式におけるそれとは異なっている。その相違が生ずることになったのは、ハイエクが心の働きを説明するために認知心理学[8]に頼ることができたのに対して、カントには形而上学的な思弁しかなかったからである。このことが含意しているのは、認知心理学の問題全体が（暗黙のうちに）ハイエクの認識論としての主観的観念論に関するほとんどの議論を補強しているということである。

そこでハイエクⅡは、最終的には、私が「拡張されたカント的認識論」と名づけたものになる。カントの考えでは、純粋悟性概念が多様なものを総合し、それによって認識が可能になるが、それが分類体系によって置き換えられる。前者を科学的な観点から解釈することはできないが、後者は神経系の神経学的／生理学的メカニズムにしっかりと基づいている[9]。ハイエクはカントの形而上学的思弁を感覚心理学で代替するが、基本的な認知的枠組みは同一のまま維持する。その観念論は、総合したり分類したりするメカニズムに関係なく、依然として主観的なままである。なぜならば、この活動的な主観的メカニズムによってのみ客観が構成されるからである。いいかえると、ハイエクの哲学の核心に位置するのは依然として超越論的主観なのであり、その認知装置の性質だけが変化するのである。

そこで、社会科学の場合にも、自然科学の場合と同じ結論を導き出すことができるように思われる。バスカー（Bhaskar, 1978, 28）の表現を借りて、社会的世界は人間の心が構成したものになる、あるいは、その現代的な言い方においては、科学共同体が構成したものになる、社会的世界は人間が生み出したものである、と言ってもよいかもしれない。ハイエクが純粋な観念的社会的質料の世界でくつろいでいるのは、彼にとっては、これ以外の種類の質料は社会的行為を理解するうえでまったく問題にならないからである。主体が行為の条件を自分自身で創り出すから、ほかのものはまったく問題にならない。そこで、ハイエクが実在的社会的質料ではなく主体の概念や観念に焦点を合わせるほうを選ぶという事実が、彼の主観的観念論に由来するというのは、まったく整合的であって、主観的観念論においては、世界を構成する観念的社会的質料を主体が作り上げるのである。

とはいえ、社会科学におけるハイエクの存在論の立場は、自然科学におけるそれとは異なっている。後者においては、ハイエクは経験的に与えられる事象だけを認めており、そのために、経験論的実在論者と規定されるのはまったく明らかである。これに対して前者においては、感覚経験に与えられる事象を超えて、想念を含むように知識の対象となりうるものを拡張している。原子や磁場のような存在物とは違って、ハイエクは虚構の理論的構成物として想念を用いてはいない。彼はそれらを、実在のもの、社会を作り上げる単位、社会科学の基本的な与件とみなしている。とはいえ、事象とは別のタイプの存在を加えているために、彼を（ヒューム的伝統における）経験論的実在論者だとすることが不適切なものになる。したがって、ハイエクの存在論は「拡張された」経験論的実在論であり、事象だけではなく主体の想念（すなわち、観念、態度、信念等々）をも許容する存在論である、ということを私は言いたいのである。

結　論

ハイエクは自然科学を実証主義に実質的に引き渡すが、活動的な主観的精神および、それによって生み出される観念の役割を認識することによって切り開かれた可能性は、社会科学の実践を侵食してゆき、その過程で実証主義との部分的な離反を引き起こすことになった。社会科学において、ハイエクは実証主義から部分的に離反する。それは、経済学においては主流派からの離反として現れる。とはいえ、彼が採用している一般的な認識論的および存在論的立場が意味するのは、一般的知識の獲得は、ただ感覚経験に与えられる事象が恒常的連接の形態で生ずるという推定に基づいてのみ可能だ、ということである。それゆえ、自然科学と（暗黙のうちにであるが）社会科学の双方において、ハイエクはヒューム的法則という考え方を持ち続けるのであり、これは実証主義と同様なのである。次章で論証するように、実証主義に対するハイエクの二面的対応は、彼が採用する方法とも密接に関係している。

第4章　ハイエクⅡの社会経済理論の根底にある方法論

ハイエクの哲学的立場を検討してみると、主体によって形成され社会的世界の重要な構成要素になるものと推定される主観的な想念が、過度に強調されていることがわかる。この強調は、ハイエクが採用する哲学的総合の他の側面からの影響もあって、彼の方法論的なアプローチにも見られ、それを特徴づけるものとなっている。この方法の性質について詳しく述べることが、本章の目的である。(1)

主観主義

この節で具体的に明らかにするのは、思考の連続的で小刻みな展開のなかで、主観主義の適切な洞察がどのように誇張され、それによって誤りに導かれるのかということである。支持されている認識論が主観的観念論である場合には、とくにこのことが当てはまる。主観主義は、ディルタイおよびウェーバーの新カント派哲学から発生したものであるが、彼らが強調したのは、社会科学では説明（explaining, or *erklären*）ではなく理解（understanding, or *verstehen*）が必要だということであった。ハイエクはこれを定義していないから、ここでは主観主義者の方法についてのルービンスタインの簡潔な定義を用いることにする。

主観主義者によれば、社会科学の目的は、内面的な意味に注目して人間行為を理解することである。……主観主義は、社会的行為者の観念を解釈し理解することを、社会科学の核心とみなす。このプログラムは、二つの関連した目標をもつ。すなわち、⑴行為の動機の理解、および⑵社会的行為者が常識としている文化的信念の解明がそれである。（Rubinstein, 1981, 15, 62）

バーカーラークは、より極端な主観主義の方向へ向けて、この考え方をさらに一歩進め、このアプローチの鍵になる命題は次のようなものであると主張した。

経済システムの作用は、経済主体の「精神の志向的状態」あるいは「命題的態度」――彼らの信念、彼らの希望、恐怖、評価――に依存している。（Bacharach, 1989, 129）

自然科学は一般の主体が外的世界についてもっている知覚から離れようとするが、社会科学はまさにこれに関心をもたなければならない、というハイエクの洞察は妥当である。ハンマー、気圧計、土地、商品、食料、貨幣などといった存在は、物理的な観点から定義されるだけではなく、人々がそれらをどのように眺めているかという観点からも定義されうる。このような見地からすると、社会科学者は、当事者が行なっていると信じていることを理解する必要がある。いいかえると、外的世界についての主体の意識的な想念は、自然科学の場合のように排除されるべきものではなく、社会科学の基礎的な与件となるものである。

解釈学的基礎づけ主義

ローソン（Lawson, 1994c, 138）は、彼が「解釈学的基礎づけ主義[2]」と呼ぶものをハイエクが採用していると主張する。解釈学的基礎づけ主義が意味するものを理解するひとつの仕方は、これを極端な主観主義と考えることである。解釈学的基礎づけ主義は、主観主義者の見地の枢要かつ適切な洞察を引き取り、進んでその言い分を誇張する。

セイヤー（Sayer, 1992, 35）は、解釈学を「意味の解釈に関わる学問分野あるいは科学」と定義する。彼は進んで、解釈学が意味するものを例証する。

> 社会状況を「読む」ことが上手な人や下手な人が話題になることがある。これは、啓示を与えてくれる描写である。というのは、われわれのいう理解（understanding）は、しばしば「理解（verstehen）」と称されているが、読書のさいに用いられるもの、そしてまた読書から得られるものに、それがかなり似ているからである。われわれが本を理解するのは、言葉の形やそれらの頻度を観察したり分析したりすることによってではなく、それらの意味を解釈することによってである。このような読書には、つねに解釈の技能や、テキストが関与していると思われるものについてのある種の先行理解がともなっているのである。（Ibid.）

そこで、解釈学の枢要かつ適切な洞察というのは、自然科学的および社会科学的研究のさまざまな段階において解釈があまねく行なわれている、という認識である。解釈学的基礎づけ主義は、この洞察を誇張することから生ずるものであり、主観的解釈を、主観的構築になるところまで拡大する。社会科学の場合には、主観的解釈ということが誇張されると、社会的世界はたんに主体の（私的あるいは社会的）想念に依存するだけではなく、それによって完全に決定され余すところなく尽くされる、という社会的世界の概念把握へと導かれる。ハイエクが述べるように、「人間行為に関する限り、事物とは、行為する人々がそうだと考えるもののことである」（Hayek, 1942a, 278, 訳二四頁）。ローソン（Lawson, 1994c, 138–9）は、この見地を次のように要約している。

いいかえると、ハイエクは、社会生活の概念依存的性質を際立たせるだけではなく、少なくともその時期の大部分は、社会生活があたかも概念決定的であるかのように、すなわち社会生活が諸個人の想念と態度とによって余すところなく尽くされるかのように論じている。……そこで社会とは、想念に依存する性質のものということになる。

解釈学的基礎づけ主義の哲学的起源

ハイエクによる解釈学的基礎づけ主義の採用は、彼の総合的な哲学的立場が社会科学に現れたものであると思われる[3]。前章で述べたように、ハイエクは、物理的対象が社会科学の主題の一部になるとは考えていない。そして、物理的領域と社会的領域との間を移動するさいに、実在的社会的対象を見失う。もちろん、実在的社会的質料を見失うからといって、社会的存在論がなくなるわけではない。なぜならば、なんらかの種類の存在が、つねに前提とされなければならないからである。ハイエクの場合には、（主観的観念論のなかの）観念論の成分が、観念的なものの領域を膨張させる。つまり、実在的社会的対象を見そこなうことによって残ってしまった空白を満たすのが、主体の想念なのである。他方、主観主義の成分は、観念の起源、すなわち認知的に活動的な主観的精神を提供する。ハムリンが述べるように、「われわれが直接に接しうるのは精神的なものだけであるという思想を所与とすると、どのようなかたちであれ精神的なものが唯一の実在を構成する、というテーゼへ向かって進むのは容易である」(Hamlyn, 1989, 16)。

前章で示したように、ハイエクは、ただ対象を、対象についての観念に解体することに成功するだけである。これは、超越論的主観が対象を構成するという主観的観念論者の主張が、社会科学に現れたものである。社会的世界は主観的に構成される、あるいは概念決定的であるという信念は、この章の残りの部分で探究することになる他の一連の方法論的主題へとつながっている。

主体の行為は観念によって動機づけられる

物理的刺激を物理的用語で記述することはできるが、社会科学の目的にとって、これは不適切である。なぜなら、人間が物理的刺激を知覚し、それに基づいて行為をする仕方についての知識を、無視してしまうからである。前章で明らかになったように、人間が実際に行なうことに関する限り、唯一問題となるのは、人々が自覚している知識であり、人々がそれを適切なものであると信じ、ついで、それに基づいて行為を行なう知識だけである。したがって、社会科学者の任務は、これらの信念や想念の妥当性を問題にすることにあるのではなく、主体自身が信じていることを理解し、それに続いて行なわれる行為を追跡することにある。[4] このように考えるからこそ、社会科学者は、主体の想念を完全に把握するときに、社会的行為を理解することになる。

行為の基礎となるのは、したがってまた社会科学の与件となるのは、反省された想念もしくは意識された想念であるということに注意する必要がある。ハイエクが述べるように、「社会科学は、……人間の意識的行為もしくは反省された行為を取り扱う」（1942a, 277, 訳二三頁）。このことが重要なのは、無意識のうちに身につけている想念や、暗黙のうちにもっている知識から生ずる人間行為という考え方を（まだ）認めることができなかった、ということを意味しているからである。もっとはっきりいうと、暗黙のうちに従っている社会的ルールというものは、まだハイエクの論題のなかには現れていないのである。

二つのタイプの観念

想念もしくは観念に焦点を合わせる場合、われわれはそのような観念について二重の区別をしなければならない、とハイエクは注意深く指摘している。社会科学を苦しめている特別な困難とは、次のようなものである。

観念は二つの可能性をもって……対象の一部としての観念と対象についての観念として現れる。……われわれが説明しようとする現象を構成する観念と、われわれがその行為を説明しなければならない当の人々がこれらの現象について形成する……観念とを区別する必要がある。［後者の種類の観念は］社会構造の原因ではなく、社会構造についての理論なのである。（Hayek, 1942a, 285, 訳四〇頁）

ハイエクが述べているのは、主体の行為を動機づける観念と、これらの主体の行為を構成要素とする「全体」あるいは「経済構造」について、同一の主体がもっているかもしれない通俗的理論との間の区別である。第一の種類の観念を、彼は動機づけの見解あるいは構成的見解と呼び、第二の種類の観念を、思弁的見地あるいは説明的見地と呼んでいる。混同を避けるために、ハイエクは前者を構成的観念（*constitutive ideas*）と名づけ、後者を通俗的理論（*popular theories*）と名づけている。

ハイエクによれば、これら二つの種類の観念を混同する危険性は、「社会」「経済体制」「資本主義」「帝国主義」といった集合体を大衆の心が考案することに示されている。社会科学者はこれらの集合体を通俗的理論とみなすべきであり、事実と取り違えてはならない。諸主体は自分たちの世界についての通俗的理論を形成する。ある財についての主体の構成的観念が変化するならば、その価格が変化するかもしれない。しかし、このことは、なぜ価格が変化するのかということについて、これらの主体が有しているかもしれない通俗的理論（通俗的な価値論かもしれない）とは区別されなければならない。これらの通俗的理論が社会科学者の関心事となるのは、（構成的観念とは違って）ただそれらが修正され改善される必要のあるもの、すなわち再分類される必要のあるものだという意味においてである。

社会的全体の性質

社会的世界は個々の主体の想念を集計したものから構成されている、というハイエクの概念把握の帰結となるのは、社会的全体が原子的に構成されているということである。二種類の観念を認めたために、とくにそこで通俗的理論を認めたために、問題がさらに込み入ったものになる。社会的全体の性質はどのようなものか、という問題に答えを出さなければならないのである。

社会現象の研究のなかには、さまざまな通俗的理論を所与とするところから出発するものがあるが、ハイエクはそれらを「方法論的集団主義」であるとして拒否する。方法論的集団主義は科学主義の派生物だというのである。このアプローチは、

社会現象を扱う場合、人間の心がこの現象の一部をなしているものとしては扱わないし、またこの現象の組織原理が周知の部分から構成されうるものとしても扱わない。それは社会現象をあたかも全体として直接知覚される対象であるかのように取り扱う。(Hayek, 1943, 42, 訳六九頁)

そのような全体は、大衆の心が構築したものにほかならない。つまり、主体が知覚する若干の個別的現象の間の関係を説明するのに役立つ通俗的理論にほかならない。これらを理論の成分として取り扱うことは、A・ホワイトヘッドが「見当違いの具体性の誤謬」(Hayek, 1943, 43, 訳七〇頁から再引用)と述べるものの犠牲になることを意味する。ハイエクは、このような社会的全体が存在する余地はないとする点で、絶対にあとへは引かない。

そこで社会的全体は、それらを構成する通俗的理論を別とすれば、すなわち感覚経験で知覚される事象が相互に関係づけられる精神的過程を別とすれば、存在の余地がない。ローソンが述べるように、ハイエクの理解によれば、社会的全体は「それらについて考察することと無関係に存在するものではない、とみなさなければならない」。もし「存在するということが知覚されるということであり」、全体が知覚されえないものであれば、思考を助ける精神的構築物を除いて、それらが存在することはありえない(Lawson, 1995a)。

そこで、ハイエクにとって社会的全体とは、それを構成する諸個人およびその想念を集計したものにすぎない。もし社会構造という用語が、ある社会的レベルに存在するけれども、ある一群の諸主体によっては同定されないも

のを意味するのであれば、社会構造は存在できないであろう。なぜなら、そのような構造は主体にとっては存在しえないし、そのために科学にも受け入れられないからである。

社会科学の目標1：理解

ローソンが指摘したことであるが、社会科学についてのハイエクの説明によれば、理解はたんに多数の目標のなかのひとつなのではなく、社会科学が達成しうる唯一の目標である。

社会科学においては、人間の行為も想念も、説明されたりさらに分析されたりする事柄ではなく、ただ把握され理解されるべき項目である。……社会科学は理解するだけなのである。(Lawson, 1995a)

ローソンの所見から二つの興味深い論点が出てくる。第一に、ローソンの所見は適切なものだとは思うが、それはもっぱらハイエクの論文 (Hayek, 1942a; 1943) に基づく所見である。しかしながら、「説明の程度」という啓発的な題名の付いている一九五五年の論文を調べてみると、ハイエクはもはや理解に圧倒的な関心を向けるのではなく、彼が誤って説明と呼んでいるものに関心をもっていることがわかる。とはいえ、ここで説明というときのハイエクの意味は、予測にほかならない。すなわち、周知の実証主義者の立場である。このことから第二の論点が導かれる。ハイエクは完全に実証主義から離れたわけではない、というローソンの総括的なテーゼ (私もこのテーゼに賛成する) は、ハイエクがこのように予測としての説明に進出していることによって強化される。一九四二年から一九五五年にかけてのハイエクの著作に、このような連続性が認められるので、ハイエクが誤って（a）理解とみなしているもの、および（b）説明とみなしているものを彫琢し、それにともなう有害な含意に注目することにしたい。

説明というものは、ハイエクの主張によれば、個々の主体がなぜ現にあるような仕方で世界を知覚するのかという問題に還元される。その場合、（a）彼らはしばしば同じような観点から同じような世界を（適切に）知覚することもあるし、（b）彼らはしばしばその知覚において不適切であるだけではなく、体系的に全体が不適切であるということもある。彼の主張によれば、そのような説明は、「多少なりとも実行しうるとしても、……心理学者の課題なのである」（Hayek, 1942a, 288, 訳四四頁）。このようにして、社会科学者は心理学者とは違って、なぜ主体Xは対象YをZとして知覚するのかということではなく、主体Xが対象YをZとして知覚することから生ずる帰結は何かということを問題にする(5)。

説明を余分なものだとすることは、社会構造を除外する解釈学的基礎づけ主義の当然の帰結である。社会構造を考慮しないために、ハイエクは、主体の行為は心理学の問題に還元されるだけのものではなく、実在的社会構造との相互作用の問題でもある、という可能性を認めることができない。行為の諸条件を適切に理論化することができないために、彼にとって可能なのは、ただ主体の理解とその帰結とを考察することだけなのである。

このことは予測の問題とも密接な関係がある。ハイエクⅡの見地からすれば、予測の可能性は主体の心理状態を説明する可能性に完全に依存している。予測が可能であるのは、「大宇宙の法則」を「小宇宙の知識」から導くことができる場合のみである（Hayek, 1942a, 290, 訳四八頁）。しかし、小宇宙は途方もなく複雑な体系であるため、それについての詳細な知識に到達することは人間の能力をはるかに超えるものとなり、予測は現実離れした目標となる。また、ハイエクにとって予測の問題は、原理の問題ではなく実行可能性の問題であるということに、ここで注目しておくことも興味深い。実際にハイエクは大宇宙を原理的に小宇宙に還元する可能性を否定しておらず、利用可能な知識が乏しいことが唯一の障害だと認めているのである。

ハイエクが理解する社会科学においては、説明についての有意味な考え方というものはありえない。なぜそうなのかという理由は、もうひとつある。自然科学における説明についての彼の考え方と、後者が前者に影響する仕方について考察するときに、それが明らかになる。前章で述べたように、対象を知るためには、感覚経験に与えられる事象の恒常的連接を記録する必要がある。事象の規則性を認識することは、対象を知るために、そして対象をこれこれのものとして分類するために必要である。なぜならその対象は、一定の条件のもとでは同じように作用するように見えるからである。「知ること」は事象の恒常性に依存する。それは分類することと同義であり、したがってまた（ハイエクⅡの見地からすれば）説明することと同義である。

とはいえ、徹底的に主観的なものである社会現象においては事情が違う。社会現象の構成要素となるのは、物理的性質の規則的配列や秩序ではない。むしろ、「事物が同じ仕方でふるまう秩序が見られるのは、それらが人間にとって同じものを意味するからである」（Hayek, 1942a, 288, 訳四五頁、強調は引用者）。社会科学者が「似ているあるいは似ていないとして取り扱うものは、行為する人間にとってそう見えるもの」でなければならず、「《科学》が似ているあるいは似ていないとして示すものだけ」をわれわれの単位として受け取るべきではない（ibid., 288, 訳四五頁）ということであろう。ここでハイエクの心を捉えて放さないものは、社会システムの複雑な性質が事象の規則性を記録する可能性を排除し、社会的対象の分類を不可能にし、したがって説明を不可能にする、という主張だと思われる。

しかし、もし主体の意識的な想念が説明されるべき現象でないならば、われわれは当然、次のように問うだろう。ひとたびそれらを手に入れたならば、われわれはそれらをどのように取り扱うべきなのか、と。それらに基づいて行なわれる行為の帰結についての理論を入念に仕上げるために、組み立てられ配列されなければならないというのが、その答えであると思われる。たとえば地代論は、土地に対する主体の主観的な想念と、要素代替の理論のような他の概念装置とを結びつけて作り上げられる。経済学者の課題は、主体の想念の(意図したものであれ、意図せざるものであれ)帰結を追跡するために、その想念のなかに閉じ込められている意味を再生させることにある。ハイエクが述べるように、

多様な型の個人的信念や態度そのものは説明の対象ではなく、われわれが諸個人の間のありうべき関係の構造を作り上げるさいの要素でしかない……ことに注目することが肝要である。……社会科学にとって意識的行為の型は与件であって、これらの与件に関して社会科学がなすべきことは、その課題に有効に利用できるよう、それらを秩序立てて整理することだけである。(Hayek, 1942a, 288, 訳四四頁)

社会科学の目標2:説明

一九五五年に、社会科学の目標は理解であるというハイエクの認識が、(ハイエクの主張する)説明をも目標とするものに拡張された。[6] 彼の理解する説明は、これから示すように、たんに不適切であるだけではなく、彼が実証主義から完全に離れたわけではないということをも示すものとなっている。私は議論を四段階に分ける。第一に、ハイエクの理解する自然科学の法則はヒューム的なものだということを示す。[7] 第二に、社会現象は複雑なので、社会的世界においては事象の恒常的連接は現れない、という彼の理解を示す。これが第三点目につながる。すなわち、

社会的領域については科学的法則の許容範囲が縮小される。最後に、彼が説明と予測とを同義と推定していたことを示す(8)。

ハイエクが自分の理解する科学法則についてははっきりと述べていないのは、それを争う余地のないものとみなしていたからではないか、と私は思っている。一九四〇～五〇年代には、前章で述べたように、科学的法則とはヒューム的なものである、という考え方を信奉する実証主義の地位が脅かされることはなかった(9)。ハイエクが経済学に関して実証主義と齟齬をきたしたのは、社会科学へ実証主義を不当に拡張することに彼が反対したからである。

一九四二年から一九六〇年にかけて、ハイエクは一貫して、「物理的世界に存在する規則性」(1952, 2-3)、「法則、すなわち規則性の発見の強調」(1955, 42)、「説明のパターン」「一定の型をした物理的事象の配置、すなわち特定のパターン」(ibid., 6) といった表現を用いていた。法則の記述にもっとも近いのは、次の注釈である。

たいていの人は、「科学的法則」とは、それによって二つの現象が因果性の原理に従って相互に結合されるところの規則である、というような「法則」の定義を受け入れるであろう。……普通の法則は……原因と結果との間の関係を……記述するのである。(Hayek, 1961, 41, 訳一三四頁)

これらの表現が現れる個所でハイエクが論じようとしているのは、たしかにたいていの場合、そのような事象の規則性あるいは事象の恒常的連接は、社会的世界では起こりえないということなのだが、ここには、よりいっそう重要な二つの暗黙の推定が隠されている。いまから明らかにしようとするのは、この二つである。その第一は、規則的パターンが自然的世界に存在するということであり、第二は、それらが科学的法則の基礎を形成するということである。

ハイエクによれば、「受容された言明の貯え」から取り出された言明を組み合わせることによって理論が構成される。この貯えのなかには、「条件言明」「仮説」「規則」あるいは「法則」が含まれている。彼の示唆によれば、条件言明の単純な形式は、「もし u かつ v かつ w ならば、z である」というものである（Hayek, 1995, 5–8）。したがって条件言明とは、私の表記法では、「事象 X が生ずるときには、つねに事象 Y が生ずる」という形式のものとなり、それゆえにヒューム的なものである。

ハイエクは一九四二年の論文（Hayek, 1942a, 290, 訳四八頁）でも社会的世界の複雑な性質に言及していたが、一九五五年の論文では、それをより深めて彫琢しはじめた。

［複雑なシステムにおいては］われわれは、新しい予測への到達を可能にする……新しい自然法則を発見するような位置にはいないであろう。……どの程度の複雑さの現象であれ、それらを物理的もしくは概念的に処理することができるという保証はないであろう。（Hayek, 1955, 9 and 3–4 を見よ）

社会現象が複雑な性質のものであるために、事象の間の連関を論証することが不可能になり、そのために法則を立証することも不可能になる。ハイエクが論ずるところによれば、「もしわれわれが関連する諸法則をすでに知っているのであれば」、一連の諸原因（x_1、x_2、x_3……x_n）が生起するときには、つねに一連の結果（y_1、y_2、y_3……y_n）がそれに続くであろう、ということを予測しうる（Hayek, 1955, 8）。とはいえ、これらの諸法則は概して知られておらず、現実に観察できるのはただ、（たとえば）もし諸原因（x_1、x_2、x_3……x_n）が生起するときには、たとえば諸結果（y_1 および y_2）、あるいは（y_1 および y_3）、あるいは（y_2 および y_3）等々がそれに続くであろう、ということだけかもしれない。

そこで、複雑性が感知されるのは知識の問題、あるいはむしろ、知識の欠如というかたちにおいてである。複雑性のために、法則といわれるものの作用が観察されるかもしれない条件を詳細に記すことが不可能になる。そこで、ハイエクは、事象の恒常的連接によって法則が構成されているのではないと論じるわけではない。その反対に、彼は事象の恒常的連接によって法則が構成されていると考えており、したがって法則についてのヒューム的な考え方を採用しているのである。彼はただ、社会的世界が複雑であるために、法則を発見することができないと考えているのである。

それからハイエクは、このような誤った理解を社会科学にも移転する。そうすることによって、社会的世界においてこれらの法則の代わりになるものが何であるのかがわからないという状況に立ちいたる。ハイエクは、社会的世界がある意味で秩序立ったものであることを知っている。しかし、それを理解するために用いられる理論的装置を見失って途方に暮れるのである。そして結局、彼は社会的世界における法則の解明を事実上放棄する。

> 法則を発見しようとすることは科学的手続きの適切な資格証明ではなく、単純現象の理論の一特徴であるにすぎない。……複雑現象の分野［すなわち社会科学］においては、原因・結果の概念同様、「法則」という用語も、その通常の意味を奪うような修正をせずには適用することができない。(Hayek, 1961, 42, 訳一三五頁)

ハイエクは、恒常的連接を基礎とする法則という概念以外の法則概念を提出できず、しかも、「完全な」恒常的連接と呼んでもよいものは複雑な社会的世界には存在しないということを知っていたために、厄介な状況に追い込まれることになった。実際にハイエクは、法則の基礎としての事象の恒常的連接を否定するわけではなく、ただこの連接の遍在性、すなわち科学的法則の有効性を見直しているのである。恒常的連接は、システムの複雑さのレベルが低下するにつれて姿を現す。恒常的連接はなお科学的法則の支柱であるが、複雑な現象においては恒常的連接を確定することが困難で、その作用の許容範囲が確定していないのである。

そこでハイエクは、これが社会科学者の直面する状況であるから、自然科学の方法を借用することはできない、という主張へと進む。そして、「パターン予測」(1961, 27, 訳一二五頁)を含む「原理の説明」(1955, 11)という新方法を提唱する。科学的活動の目標として姿を現すのは、要素・力・メカニズムの性質についてわれわれが有している知識が、探究中の観察された一組の事象を説明しうるかどうか確定することである。そこで、説明もしくは説明のパターンの定式化には、高い優先権が与えられる。科学の課題は、「作用している原理」と呼ばれるものを獲得することであるように思われる。すなわち、

> モデルから導かれる期待が矛盾したものでない限り、そのモデルはより複雑な現象において作用している原理を示している、とみなしてもよい十分な理由がある。(Hayek, 1955, 15)

前述の条件言明がここで登場する。ハイエクの推定によれば、モデルが「作用している原理」を説明するのは、その原理が条件言明のなかに含まれているからである。科学者はその理論の各要素を評価するわけではないし、各条件言明を個別的に評価するわけでもない。それらは筏のようなものだと考えられる。その筏は、もしそれが航海に耐えることがわかれば、その構成部分もある意味で適合的とみなしうる。この筏の適合性は、ある定義に基づく予測を立証する能力に依存する。予測という用語がこの文脈で使用されるさいの意味は、きわめて重要である。ハイエクが理解する予測は次のような論点をともなっている。

(1) 予測が適用されるのは、個々の事象にではなく、現象の一定の集合に対してである。
(2) 予測が適用されるのは、一意の量にではなく、予測された量が属する範囲に対してである。
(3) 科学者は、「肯定的な」予測、すなわち生起するであろうことの予測を好む傾向があるが、「否定的」予測も「きわめて有益」である。それらの間の差異は、たんなる程度の問題である。

ハイエクは、この種の予測を「パターン予測」と呼ぶ。彼が説明に関心をもっていることに疑いはないが、（パターン）予測が説明のなかに包含されるということもまた疑いない。ところで、理論を構成する条件言明は、見られるように「*X*が生ずるときには、つねに*Y*が生ずる」という形式に基づいているので、明らかに予測の要素を含んでいる。しかし、ハイエクはさらに進んで、条件言明が「作用している原理」を説明するという意味で、それらは説明の要素をも含んでいると主張する。とはいえ、この説明の内容の基礎は何であるのか、という疑問が心に浮かんでくる。彼が与える解答は、「説明と予測とは同一の過程の二つの側面にすぎない」（Hayek, 1955, 9）という不当な融合に基づいている。

しかしながら、説明についての考え方を前進させると称するこの主張は、それが用いている「説明」の概念に忠実であるにすぎない。ハイエクが理解する説明とは、予測と同義のものなのである。彼はこの現象を次のように理解している。

・予測……われわれは一組の事実を知っている、われわれはそれらに後続して起こることを導く規則を使用する。
・説明……われわれは一組の事実を知っている、われわれはそれらに先行して起こることを導く規則を使用する。

コプリック斑は麻疹の初期の徴候である	（カヴァー法則）
患者 i には時点 t においてコプリック斑がある	（初期条件）
患者 i は時点 t+1 において麻疹になるであろう	（結論）

このような予測としての説明という考え方に対する詳細な反論は控えるが、ヘンペル（この考え方の有名な提唱者）自身が認めている問題点だけは、ここに記しておくことにする。上のようなカヴァー法則モデルを考えてみよう。

このような演繹的モデルは、医師にとっては（道具的に）きわめて有用なものかもしれないが、これは説明ではない。説明についての極端に貧相な考え方を受け入れる場合を除いて、コプリック斑は麻疹を説明しない。麻疹をより満足のゆくように説明するためには、たとえば、コプリック斑とこの病気とを左右するウィルスを公準とする必要がある。

原理の説明はパターン予測を必要とし、パターン予測は条件言明を必要とし、条件言明は許容範囲が確定していないヒューム的法則であることが判明する。ついで、ヒューム的法則は通常の予測を行なうことを容認する。説明を社会科学の目的として取り扱おうとするハイエクの試みは予測へとなだれ込み、そして、予測は事象の恒常的連接の遍在へとなだれ込むように思われる。なお悪いことに、複雑な社会的世界にはそのような恒常的連接が存在しないことを知りながら、ハイエクはこれらの代わりになるものを何も持ち合わせていないのである。

これは、ハイエクの総合的な哲学的立場から直接生じる結果である、と私は言いたい。経験的な事象だけを認める存在論は、これらの事象の間の恒常的連接のような一般的知識の探究を助長する。想念の存在論は、世界が概念決定的であるという信念を助長する。すなわち、世界は想念に依存する性質のものであるという信念を助長する。（質料的に）因果的で、（観念的ではない）実在的社会構造という存在論的カテゴリーが欠落しているために、ハイエクは、主体の行為はこれらの構造との相互作用という観点から解明することができる、という可能性を考えることさえできない。行為にとっての条件を理論化できないために、彼が考慮できるのは、ただ感覚的な事象として与えられる行為の帰結だけである。したがってハイエクは、（ある意味では薄められたものであるが）これらの事象の間の恒常的連接を基礎とする説明の考え方を、受け入れざるをえないのである。

方法論的個人主義と合成的方法

方法論的個人主義を定義するというのは名うての難問であり、[10] ハイエクはこの方法の定義をわれわれに示してはいない。ラックマンによれば、方法論的個人主義は、「社会現象の説明の型のなかで究極的に人間の計画にまで遡らないものはどれも満足のゆくものではない」（Lachman, 1969, 94）とする点で、遡及的なものである。ホジソンによれば、方法論的個人主義とは、「与えられた諸要素から出発して制度や社会的全体という画面を築き上げる理論形成の方法である」（Hodgson, 1988, 67）。私が言いたいのは、ハイエクの方法論的個人主義は、これら二つの考え方の混合物だということである。すなわちそれは、行為の原因として主体の主観的な信念（および欲望）に焦点を合わせるとともに、ある一定種類の構成要素から社会が作り上げられることを求める。

（a）その社会的存在論と（b）極端な主観主義への関与とを理解することが、ハイエク版の方法論的個人主義を理解する手助けとなる。彼の社会的存在論が示唆するのは、世界は想念に依存する性質のものであるということ、すなわち、世界はもっぱら想念、観念、等々からなっているということである。これが構成要素を提供する。彼の主観主義が示唆するのは、「意識的な行為の動機となりうるのは人々が知っていたり信じたりしている事柄だけだ」（Hayek, 1942a, 284, 訳三五頁）ということである。これによって、人間の目的が構成要素のなかに組み入れられる。

ハイエクが主張しているように思われるのは、存在という観点からいうと、社会的世界は主体の想念によって作り上げられているので、社会的世界を理解するためには、まずこれらの想念を取り上げなければならないということである。彼が述べるように、

社会科学に特有な主観主義的アプローチは、……これらの社会的複合体の内側の知識から出発する。すなわち、それらの構造の要素を形成する個々人の態度についての知識から出発する……。(Hayek, 1943, 43, 訳六九頁、強調は引用者)

ハイエクの論ずるところによれば、主題が主観的な性質のものなのだから、社会科学は個々の主体の構成的観念からその科学的過程を開始し、それらを集計し構成し組み合わせて、「複合的現象を生み出す」ようにしなければならない。ハイエクによれば、社会科学においては、親しみ深い性質をもつすべての部分を体系的にいっしょにはめ込むことによって、だれでも全体と多様なものとを区別するようになる。

このように、社会科学は「与えられた」全体を扱うようなことはしない。社会科学の課題は、親しみ深い事象からモデルを構築し、これによって全体を構成することにある。(Hayek, 1943, 44, 訳七三頁)

「個人の行動を導く概念から出発する」必要性そのものが、ハイエクの哲学的総合と切り離しがたく結びついており、ハイエクを方法論的個人主義の立場につなぎとめている。ハイエクの立場は、これ以外のものではありえな

いであろう。もし社会的世界が諸個人の想念だけから構成されているのであれば、出発点はこれらの個人的な想念以外のものではありえない。すでに述べたように、ハイエクにとっては、(質料的)因果性をもって主体に作用するような社会構造は存在しない。存在するのはただ主体だけであり、主体がその行為によって、ハイエクが(不適切に)「構造」と呼ぶものを創り出すのである。主体と構造との間のこの「一方通行路」、すなわち主体がその認知活動によって構造を創り出すものと推定しながら、構造が主体に及ぼす影響は否定するのであるから、ハイエクは主意主義の伝統に強く結びつく位置にいる。これについては、第6章でさらに取り上げる。

主観主義的実証主義

ハイエクの主観主義はその科学主義批判のなかに明らかに示されているが、科学主義とは実証主義が社会科学に拡張されたものにすぎない。そこで、主観主義と実証主義とはまったく正反対のものに見える。したがって、ハイエクが実証主義の側面を保持しているというローソンの考えは、人を驚かせるかもしれない。極端な主観主義者が同時に実証主義の側面を維持するということは、どのようにして可能なのか。ローソンはこの問題を次のように説明している。

ハイエクの出発点は明らかに、実証主義のテーゼと主観主義の洞察との混合である。その結果、厳密に不可避というわけではないが、達成されたものが実証主義の超越ではなく、本質的には主観主義の様式内で実証主義を手直しすることであったというのも、おそらく驚くほどのことではない。実際に、実証主義的自然科学の

「客観的事実」は、追放されたというよりも、人間の主観に置き換えられたのである。これは、前方への移動というよりも横向きの移動を示している。（Lawson, 1995a）

ハイエクの主観主義は実証主義からの離反を助長したが、予測としての説明をめぐる議論、モデル形成に便利な虚構の使用、および前述のようにヒューム的法則の考え方を留保しているということは、この離反が明白なものではありえないことを示している。さらに検討を進めるときにわかってくることは、ハイエクが成し遂げたのは、実証主義からの離反というよりも、むしろ主観主義の様式内でそのテーゼのいくつかを手直しすることだったということである。ローソンはこれを一種の主観主義的実証主義と呼んでいる。

少なくともここで取り上げられているような実証主義は、感覚経験に与えられる事象を、自明かつ平明で動かしがたいものだと推定している。知ることができる対象の範囲に入るのは、ただこれらの事象だけであり、それによって物理的世界が感覚経験に還元される。各々の事象はひとつの事実として知覚され変換されるが、その場合の事実とは、時間的・空間的にばらばらにひとつずつ存在する出来事としての事実であり、外的世界で生起する事象を報告し記録するものである。事象として感覚経験に与えられる厳然たる事実が、自然科学の与件となる。

ローソンが述べるように、実証主義が「主観主義の核心をなすものへと変換されることによって」、彼が「主観主義的」実証主義と呼ぶものになる。この変換は三つの構成部分からなるが、まずそれらを概観し、その後で注釈を加えることにしよう。

(1) 社会科学において自然科学の厳然たる事実に類似するものは、主体がいだいている社会についての厳然たる想念、観念、態度、等々である。

（2）社会についてのこれらの厳然たる想念は、動かしがたいものとみなされる。すなわち、社会的対象を構成する自明かつ平明なものとみなされる。

（3）社会的質料は主体の想念に還元されるのだから、社会科学者はただそれらを受動的に記録しなければならない。

これらの三つの構成部分をなす主張は、一見すると、ハイエクの社会科学の中心に位置する主観的創造性の役割を否定しているようにみえる。それによって、もちろんハイエクの解釈学的基礎づけ主義は主観的観念論の表明であるという主張をも、否定しているようにみえる。活発にかつ主観的に形成された想念（すなわち通俗的理論ではなく構成的観念）が、「厳然としていて」、「動かしがたく」、「受動的に記録される」ものであるというのは、どのようにして可能なのか、と問うことができるかもしれない。

これらの想念が「厳然としている（brute）」のは、それらが科学に認められている唯一の与件だからである。思い出してほしいのは、（a）検討の対象になっている主体の同定から独立して存在する領域、および（b）科学者が観察し同定しているけれども、この主体がまだ同定していないものはどれも、社会研究が関心をもつ分野から排除されているということである。

これらの想念が「動かしがたい（incorrigible）」のは、それらが主観的に形成された主体の想念だからであり、これらの想念が（疑いなく）社会科学の成分を形成するからである[11]。主体が保持する想念を社会科学者が入手し、それらを理論構築に利用する。この場合、動かしがたいという考え方は、しっかりした足掛かりを獲得することができない。私が前章で述べたように、主体の想念が不正確かもしれないという考え方が、（極端な）主観主義にとっての問題を提起する。不正確ということが含意しているのは、心から独立した領域が存在し、それが思考において不正確に理解されているということである。心から独立した外的な存在物の性質を考慮することは社会科学では不必要である、と考えられるときには、この理論的世界の内部にとどまるのは想念だけだということになる。その場合には、「動かしがたい」ものは、想念以外のものではありえない。「知識について可謬主義者である」ということは、バスカーによれば、「事物について実在論者である」ということである（Bhaskar, 1978, 43）。問題とされている事物は社会構造だが、ハイエクは主観的観念論者なのである。

これらの想念は、活発にかつ主観的にそれらを創造する主体によってではなく、社会科学者の観察によって「受動的に記録される」。ここでわれわれは、社会科学の営みにおいて主体と科学者とが異なった役割を果たしていることを明確にする必要がある。第一に、主体は活発にかつ主観的に想念を創造する。第二に、科学者はこれらの想念を再確認し記録する。科学者は、主体が活発に形成し保持している厳然たる想念を受動的に記録しているようにみえる。

そこで、ローソンに従って次のように主張することはまったく正しい。すなわち、実証主義の厳然たる事実が、主観主義的実証主義では厳然たる想念に改められ代替される、と主張することはまったく正しい。とはいえ、このような実証主義の手直しは「厳密に不可避なもの」というわけではないとローソンは論ずるが、私はこの論点をより強く押し出し、ハイエクⅡの哲学的な前提を所与とすれば、そのような結論は実質的には避けることができないと主張したい。

主体によって社会的に構成される実在についての知識が、観察する社会科学者にもたらされるのは、感覚経験における事象としてである。もし特殊な知識が経験的な事象からなるのであれば、一般的もしくは科学的な知識は、これらの事象が示す恒常的パターンから成り立つのでなければならない。そのような恒常的パターンは、唯一可能な一般化の形態であり、ヒューム的法則の形態をとる。(12) たとえ（ハイエクがほのめかしているように）それらが作用するさいの許容範囲が確定していないとしても、そうなのである。

たとえば、ハイエクⅡが科学法則を、それ自身で存在するような種類のものに属する対象の力や傾向の表現として、すなわちロックの力、アリストテレスの本質、あるいはヘーゲルの矛盾のようなものの表現として記述することを提唱したならば、それは整合的でないだけではなく驚くべきことでもあろう。したがって、一九五五年にハイエクが説明の問題を彫琢しようと試みたときに、ただ薄められたかたちのヒューム的法則に後退するだけだったのも、驚くほどのことではないのである。

結論

ハイエクの著作が暗示しているのは、社会科学の出発点となるべきものは存在論、すなわち社会的世界の性質だということであり、その後で（その後でのみ）これを研究する方法が考案されるべきだということである。これは、実証主義の影響を受けた主流派経済学とは際立って対照的なものである。後者ははじめから、社会生活のすべての側面に適用可能であると推定された方法を用いるからである。とはいえ、残念なことに、その総合された哲学的立場に促されて社会的世界の性質を把握しようとしたが、そのさいに誤った存在論的カテゴリー（たとえば、彼は社会構造を心の構築物とみなす）を用いた。このことは、採用した方法のために、この世界の性質を解明することができなかったということを意味する。彼は（隠喩的に言えば）経験的・現実的領域を超えて、想念の領域よりも深い層にまで到達することができなかった。実在的社会的質料を含む深層領域は、彼には見つけられなかった。したがって、ハイエクは想念だけからなる世界に閉じ込められたのであり、このことが彼の方法のすべての側面を特徴づけている。

そういうわけで、ハイエクⅡは主観主義的実証主義の方法を採用している。このことは、彼の経済学的思考に対して二つのことを含意している。第一の含意は建設的なものである。というのは、彼はそのために、主流派経済理論の枢要な側面、とりわけ知識、均衡、および主体について再定式化することができたからである。これらの諸側面が第5章の主題となる。第二の含意は制約的なものである。なぜなら、社会構造の存在というひとつの枢要な問題について、彼の観念の発展を拘束したからである。これが第7章および第8章の主題となる。

第5章　ハイエクⅡの哲学の含意とその社会経済理論の方法

ハイエクが一九三六年までの時期に研究していた実質的経済学は、実証主義を支柱とする種類のものであったが、ハイエクⅡが採用することになった哲学的・方法論的立場は、多くの点でこれと整合的ではなかった。そのため、彼は実証主義と衝突することになる。ハイエクは、経済理論の基礎的な構成部分のいくつか、とくに知識に関する領域を再検討する。主流派経済学者による知識についての仮定は根本的に誤っている、という認識をひとたび受け入れると、その他の論点、とりわけ均衡や、経済人（*Homo economicus*）という主体性の考え方も疑わしいものとなり、情報伝達システムに関する彼の理解は両義的なものになってゆく。

伝統的な立場を批判したために、ハイエクは、それに代わる理論を提起しなければならなくなった。にもかかわらず、ハイエクはこの時点ではまだ、それらを作り上げてはいなかった。批判を通じて獲得した多くの新たな洞察を、一貫性のある統一理論に融合することができなかったのである。このような欠点は、偶然的なものではなく、次の二つの理由による。

第一の理由は哲学的なものである。すなわち、ハイエクが採用している哲学的・方法論的立場は、ふるまいの社会的ルールというような実在的社会的質料を捉えることを、事実上不可能にしていた（不整合という代償を払ってのみ可能であった）ということである。第二の理由は実質的なものである。すなわち、主体による、また主体間における、知識の発見・伝達・貯蔵は、ハイエクの経済学にとっていまや中心的役割を演じているが、しかし彼はまた、知識は同質的なものではないということ、そしてある形態においては、それを発見し、伝達し、貯蔵するという情報伝達システムの能力を超えて、それ独自で存在するということに気づいていたからである（Hayek, 1936, 50）。ハイエクにとってのジレンマは、彼の知的発展のこの段階においては、知識の発見・伝達・貯蔵を容易にしうる情報伝達システム以外の制度を捉えることができなかったという点にある。彼に（いまだ）欠如していたのは、一般的には、主体の想念には還元できない社会構造という考え方であり、また特殊的には、ふるまいの社会的ルールという考え方であった。それらは、情報伝達システムに接合する制度として作用するのである。

本章では、先行する三つの章で詳論した哲学的立場から生じる、経済理論にとっての含意に照明を当てる。知識・均衡・主体性に関する新古典派理論とハイエクとの断絶について詳しく論じ、彼が（しばしば）情報伝達システムを過大視していることについて論評する。

知識

ハイエクによる実証主義の排除と、それに続く主観的観念論の採用は、彼の経済学的思考が知識への関心という形態をもつことと分かちがたく結びついている。ワイマーは、次のような主張さえも行なっている。すなわち、「ハイエクはつねに認識論者なのであり、とくにそういえるのが、技術的経済学に携わるときなのである」（Weimer, 1982, 263）。ハイエクにとって、主体による、また主体間における、知識の発見・伝達・貯蔵の方法、および時間が経過するなかでのそれらの方法は、経済的行為がどのように調整されるのかということを理解するうえで、そしてまた、これによって樹立される秩序の景観を理解するうえで、中心的なものであった。

ここに《知識の分業》の問題が存在することは明瞭である。この問題は労働の分業の問題と非常によく類似しており、それと同様に重要なものである。（Hayek, 1936, 49, 訳六六頁）

知識は客観的なものであり、主体および観察者である経済学者によって完全に所有されているという――「与件」という表現に封じ込められた――主流派の仮定について、ハイエクは「経済学と知識」（一九三六年）のなかで、これとの完全な断絶を表明している。それにかえてハイエクが強調したのは、「客観的事実」に関する知識は、主観的に保持され解釈されて、分散化され断片化される（したがってだれも完全にそれを所有することはできない）のであって、主体によってさまざまな量と質において所有され、絶えざる変化を被る、ということであった(1936, 36–52 参照)。いいかえれば、知識というのは、主観的に保持されているとはいえ、利用可能な技術や、消費者の嗜好や、主体の資質のような、なんらかの客観的存在物に関するもので、その範囲に入るのは、主体にとって所与の、あるいは少なくとも「存在すると信じられている」事実であり、そこには他の主体の意図に関する事実も含まれている(1)。以上のことから、関連はするが別個の、二つの問題が生じることになる。第一に、

社会科学の中心的問題は次の点にある。各々の個人がもつ断片的な知識の結合が、いかにして次のような結果をもたらすのか、すなわち、たとえ意図的にもたらされることがあるとしても、それを実現するためには、いかなる単一の個人でももちえないような知識を、指揮をとる人間がもっている必要があるような結果を、いか

にしてもたらすのかという問題である。（Hayek, 1936, 52, 訳六六頁）

第二に、

なぜ主観的意味における与件が、客観的な意味における与件と一致するにいたらなければならないかという問題が、われわれが答えなければならない主要な問題のひとつである。（ibid., 39, 訳五五頁）

第一の問題は、知識の伝達ということに関係し、このような伝達を容易にする諸制度という論点を提起するものである。第二の問題は、伝達問題に主観主義的なひねりを加えるものであり、もし知識が個々の主体によって主観的に保持されるのであれば、知識はなぜ、客観的世界に精密に一致するようになるのかを問うものである。この問いはおそらく、それぞれ異なる主観的知識を有しているさまざまな主体が、同じような見方で客観的世界を眺めるようになるのはなぜかという問い――このような問いは、一九四二年まで表明されることはなかった――へと拡大してゆくことになる。

一九四二年のハイエクの二つの論文は、一九三六年に明らかになった主観主義のテーマを発展させている。ハイエクは、ここでは伝達の構造とメカニズムの議論に関心を示してはいないが、明らかに、主流派理論の実証主義的方法によってはまったく取り扱うことができない、知識に関する主観主義的な理解を念頭においている。彼が試みたのは、一九三六年の問い、すなわち主観的にいだかれた主体の見解がなぜ客観的世界に適合するのか、という問いへの回答であり、そこで示唆されているのは、すべての主体が同様な心をもっているためである、ということであった。(2)

一九四五年には、ハイエクは知識の伝達というテーマに向かう。

> 経済問題は、……社会の構成員のだれかが、個人としてその相対的な重要性を知っている諸目的に対して、彼が知っている資源の最良の利用をいかにして確保するかということである。（Hayek, 1945, 520, 訳一〇八頁）

ハイエクは、主流派経済学者が知識を取り扱うために用いている（あるいはおそらく、適切に取り扱うことを避けている）形式主義的、実証主義的方法にひとたび疑問をもちはじめると、何が知識を構成するのかということだけではなく、知識の発見・伝達・貯蔵を容易にする諸制度についても考えなければならなくなった。けれども、この時点でハイエクは、知識の発見・伝達・貯蔵について、それらがどのように行なわれないかは知っているが、それらがどのように行なわれるかは知らない、というジレンマに直面した。情報伝達システムだけでは、相当に有効な経済的調整の手段として必要とされるような質と量とを備えた、知識の発見・伝達・貯蔵を促進することはできない、ということは知っていたが、一九六〇年以前には、他のどのような制度がこうした諸機能を演じるのかということについて、いかなる考えももっていなかった。彼はすでに一連の洞察を行なっており、それは妥当なものではあったが、理論を構成するものではなかったのである。

このことは、ハイエクの研究全体を貫く緊張をもたらすことになるが、その緊張は一九六〇年に先立つ研究においてとくに深刻なものとなっている。ハイエクは、情報伝達システムに代わる体系的な代替物を提起することはできないが、もっぱら主流派の理論に従うことも潔しとしない、という板ばさみの立場にあった。彼は、一方では、主流派の価格理論から多くを（以下で明らかになるように、ときおり、あまりにも多くを）借用しながら、他方では、この価格理論に矛盾する一連の洞察を有していたのである。われわれはまず、この時点での彼の洞察について詳しく考察し、彼の価格理論に関する見解については、後に情報伝達システムに関する誇張された両義的な見解を詳述する章で、立ち返って斟酌することにしよう。

ハイエクⅡで採用された社会科学に対する個人主義的アプローチに促されて、ハイエクは社会の異質性に注目するようになり、その結果、次のような認識をもつにいたった。すなわち、異なった状況や環境のもとにある異なった主体は、異なった量や質の知識を所有するということ、彼らは、異なった手段を通して知識を発見・伝達・貯蔵することができ、また異なったやり方で無知の多様な状態に対処することができるということ、これである。社会経済の内部で、実際に発見され、伝達され、貯蔵される知識の大きな部分が、情報伝達システムの媒介を必要としないということが立証されうるならば、そこから次の二つの含意が生じる。

第一に、情報伝達システムの役割と効力に関するハイエクの誇張された主張が、その基礎を掘り崩されることになる。というのは、多くの知識が、他の諸制度によって発見され、伝達され、貯蔵されるからである。第二に、情報伝達システムの限定された役割を認めるならば、それはハイエクに、知識の発見・伝達・貯蔵を促進しうる他の諸制度の研究を促すことになる。後の諸章で明らかになるように、彼の研究は、結局は、ふるまいの社会的ルールに向かうのである。

このような含意は、些細なものにすぎないと思われるかもしれない。批判者は次のように答えるかもしれない。「もちろんハイエクは、情報伝達システムがあらゆるタイプの知識の発見・伝達・貯蔵を促進することはできないということを知っている。しかし、この問題は、彼が責任をもつべき領域を超えるものである。彼が関心をもっているのは、多数の個別諸主体の経済活動を相互調整するのに十分な知識を普及させるうえで、情報伝達システムがどのようにうまく対処するのか、ということだけである」、と。けれども、このように矮小化すると、重要な論点を見逃してしまうであろう。

その論点とはこうである。一九六〇年以降、ハイエクの研究の進展につれて、ふるまいの社会的ルールをはじめとする他の諸制度が、知識の発見・伝達・貯蔵の促進、したがって経済秩序の導出において、情報伝達システム自体が演じるのと同じくらい重要な役割を演じるようになるという点である。このことは、ルールのシステムと情報伝達システムの双方が、知識の発見・伝達・貯蔵の過程に含まれているということを含意している。もし、この二つのシステムがどのように接合しているのかを精密に理解したいのならば、情報伝達システムができることと、できないことは何であるのかを、精密に理解する必要がある。これは、社会経済的調整が生ずるのであれば、社会的ルールのシステムがどのような機能を演じる必要があるのかを理解するための準備となる。

したがって、以下の項における私の目的は、ハイエクが暗示的で非体系的なスタイルで示していることを、明示的で体系的なスタイルで示すことにある。その結果として、情報伝達システムができることと、できないことを精密に示し、ハイエクが完全には捨て去ることができない新古典派的思考の残滓のいくつかを明るみに出す。

このような論証は、さまざまな主体‐知識関係（*agent-knowledge relationship*）と呼ばれうるものを同定することによって行なわれるであろう。ハイエクはそのような関係を、これから提示するように体系的には述べていないが、私が言いたいのは、そのような一連の叙述を、一九三六年以降のハイエクの著作のなかに散在するコメントから、容易に集めることができるということである[3]。

主体と主体自身の心

ハイエクは、一九三六年の論文で個別的な（社会的なものから区別された）均衡について議論しているが、そこでは、その均衡を可能なものとみなしている。というのは、諸主体は「どのような商品が使用可能なのか、いかなる条件のもとで、それらは実際に入手され使用されるのか」（Hayek, 1936, 50, 訳六七頁）を知るようになるからである。彼らは、ひとたび利用可能なものを知ると、すなわち「主観的な与件」を知るならば、望ましい結果をもたらすための活動計画を開始することができる。このように、選択がなされる前に、主体は利用可能なものに関する知識を獲得しなければならないが、これ自体は、情報伝達システムを必要としないか、あるいは、せいぜい情報伝達システムの介入に先行して生じる、質的過程なのである。

主体は、利用可能な生産物やサービスが持続的にすべてのメンバーに伝達されるような、知識（あるいは情報）に満ちた環境のなかで生活しているが、しかし個別主体は、全体のなかの小さな断片だけを知っているにすぎない。生産者たちは、「所与」ではないという意味で、最低生産費を知らない。また生産者たちは、「消費者が需要する財とサービスの種類と、彼らが喜んで支払おうとする価格を含む、彼らの意向と欲望」(Hayek, 1946, 96; Hayek, 1967a, 314も参照せよ）を知らない。それらは、発見されなければならない。

もしデータが発見されなければならないのであれば、主体は最初は無知であり、市場のひとつの仕事はこのような状態を克服することである、と思われるであろう。このような発見は、（もしあるとしても）もっぱら情報伝達システムによってのみ行なわれる過程ではありえない。

> 彼らの前にある選択肢についての彼らの知識は、市場で起こることの結果として、あるいは広告などのような諸活動の結果として得られるものなのである。そして**市場の組織全体**は、買手がそれに基づいて行為するべき情報を普及させる必要に対して役立つのである。(Hayek, 1946, 96, 強調は引用者)

ハイエクの「市場の組織全体」への言及は非常に重要である。このことは、ハイエクが、情報伝達システム以外の諸制度が知識の発見・伝達・貯蔵を促進し、そしてこの場合には「主観的与件」の初期形成を手伝う、ということに気づいていることを示している。けれども、ハイエクにとって情報伝達システムは、知識の発見・伝達・貯蔵を促進する多数の諸制度のひとつにすぎないとはいえ、それらのなかでも群を抜いて重要な制度なのである。さらに、一九六〇年以前には、ハイエクは実在的社会構造を理解していなかったので、「市場の組織全体」は、情報伝達システムだけではなく社会的ルールをも包含する、と論ずることができなかったのである。

主体とその近接環境

一九四五年に、ハイエクは、「ある時と場所における状況に関する知識」という表現を作り出した。おそらく、企業家たちは、近接する環境のなかで利用可能な広範囲の知識を利用しなければならないが、後に明らかになるように、その知識を獲得する方法は、情報伝達システムを媒介とするものではないのである。このことは第7章で展開することになるので、ここでは詳述しない。このような「状況に関する知識」の多くは、情報伝達システムを迂回するものである、といえば十分であろう。

主体と将来に関する知識

客観的現象がたえず変化しながら流れてゆくために、それについての知識も、たえず更新され、発見され、伝達されて、期待と計画の形成に利用され、そしてその結果、行為の指針として用いられることになる。主体は持続的に変化するデータに基づいて行為しなければならないのである。

経済問題が主として、ある時と場所における特定の状況の変化に対する敏速な適応の問題である……ならば、そのことから当然に、最終的な決定は、これらの状況をよく知っている人々に、すなわち、関連する諸変化と

> これらの諸変化に対応するためにただちに利用しうる資源について直接知っている人々に、任せられなければならないということになるであろう。(Hayek, 1945, 524, 訳一一五－一一六頁; 523も参照せよ)

このようにたえず変化する環境のもとで、実情に通じている諸個人に意思決定が任されるような場合があるとしても、このことは、もっとも情報をもった個人であっても将来を予見することはできないという事実を、克服することはできない。この文脈においては、知識は根源的な無知（radical ignorance）に姿を変える。ここで用いられているこの言葉は、不確実性に相当し、ケインズ、シャックル、そしてナイトによって作り上げられた確率論に従わない事態である（Lawson, 1988）。将来は基本的に未知であるが、それにもかかわらずハイエクは、諸主体は実際には他の主体の行為に関する期待をどうにか作り上げるのであり、それは概して、一定の限界のもとでは正しいということを認めている。そうでなければ、社会は現に存在する程度の秩序を示すことができないであろう。決定的な問題は、もちろん、諸主体はどのようにしてそうするのかということである。

このような文脈では、諸主体は、将来の特定の状況に関する知識を獲得しているがゆえに行為を開始する、というわけではない。なぜなら、それを知ることはできないからである。そうではなくて、ハイエクが一九六〇年以降に明示しているように、諸主体は一連のふるまいの社会的ルールに従っているのであり、そのために不確実性にうまく対処することができるのである。ここで主張されていることは、このようなルールに従うことが、必ずしも情報伝達システムの助けを必要とはしないということである。だがその逆、すなわち情報伝達システムを用いることは必ずしもルールの助けを必要とはしない、ということは正しくはない。将来のある時点で合名会社に加わるという合意が履行されるのは、約束の遵守を求めるルールが周知のものだからであるということを知るために、情報伝達システムは必要ない。

しかしながら、情報伝達システムが、不確実な将来に対して諸主体が対処するのを手助けするかもしれない、二つの可能な場合がある。第一は、先物市場によって引き起こされる（限定された）可能性である。第二は、現在価格が将来価格の案内者となる場合である。すなわちそれは、ハイエクが「既知の事実の相当に不変な枠組み」（Hayek, 1976, 125）と呼ぶものである。この場合、情報伝達システムは、時間の境界線を越えて知識を伝達する働きをする。とはいえ、情報伝達システムがどの範囲までこの仕事を遂行することができるのかは、先物市場の範囲に依存しており、そしてまた社会経済的変化の速さ――リッツォによれば、ハイエクがないがしろにしたもの――に依存しているのだが、おそらく後者のほうが重要なのである（Rizzo, 1990）。

主体間の相互作用

主体が有する客観的世界に関する知識のうち特別な部分は、他の主体によって保有される知識の領域に属している。エブリングは、これついて以下のような簡潔な表現を与えている。

> 各個人の計画が成功するかどうかは、ある程度他の諸個人の行為に依存するので、彼らの知識集合のそれぞれが、他の諸個人の計画や意図に関する期待を含まなければならない。……それぞれの行為者の知識集合は、部分的に重ならなければならない。（Ebling, 1986, 42）

行為の進路を方向づけるための期待や計画を立てるには、各主体が、他の主体によって保有されている知識の範囲を考慮する必要がある。なんらかの形態の知識の伝達が、主体間で行なわれなければならない。そうでないと、社会経済的相互作用は生じえないであろう。これはパンドラの箱を開くことになる。つまり、諸関係のネットワーク全体が開かれ、そのことによって、他の一連の主体の期待や計画が、ある主体の期待や計画のための与件となる。このことは、次のようなきわめて大きな伝達問題を生み出すのに十分である。すなわち、個々の主体は、どのようにして多数の他の主体の期待や計画を知るのであろうか？　この問題は、ハイエクの主観主義によって悪化させられる。この主観主義によれば、各個人が知っていることは主観的なものだからである。

企業家が直接的に獲得した知識に基づいて行動できるような場合もある。たとえば、ある産業部門の利益が低下しそうである（あるいはそれに代わって、より高い利益を獲得しそうである）と、ある経済新聞が報じた場合を想定しよう。企業家たちは、他の市場参加者たちの展開を実に綿密に監視し、彼ら自身の期待や計画を作成し、そしてそれに基づいて行動することになる。ここでも、期待や計画や行為は、情報伝達システムのなかで進められるわけではない。

他の市場参加者の展開を監視することとは、たんに価格運動やさらに利潤率の比較に注意を向けること以上のものを要求するのである。それは（何よりもまず）個人的諸関係のネットワークに関する知識を要求する。ハイエクが嘆いているのは、当事者間に存在するすべての個人的関係に関する考え方が、一般均衡論から完全に排除されていることである。そして彼は、その機能の説明を続ける。

> 実生活においては、入手可能な財やサービスについてのわれわれの不完全な知識が、これらの財、サービスをわれわれに供給する人々あるいは企業と接したわれわれの経験によって補足されるという事実——競争は大部分評判とか愛顧とかを求める競争であるという事実——は、われわれが自分たちの日常の諸問題を解決することを可能とするもっとも重要な事実のひとつである。競争の機能はここではまさしく、だれがわれわれの要求によく応えるかをわれわれに教えてくれることである……。（Hayek, 1946, 97）

このような場合、すなわちもっとも効率的な仕方で行なう方法を発見するために個人的関係が必要である場合には、そこで発見され伝達される知識は、情報伝達システムによって発見され伝達されうるような種類の知識ではない。

ここで重要なのは、ハイエクが、日々の知識問題を解決するのは情報伝達システムの機能それ自体であるとは主張していないことである——もちろんそれは、後の段階では関係してくるのであるが。これは「競争の機能」、すなわち彼が「市場の組織全体」（Hayek, 1946, 96）と呼ぶところの機能である。

しばしば、主体間の関係は独立した企業間の協業にまで拡大される場合がある。それは、カルテルあるいは垂直的協業を通じて行なわれる。このような事例では、個々の企業は広範かつ直接的な知識の交換に従事することになるが、そこでは情報伝達システムは——少なくとも知識の伝達において——何の役割も演じていないのである。

主体と遠隔環境

世界で起こるほとんどの事柄は主体の決定に影響するであろうが、主体は自らの行為を他の主体の行為に統合するためにすべてを知る必要はない。主体は期待や計画を形成し、その結果、相対的に調和のとれた活動を開始するために知っておく必要がある諸現象の範囲に関しては、いくぶん限定されたものしかもっていないように思われる。彼らは、実践的な目的に対して関係のない諸現象については知る必要がないのである。とはいえ、主体が知っておく必要のある事柄のいくつかは、情報伝達システムを通して獲得されうる。したがって、情報伝達システムから得られる知識の範囲は、特定の諸現象の相対的重要性に依存することになる。ハイエクは、この問題について次のように述べている。

特定の時点で、なにゆえにあるサイズのねじの需要が他のサイズのねじの需要より多いのか……また特定の機械が現在のところは以前に比べて得がたくなっているのか、これらのことは［主体にとっては］問題ではない。彼にとって意味のあるのは、……これらのものを入手する困難が、どれくらい増大しているのか、もしくはどれくらい減少しているのかということである……。（Hayek, 1945, 525, 訳一一六－一一七頁）

これが、ハイエクによる有名な錫鉱山の事例の要点である（Hayek, 1945, 526）。ハイエクによれば、このような状況のもとでは、錫使用者にとって、その抽出過程に関する局所的な知識は必要ない。必要なことは、価格シグナルを考慮することだけである。ここでは情報伝達システムがもっとも適切な形態で現れる。[4] とはいえ、この議論には二つの主要な問題がある。

第一に、ハイエクはけっして、このような「相対的知識（relative knowledge）」（Hayek, 1936, 50）を構成するものは何かということについて述べようとはしていない。また、その知識がどのようなものであろうと、それに基づいて主体が期待や計画を立てて行為を遂行するには、その知識では不十分であるという可能性がつねに存在する。「相対的知識」が（質的にも量的にも）制限されたものであるために、諸行為が相対的にさえ調整されえないということを妨げるものは何もないのである。第二に、錫の価格の変化に直面した企業家について考えてみよう。相対的に成功的な経済行為に必要な知識がすべて価格シグナルのなかに含まれているというのは、真実であろうか。この問いは、当然提出されなければならないものであるが、それに対する答えは、間違いなく否であることがわかる。この筋書きは、「雑音価格（noisy prices）」（Thomsen, 1992, 33）という言葉によって特徴づけられているものに当てはまる。この筋書きにおいては、価格は企業家が必要とする知識のすべてを含んではいない。企業家はこのことを知っているので、さまざまな知識発見的過程に従事しなければならない。企業家は、その価格が錫不足によるものかどうか、あるいは政治的諸要因によるものかどうかを、発見しなければならない。また、価格上昇は一時的でありうるのかどうかも発見しなければならない。さらに、錫の最適な代替物の利用可能性や適合性、他の作業工程、生産物の受容可能な諸変化、他の生産物、などについての知識も獲得しなければならないのである。このような種類の直接的に入手可能な知識を発見することは、情報伝達システムを通して行なわれることではない。

本節では、情報伝達システムを迂回する事例が非常に頻繁にみられるという、ハイエクの（相対的には未展開な）認識を示してきたが、ここには注意を要する点がひとつある。たとえば企業家が、価格シグナルとは異なるさまざまな手段によって知識を獲得したとすると、彼はそれを獲得するや否や、その知識に基づいて行為するだろう。その場合、この行為は価格シグナルに埋め込まれ、それゆえ他の主体に伝達されるようになる。ジャック・ハイの議論を借りれば、それはあたかも、この企業家が供給曲線と需要曲線が移動したことに気づいただけではなく、供給曲線と需要曲線を実際に移動させたということなのである（High, 1986, 115–19）。こうして知識は、情報伝達システムを通して獲得されたわけではないが、それにもかかわらず、後の段階で伝達システムに入ることになる。

諸価格が知識を運ぶということに疑う余地はない。問題は、諸価格だけでは社会が必要とする知識にうまく対処することができないということにある。L・ラックマンが述べるように、

> ここで、価格メッセージから引き出される知識は、問題があるものになる。それは知識であることをやめるわけではないが、われわれにすべてを伝えるものではなくなるのである。……たえず変化する世界では、価格はもはや、あらゆる状況のもとで頼りになる行為の指針ではない……。（Ebling, 1986, 45 から再引用）

そういうわけで、認識論的問題についてのハイエクの哲学的関心が、知識についての関心という装いをもって、

彼の実質的な研究の表面に現れているように思われるのである。この問題は、ここで終わりではない。次節で示すように、知識は主観的・異質的・断片的な性質のものであるという認識をもつことによって、ハイエクは主流派の均衡概念を拒否するべく促されることになる。

均　衡

おそらく、社会経済秩序をどのように考えるか、ということに関するハイエクの探究が必然的にともなうものを理解する最良の方法は、その探究が必然的にともなわないものは何かを理解することであろう。ハイエクの探究は、最終的な状態としての均衡の定義についての探究を必然的にともなうわけではない。このように大胆に主張しなければならないのは、それが次のような事実の証左となるからである。すなわち、主流派経済学者に非公式に意見を聞いてみるならば、その答えはおそらく、アダム・スミスによって開始された社会経済秩序の彫琢へ向けた試みは、《一般均衡》の彫琢へ向けた試みと同義であるということであろう。たとえば、F・ハーンを取り上げてみよう。彼は次のように述べている。

> この種の社会的調整がなぜカオスを導かないのかを説明する必要がある、ということに最初に気づいたのは、……アダム・スミスである。……スミスは、その重要性が明白な問いを提起しただけではなく、それに答える道筋をわれわれに示してくれた。典型的にはアローとドブリューによって述べられた一般均衡理論は……この道筋の終わりに近づいている。（Addleston, 1986, 6 から再引用）

ハーンのような思想家は、新古典派経済学が向き合っている課題はスミスが二〇〇年前に始めたことを終わらせることである、とみなしている。このようにして彼らは、均衡あるいは複数均衡に関して、その存在を、そしてまた、おそらくよりいっそう重要なものとして、その安定性を、論証するのに必要な条件すべてを確定しようとしているように思われる。これらの思想家にとっては、秩序が意味するのはこれなのである。秩序と均衡は同義であり、それらは両者とも組織化原理である。実際にハーンは、経済学においては均衡が「組織化の中心となる観念（central organizing idea）」である、と述べている（Hahn, 1973, 1）。

ハーンや、（少なくとも数理経済学の基礎をなす形態の）実証主義を受け入れた一九三六年以前のハイエクのような思想家たちが、均衡と秩序を同一視したというのは偶然ではない。実際、そのことは彼らの存在論的立場に由来するのである。第2章で指摘したように、実証主義の土台となる存在論的立場、すなわち経験論的実在論は、感覚経験として与えられる事象だけを許容する。そこで、事象が感覚経験によって入手できるもののすべてならば、事象が科学的知識の基礎でなければならない。その場合、科学的一般化は、事象／行為の恒常的パターンを確定する可能性に依存することになる。秩序についての問いは、事象／行為のあるパターンはその他のパターンと整合的もしくは両立可能なのかどうか、という問いに還元される。その分析は、すべて経験的および現実的領域の内部に位置づけられるのである。(5)

しかしハイエクは、一九三六年までには、このような実証主義的な見方に断固として反対するようになる。彼にとって、秩序概念は均衡概念に還元できないものとなる。実際、ハイエクは、均衡概念は経済学にとって助けになるというよりも障害になっている、という見解を示すようになる。ブトスは適切にも、均衡に関するハイエクの考え方の発展を次のように捉えている。

均衡理論に対するハイエクの穏やかな不満は、一九三〇年代初期の著作に（目立たないけれども）明白に現れている。それ以後、ハイエクの不快の念は強くなり、一九三七年の「経済学と知識」までには、その困惑は決定的な輪郭を示すまでになる。（Butos, 1985, 341）

均衡理論に対するハイエクの「穏やかな不満」は、一九三七年の段階をはるかに超えて拡大してゆき、部分的には、均衡理論に代替する概念把握（秩序）を求める駆動力となるが、ハイエクはその代替的な概念把握を一九六〇年代に最終的に確立することになる。とはいえ、ハイエクが均衡の考え方をめぐって新古典派理論と決別するのは、一九三六～四六年の時期であるから、次節では、この時期にハイエクの均衡理解に生じた主要な変化とは何か、またその両義性とは何か、ということについて論ずることにしたい(6)。

ハイエクの一九三六年の論文は、均衡のなんらかの定義に基づいて、それを拒否しようとする気持ちと保持しようとする気持ちとの、緊張のようなものを含んでいる。たとえば、ある箇所でハイエクは、「均衡という明らかに虚構の状態」と述べるのだが、しだいに方針を転換する。すなわち、「均衡へ向かう傾向が存在するという想定」と述べたり、さらには「均衡へ向かう傾向が存在するという主張の真の内容」と述べたり、ついには「われわれは経験的な基礎に立って、均衡に向かう傾向が存在すると信じる理由をもつ」と述べたりするのである。この論文の結論においてハイエクは、「もし均衡分析の形式的な用具が現実世界の説明に役立つとする場合には、われわれが使用しなければならないのは経験的な命題である」（Hayek, 1936, 43–53, 訳五九－七一頁）とするのである。

けれども、ハイエクは、均衡についてのある種の考え方を保持したいと述べてはいるが、その均衡は新古典派理論の核心を支える標準的なワルラス／パレートの見解とは根本的に異なっている。主要な骨格をなす論点は、知識のもつ主観的で断片的な性格であるように思われる。

もしハイエクが、明らかに虚構ではあるが理論的には有用な最終的状態の記述と、このような状態への傾向をもたらす諸条件および諸過程とを区別しているのだと解釈すれば、この論文における緊張は縮減されるだろう。ハイエクは、期待、計画、そしてそれに続く行為が、時間をかけて調整されるという見地から、最終的状態を記述しているのである。社会的均衡は、

もし社会の構成員全員のある期間にわたる行為が、すべてその期間のはじめに各人が決定したそれぞれの個人計画の実行であるのならば、そのときに存在する。……均衡状態とは……諸個人が……後に実行に移す行為についで立てたさまざまな諸計画が相互に矛盾しない、ということを意味するにすぎない。(Hayek, 1936, 37, 41, 訳五二、五七頁)

最終的状態あるいは均衡の記述ということは別にしても、実際ハイエクの関心を惹いたと思われるのは、このような均衡へ向かう傾向の根底にある諸過程であった。そのために、この論文は非常に洞察に満ちたものとなり、出版後ほとんど六〇年を経過してもなお意義のあるものとなった。

このようないっそう洗練された理解をふまえて、ハイエクは次に、さまざまな主体がもつ主観的で断片的な知識や意図が、「しだいに一致する」ようになる「過程」、およびそのために必要な「諸条件」に焦点を当てることになる(Hayek, 1936, 44, 訳六〇頁)。ここでハイエクが考えていたのは、主体が経験から学び、自らの期待と他人の期待とをしだいに整序させるようになる試行錯誤の過程である。彼の主張によれば、「均衡が達成される度合いは、人がその本来の計画および逐次変更される計画を実行しようとする過程で、どれほどの知識を獲得するのかということに依存するのである」(Hayek, 1936, 51, 訳六九頁)。

このような均衡においては、主体はすべてを知っているわけではない（すなわち、「関連のある」ものだけしか知らない）ので、彼らは自分が知らないものは何かを知らないのである。それゆえ、もし彼らがもうひとつ事実を知っているならば、自らの計画を変更し、自らの地位を改善することができるであろう、という可能性がつねに残っている。それゆえ、知識制約はパレート最適な均衡を不可能にする。

そしてハイエクは、新古典派流のワルラス／パレート的な意味における均衡についての考え方を断固として拒絶するのだが、それは知識に関する非現実的な仮定を共有することの拒否に基づいていた。そのような「均衡分析は」、ハイエクが結論として述べるところによれば、「知識の伝達を目的とする制度、たとえば新聞について、……また広告のような制度が演じている役割について、ほとんど語ることがないのである」（Hayek, 1936, 53, 訳七〇－七一頁）(7)。

とはいえ、それよりもはるかに難しいのは、ハイエクⅡが最終的に受容している均衡についての考え方は（もしあるのならば）どのようなものなのか、ということを正確に述べることである。虚構の理論的装置としての最終的状態に代わるものを記述しようとする一方で、彼の主要な目的は、主体に学習を通して知識を獲得させるのに必要な現実世界の諸条件や諸過程を、詳しく述べることであるように思われる。関連する知識が新たに獲得されることによって、主観的に抱かれた知識はしだいに変化し、主体の期待はますます整序されてゆき、たとえその最終的状態はけっして到達されるものではないにしても、それによって均衡へ向かう傾向が生じることになる。したがって、ハイエクは均衡を放棄するのではなく、知識は主観的現象であるという認識に均衡を適合させようとしているにすぎないのである。コールドウェルは以下のような論評によって、ハイエクが均衡を取り扱った一九三六年論文についての正確な解釈を与えている。

ハイエクはもちろん、均衡の定義の発見に大きな関心をもっていた経済学者である。しかし、ハイエクが新しい真に重要な問題に直面したのは主観主義者としてであった。……もし均衡へ向かう傾向を諸計画の調整と結びつけるとするならば、主観的知識の世界においてそのような傾向が生じるのは、どのようにしてであろうか？　何が諸主体の主観的知識を客観的現実と適合させるように導くのか？　……否、ハイエクを悩ませたのは市場による調整の存在ではなかった。それは、傾向の存在を論証するために均衡論をいかに用いるのかということであった。（Caldwell, 1988, 530）

『資本の純粋理論』（一九四一年）の第二章で、ハイエクは明らかに、均衡概念をめぐる方法論的諸問題に関心をもっていたことを示している。ハイエクは、経済分析は次の二つの要因を含んでいるということを十分に認識していた。ひとつは、諸主体の計画から生じる現実の生産構造の質的諸関係、すなわち最終的状態を記述するということ。もうひとつは、そのような状態をもたらすであろう諸力、すなわち諸過程を説明することである。彼が関心を示しているのは、「説明」が科学的目標であるにもかかわらず、その目標が均衡という最終的状態を定義しようとする願望のなかに埋没している、ということについてである。とはいえ、前章で指摘したように、「時間的過程に関する一種の因果的説明」（Hayek, 1941, 17, 訳一六頁）についての彼の考え方は、演繹的過程と同義である。彼はある事象／行為を別の事象／行為から演繹しようとする。彼がそこに付け加えた唯一の事柄は、この演繹過程は歴史的時間を考慮しなければならないということである。

そうしてハイエクは、流布しているさまざま形態の均衡分析を踏査し、それらを拒絶する。ハイエクによれば、定常的均衡というものは、生起しなければならないことはすべて生起し終わったという仮定をおくことによって、現に作動している諸過程を無視しているにすぎない。とはいえ、一時的均衡という概念もまた適切ではない。というのは、その概念は相対的休止という中断の存在を想定しており、そこでは競争過程が（一時的に）停止するからである。その概念の想定によれば、経済的（この場合には投資）活動は多少とも持続的な時間的範囲にわたって分散して行なわれるというよりもむしろ、不連続な瞬間、瞬間のなかで発生することになる。

この時点で、均衡分析に対する不信が深刻化しているため、われわれは、ハイエクのとどめの一撃、すなわち均衡の完全な拒絶が行なわれるのを待つばかりの状態にある。ところが、これは実行されない。そのかわり彼は、均衡に対する方法論的アプローチそれ自体を変化させる。より精確に言えば、ハイエクは、均衡が現実世界に関係するものだという主張を取り下げる。

均衡概念に現実的な解釈を与えようとするこれらの試み（その正当性には、いかなる場合においても若干の疑問が残る）は、少なくとも同じくらいに重要な用法をわれわれから奪い取ることになる。その重要な用法とは、われわれがその概念の純粋な虚構としての性格を率直に認めるさいに、その概念が役立つことになる用法である。（Hayek, 1941, 21, 訳二〇 - 二一頁）

ハイエクが展開する議論は、均衡は明らかに「虚構の状態」「知的道具」であるとする考え方を正当化するものである。この場合の均衡は、企業家の期待がはずれて、その計画を修正しなければならないときに、その修正の方向を予測しうるようにするための「一種の参照点」（Hayek, 1941, 23, 訳二二頁）としての機能を果たす。このような議論は、第2章で指摘した超越論的・観念論的科学哲学の表明であるように思われる。それはたいてい、自然科学に関する彼の思想、すなわち虚構のものと推定される概念的構築物も理論的な仕組みのなかでは許容されるという思想を、連想させるものである。

そこには、方針転換があるように思われる。均衡は、一九三六年には経験的に存在する傾向と考えられていたが、ここでは（虚構の）方法論的装置になっている。

このような因果概念の拡張は、均衡分析から因果連鎖による説明への架け橋を提供する。なぜなら、それは企業家に計画変更を強制する諸要因の解明を目指しているからである……。（Hayek, 1941, 23, 訳二二頁）

ハイエクはこうして、次のような立場に到達する。経済学はたんに最終的状態を定義するのではなく、現に作動している競争過程を説明しなければならない。とはいえ、二つの要件が遵守されるならば、最終的状態の定義も無用というわけではない。その要件とは、第一に、均衡という最終的状態は、彼が提唱するような動態的で競争的な状態であるということ、第二に、均衡という最終的状態は「もっともらしい実在性」（Hayek, 1941, 28, 訳二六頁）を要求しないということ、すなわちそれは便利な虚構として取り扱われるということ、これである。この立場は、因果連鎖の説明と均衡分析との間に架橋することを認める。ここで彼が言わんとするのは、次のようなことである。均衡は組織化原理、つまりすべての期待と計画が時間を通して両立可能となる最終的状態とみなされる。これをふまえて、事象が期待からはずれる場合に、企業家が採用するであろう因果連鎖の方向を詳しく論ずることができる。そのさいハイエクは、警告的な脚注を付け加えて、事象の期待からの乖離が一件にとどまらず考察される場合には、この詳論は「もはやそれほど単純ではない」（Hayek, 1941, 23, 訳二二頁）と指摘する。もちろんこのことは、「架橋」のために要請される理論全体の効力を著しく弱めることになる。

ところがハイエクは、その章の最後の二ページで、それまでの議論の進行を妨げるようなことをする。均衡状態は便利な虚構であり、それが正当化されるのは理論的道具、すなわち参照点としてであるという長い議論の後で、彼は一九三六年の立場に逆戻りして均衡概念の有用性を正当化しようとする。そこでは、現実世界の状態が「ある程度」均衡へ近づいてゆく、という経験的主張に基づいて正当化が行なわれるのである（Hayek, 1941, 27, 訳二六頁）。

こうしてハイエクは、二つの矛盾する正当化を行なうことになる。彼は、参照点という見地から純粋に形式的・論理的な正当化を行なうとともに、他方では、経験的傾向という見地から正当化を行なう。だが、なんらかの形態の均衡を保持しようとする議論の根底にあるのは、均衡の「純粋な虚構としての性格」が認められるという主張である。そういうわけで、競争的均衡は虚構であると同時に実在的なものでもある。したがってわれわれは、ハイエクの競争的均衡状態は理論的装置なのか経験的傾向なのか、と問い続けなければならない状態におかれることになる。

ハイエクの一九四五年の論文は、均衡について明示的には何も述べていない。均衡分析は主要問題の研究にとっての予備的過程以上のものではないということ、現実と理論との混同に陥らないように注意しなければならないということ、このような論点を繰り返して論文は終わっている（Hayek, 1945, 530, 訳一二五頁）。[8]

一九四六年に執筆され、「競争の意味」と名づけられた論文において、ハイエクは、均衡と完全競争の技術的で形式的な取り扱いを再び批判している。市場活動の成果は、競争が完全である場合に生じるなんらかの虚構の理念的均衡と比較されるべきではなく、まさに競争が存在しない場合に生じるであろうことと比較されるべきである、というのが彼の主要な論点である（Hayek, 1946, 99, 100, 105）。リッツォは、この箇所に関する論評において、「ハイエクは、競争過程を擁護する規範的主張を基礎づけるのに、完全競争均衡の最適性をもってするということに、不満を抱いていた」と述べている（Rizzo, 1990, 24）。

これらの論文を要約すれば、われわれの結論は次のようになるであろう。すなわち、一九三〇年代後半および一九四〇年代のハイエクは、ワルラス／パレート流の狭隘で技術的な均衡概念は拒否するけれども、均衡概念が意味するものは何なのか、またそれはどのように使用されるべきなのか、ということについてのハイエクの真意は相当にあいまいなままである。ハイエクにとって均衡とは時間を通した諸計画の両立可能性に存する、というのはまったく明らかなのであるが、彼の場合に同様に明らかなのは、均衡へ向かう傾向があるとしても、この筋書きはけっして実際には実現しないということである。リッツォによれば、一九四〇年代のハイエクは、均衡をなお「競争の基準のようなもの」と考えている。リッツォのこのような主張には、一理あると思われる。ハイエクは、なんらかのかたちで定義された均衡に経済が接近してゆく、という観念から完全には離脱できていない。そこで、彼はそのような定義を確立しようとするのである。このような均衡についての理解と共存しているように思われるのが、均衡とは便利な理論的虚構だという観念なのである(9)。

主体性

著者が知るかぎり、ハイエクは、最適化し計算する功利主義的存在、一般に経済人（*Homo economicus*）と呼ばれる存在について明示的には論じていない。とはいえ、ハイエクが、不均衡、不均衡価格、与件の変化、学習などをひとたび認めてからは、経済人の概念を維持するのが難しくなった。経済人は、経済学者がその行動にあらかじめ組み込まなかったことを何事もなしえない。経済人は実行するだけで、発見も創造もしない。ブキャナンは、はっきりとしたハイエク流の言い方で、次のように述べている。

行為し行動するこの存在は、理論科学の公準によって課されたパターンに従ってそのようにする。この行為者は、いわば刺激に直接反応して行動するように予定されているのである。(Buchanan, 1969a, 50)

付け加えるならば、ハイエクⅡの主観主義は、彼が経済人を受容する可能性を低下させた。ハイエクの一九四二年の論文と一九五二年の著書『感覚秩序』は、経済人の基礎となっている行動主義的前提を拒絶している。ハーグリーヴズ-ヒープの分類は、主体性に関するハイエクの思考の歩みを描くのに有効だと思われる(Hargreaves-Heap, 1989, ch. 1)。ハーグリーヴズ-ヒープによれば、合理性は三つに分類できる。すなわち、道具的(instrumental)、手続的(procedural)および表現的(expressive)という三種類である。この時点のハイエクについていえるのは、ハイエクⅡは最適化し計算する経済人の道具的合理性を放棄したが、それに代替するものを何ももっていなかったということである。ハイエクが、手続的合理性という考え方およびルールに従う主体という人間像を発展させるのは、一九六〇年代になってからなのである。

とはいえ、これによって、ハイエクの経済学は人間的な主体性の理論を欠いたままになった。ハイエクの洞察の深化は、彼が使用しうる理論的装置に先行していたように思われる。ハイエクⅡにとって懸案となっていたもの、そしておそらく彼が経済人に対する反対をはっきりと述べなかった理由は、この時点では、経済人に代わるものをほとんどもっていなかったということなのである。もし主体が道具的に合理的ではなく、かといってまったく気まぐれというわけでもなく、ある意味で相対的に安定した規則正しい行動をしているとすれば、この安定性の源泉は何であろうか。

このような問題が生じた理由の一端は、ハイエクの存在論的立場にあり、それがルールのような実在的社会的構造の存在を否定しているからなのである。この存在論的立場は、他方では方法論的個人主義を奨励するものとなり、そのために主体は、ある未知の原理に基づいて行為を始める自己充足的な原子となる。もし行動主義が拒絶され、しかもルール遵守がまだ受容されていないとなると、人間の行為を導くように働く原理がまったく存在しないことになるのである。

価格メカニズムという情報伝達システム

これまで述べてきたように、ハイエクは知識の発見・伝達・貯蔵や、それを促進する諸制度に関心をもっていた。とはいえ、ハイエクは、知識が情報伝達システム以外の諸制度によって発見され、伝達され、貯蔵されることに気づいていたにもかかわらず、そのわりには、これらの他の諸制度に関する実質的な議論を行なっていない。

さらに、ハイエクがこのような他の諸制度に注意を向ける場合には、それらを情報伝達システムとは分離されたものとして取り扱っている。ハイエクが情報伝達システムを価格メカニズムと同一視し、それ以外のものではないとみなしていることを認めるのは、きわめて重要である。情報伝達システムは市場や競争と同一のものではない。それは市場で作用し、競争を可能にするメカニズムなのである。事実、知識の発見・伝達・貯蔵を促進する制度には情報伝達システム以外のものもある（たとえば、広告）、ということをハイエクが示そうとするとき、彼は「市場の組織全体」(Hayek, 1946, 96) というような言葉を用いる。ハイエクは次のように述べている。

もしわれわれが価格メカニズムの真の機能を理解したいのであれば、われわれは価格メカニズムを情報伝達のためのメカニズムとみなければならない。……このシステムについてのもっとも重要な事実は、このメカニズムが機能するのに要する知識が節約されることである。……価格メカニズムを情報伝達のシステムとして描写するのは、たんなる比喩以上のものである。（Hayek, 1945, 526–27, 訳一一九－一二〇頁）

さらに、ハイエクⅡの哲学的立場のせいで、彼は知識の発見・伝達・貯蔵を促進する制度について、諸主体が意識的に利用する制度（すなわち、情報伝達システム、広告、個人的接触、等々）を捉えることはできたが、諸主体が無意識的に利用する制度を捉えることはできなかった。したがってハイエクは、ふるまいの社会的ルールのような社会構造を捉えることができなかったが、これらは、それ自体として知識の発見・伝達・貯蔵のために必要であるとともに、情報伝達システムが埋め込まれる社会組織を提供するものでもある。これについては、本章の最後でもういちど取り上げる。

ここで論ずるのは、情報伝達システムの役割（知識の発見・伝達・貯蔵を促進する程度を意味する）および効力に関するハイエクの主張は、しばしばあいまいであるとともに誇張されたものでもある、ということである。あいまいなのは、（前述した）次のような事実である。ハイエクは、情報伝達システムだけでは、知識の発見・伝達・貯蔵のためにこのシステム全体が必要とするものを満たすことはできない、という理解をところどころで示しながら、別の箇所では、それが可能だと主張しているように思われるのである。後者の主張は、結局は誇張に終わるものであり、場合によっては主流派経済学との奇妙なたわむれとなる。(10)

ベームの説得力のある議論によれば、さまざまな主流派経済学者（クープマンス、アロー、ダスグプタ、スティグリッツ）のハイエク解釈は単純であり、その解釈によれば、ハイエクは価格を完全情報の伝達手段であるとする見解をもっている（Boehm, 1989）。トムスンもベームと同様の議論を行なっているが、そのような見地がハイエクと相違する点を精密に確定するために、情報の経済学をより深く探究している（Thomsen, 1992）。

ベームによれば、これらの理論家たちは、ハイエクによる数々の警告や但し書きを無視し、ハイエクが使用するなじみのない概念を主流派経済学の周知の概念に翻訳するが、それによって、ハイエクの体系のなかで情報伝達システムが果たしている役割を完全に誤解するのである。ベームの見解に真っ向から反対はしないとしても、次のような疑問が生じるであろう。火のないところに煙は立たないのではないだろうか。ハイエクは本当に、そのような（誤った）解釈が明白な間違いであるといえるほど、明瞭であったのだろうか。私の見解は、ハイエク自身が情報伝達システムの役割と効力を十分には理解していなかった、もしくは、たとえ理解していたとしても、その当時は解明が不十分だったというものである。その結果としてハイエクが示すことになったあいまいさのために、主流派の思想家たちが彼ら自身の用語でハイエクを解釈することが可能になったのである。次項では、情報伝達システムについてハイエクが誇張した主張を行なっている点を考察する。この主張と（前節で論じたような）ハイエクの認識、すなわち情報伝達システムだけでは知識の発見・伝達・貯蔵に関して、そのシステムが要求するものを満たすことはできない、という認識をいっしょに取り上げることによって、彼のあいまいさが明白になる。

情報伝達システムの役割と効力に関するハイエクの誇張

ハイエクは価格メカニズムの役割と効力を誇張するが、その例証となる一連の引用文を収集することはきわめて容易であり、それについて異論が出されることもないであろう。[11] そこでここでは、もっとも明白な例を示すだけにしよう。[12] 一九七八年にハイエクは、バトラーが「代替のカタラクティクス」（Butler, 1983, 49, fn. 11）と呼ぶものについて論じているが、その内実は一般均衡理論にほかならない。次の文章のなかで、[13] ハイエクは、競争の諸力がどのようにして資源の効率的配分をもたらすのかを論証しようとしている。

ほとんどの生産物は、さまざまな生産要素の組み合わせによって生産されるのであるが、それぞれの生産要素のどれだけの量を用いるかについては、きわめて多数の異なった組み合わせがありうる。そして、それらの組み合わせのうちのどれかにおいて、費用が最小になるであろう。……費用が最小になる組み合わせは、これらの諸要素の相対価格によって示される。……生産者がさまざまな要素を購入するのに費やす価格は、任意の二つの要素のいかなる量が、同一の［機会］費用のものとなるのか、つまり、ほかのところで同一の限界収益をもたらすという意味で同一の費用のものとなるのかを、各生産者に教えるであろう。生産者はそれに基づいて、二要素のそのような分量が寄与する限界産出と、それらに費やす貨幣量とが同一になるように、任意の二つの要素の相対的な分量を調整するように誘導されるであろう。このようにして、任意の二つの要素の間の限界代替率がすべての用途において同一になれば、市場はカタラクティクな可能性の限界に到達することになる。その一般的な結果は、パレート最適として記述されるような、……産出の最大化であろう。……実現される組み合わせは、さまざまな財に対する需要の相対的な強さによって決定されるであろう。そしてさらに、需要の相対的な強さは所得分配に依存することになる。（Hayek, 1978, 118–9）

イートウェルとミルゲイトは、ハイエクの特定の箇所だけを選んで読んでいるが、ハイエクが事実上の一般均衡理論であるものを説いているごくわずかな（しかし、それにもかかわらず存在する）箇所に焦点を当てる（Eatwell and Milgate, 1994）。彼らの批判の矛先は、ハイエクによる新古典派価格理論の使用、それゆえ完全競争の使用に向けられている。ハイエクは、それを拒絶しようとするとともに、なお必要としてもいたのである。

おそらく、市場の秩序はどのようにして産出の最大化を保証するのか、ということを論証するのに過度に熱中したために、ハイエクは（もちろん暗黙のうちにではあるが）一般均衡理論に依拠せざるをえなくなったのである。

このような議論の仕方が有効なのは、完全競争に関するひとそろいの公理や仮定が利用されるとき、かつそのときのみであり、ハイエクがそれを認めるかどうかに関わりなくそうなのである。われわれは、イートウェルとミルゲイトのあまりにも選択的な読み方に同調する必要はないが、彼らの次のような記述には同意する。

完全競争がなければ、ハイエクに残されるのはただ、競争は一組の価格を確定するという命題だけである。それらの価格の大きさがどのように決まるのか、また価格は数量の決定とどのように相互作用するのかということを、ハイエクが描写するような競争過程から演繹することはできない。……

この矛盾は……二通りの仕方で解決されるであろう。すなわち、彼自身による競争の性格づけを完全に放棄し、価格理論の枢要な部分として完全競争を受け入れるか、あるいは、資本主義的な競争の性質についての彼自身の洞察を保持し、新古典派の価値論を放棄するか、いずれかによってである。(Eatwell and Milgate, 1994)

ハイエクは、新古典派の次のような説法、すなわち特定の一組の価格は、限界における要素代替を通して費用の最小化と産出の最大化を保証する、という説法を維持しようとする。とはいえ、そのような説法は、(もし可能であるとしても)完全競争を基盤とする場合にのみ擁護されうるにすぎないが、ハイエクはそれが虚構であることを知っているのである。ハイエクの強みのひとつは、実在の競争過程の理解にあるのだから、それについて信じていることを保留して、新古典派の価値論を利用するのはばかげている。

この点に関して、市場についてのハイエクの考え方に親近感をもつ思想家は、ハイエクがその市場理解に到達したのは、一般均衡理論の論理的もしくは形式的な道筋を経てではなく、おそらく「パリは食料にあふれている」という道筋を経てである、と論ずる傾向があるといってよい。いいかえると、そのような観察は「証明」にはならないとしても、いかに不十分であっても市場が作動しているという「常識的な」観察を経て、ハイエクはその市場理解に到達したというのである[14]。

われわれはこの議論を受け入れることができる。そしてさらに、新古典派理論とそれが依拠する完全競争という装置がなければ、競争によって一組の恣意的ではない価格が確定されるとともに産出が最大化されるということをハイエクはただ断言しうるだけである、という議論に反論することができる。このような議論によれば、競争と価格についてのハイエクの理解は、よりいっそう矛盾したものになるだけであろう。

ハイエクは、二つの相容れない事柄を同時に実行しようとする。彼は、競争についての「常識的な」理解と価格形成についての「常識的な」考え方を保持しようとするが、それと同時に、完全競争はそのような常識を侵害するものだという考えを拒絶しようとする。彼は一方では、競争の結果はかなり漠然としていて不確定であるけれども、市場はそれでもなお費用とほぼ対応する一組の価格をもたらすであろう、と主張しようとするが、他方では次のような認識も示す。

> 価格と限界費用との間の対応関係はただ、個々の商品に対する需要の弾力性が完全競争の理論によって仮定されている条件に近づく程度に応じて、もしくは異なる商品の間の代替の弾力性が無限大に近づく程度に応じて、期待されるものとなる。(Hayek, 1946, 100, 訳一三七頁)

一般均衡理論がなければ、商品価格が最低価格を反映しなければならないのはなぜか、それらの価格の大小はどのようにして決まるのか、産出が最大化されるのはなぜか、そして何を基礎として要素代替が起こるのか等々、すべてが述べられないままになる。ベームはこのことを指摘しており、「ハイエクは価格形成についての説明を行なっていない。これは重大な手抜かりである」と記している（Bohm, 1989, 207）[15]。おそらく、ハイエクⅡのような主観主義者や、後述するハイエクⅢのような（準）実在論者は、代替的な価格理論をもっているであろう。とはいえ、ハイエクがこの代替理論について述べないならば、そして彼が新古典派的見解に後退する限りでは、われわれはイートウェルとミルゲイトに賛成せざるをえないのである。

情報伝達システムの役割に関するハイエクの誇張とあいまいさに照明が当てられるのは、問題になっている二つの期間における彼の著述に、それが異なる影響を及ぼしていることを浮かび上がらせるためでもある。ハイエクⅡの場合、知識の発見・伝達・貯蔵を促進する制度としてのふるまいの社会的ルールが十分に理解されていないので、誇張は不可避である。それに対して、ハイエクⅢの著述においては、誇張はたんなる遺物にすぎない。というのは、ハイエクⅢの場合には、社会的ルールという形態で知識の発見・伝達・貯蔵を促進する制度を理解しているので、情報伝達システムの役割や効力を誇張する必要はないからである。彼が考えているのは、情報伝達システムとふるまいの社会的ルールというシステムの間の接合なのである。

結　論

一九三六年から一九四五年の間に、ハイエクは実証主義から（部分的に）離反するが、このことは、知識、均衡、および主体性に関する主流派の考え方からの離反を促した。ハイエクが情報伝達システムの能力に幻想をもっていたことは、知識を処理する他の実在の代替的制度について展開する必要性を減ずることになった。ハイエクが情報伝達システムを「驚くべきこと」(Hayek, 1945, 527, 訳一二〇頁) とみている限り、他の諸制度をどうしても探求しなければならないという必要性はない。しかし、これによってもたらされるのは板ばさみの状態にほかならない。すなわち、経済学者はどのように知識、均衡および主体性にアプローチすべきではないかということは知っているが、どのようにアプローチすべきかということは知らない、という状態である。この空隙は、彼の哲学的立場に関わる問題をあらわにするものであった。

ハイエクⅡの存在論である拡張された経験論的実在論では、感覚経験によって与えられる事象だけではなく、主体の想念も許容されることになった。古典的経験論の存在論においては、実在が顕示されるのは事象においてであるが、ハイエクがこれと決別することによって認識するようになったのは、「客観的事実」(一九三六年) において与えられる以上のものが知識には存在すること、そしてこれらの「事実」に準拠する行為の調整以上のものが社会経済秩序には存在すること、すなわち作動している過程が存在すること、経験的なレベルでの刺激・反応以上のものが主体性には存在すること、こういったことであった。彼は、いわば経験的領域の下層にあるものを探していた。とはいえ、この時点でハイエクが捉えることのできた他の唯一の存在は、彼の解釈学的基礎づけ主義において顕示された想念だけだったのである。

解釈学的基礎づけ主義には、主体による同定と分類から相当程度独立に存在し作用する社会構造という考え方は存在しない。それどころか、社会構造は、主体が有する想念に還元可能であり、ただそれによってのみ存在するのである。それらは (質料的) 原因として作用するものではまったくない。そこで、ハイエクⅡにとっては、経験的なレベルで知覚される行為のための条件を巧みに維持する深層領域は、存在しないのである。

こうしてハイエクは、自分自身の成長過程の分岐点で立ち往生する。ハイエクの経済学の実質的な部分が必要とする理論的装置は、彼が採用している哲学的立場によって、境界外に排除されている。振り返ってみると、明らかに、彼が社会的ルールという制度を展開するのであれば、このような不適当な哲学的立場は放棄しなければならなかった。一九六〇年までに、彼はこの哲学的立場を放棄することに成功し、それに代えて、準超越論的実在論の立場を採用することになる。だが、これは次章の主題である。

第6章　ハイエクⅢの準超越論的実在論の哲学

これまでの諸章で立証したように、ハイエクⅡが採用する哲学的立場は、認識論としての主観的観念論と、存在論としての（社会科学のために）拡張された経験論的実在論、つまり感覚経験と想念において与えられる事象からなる存在論とを、総合したものであった。この哲学的立場は、主観主義的実証主義という方法論的立場を奨励するものであった。

哲学と方法論におけるこのような立場は、ハイエクの経済学上の思索に対して、両刃の剣として作用することになる。一方でそれらは、知識・均衡・主体性に関する主流派の取り上げ方からの離反を引き起こすとともに、情報伝達システムの役割と効力をめぐる彼の主張について不整合を生じさせることになる。他方でそれらは、彼の社会経済理論を根本的に転換させる鍵であることが明らかになる現象、すなわち、ふるまいの社会的ルールという形態で実在する社会構造の展開を妨げることになるのである。

あと知恵をもってすれば、ハイエクは一九六〇年までには、ふるまいの社会的ルールについての彼の思索を発展させ、そしてまた重要なものとして、知識と無知についての思索を発展させることによって、社会経済理論におけるそのような根本的転換を成し遂げたことは明らかである。このことは、彼が一九六〇年以前の哲学的・方法論的立場の大部分を放棄し、超越論的実在論の立場に近いものを採用することによってのみ可能であった。「近いもの」という表現は厳格さを欠くかもしれないが、それは、ハイエクが以前の立場を放棄することに完全には成功しておらず、また新しい立場を採用することにも完全に成功したわけではなかったからである。それゆえ私は、一九六〇年以降のハイエクの哲学的立場を準超越論的実在論と呼ぶことにする。

本章の目的はハイエクの成熟した哲学的立場について詳しく述べることであるが、その範囲を示しておくほうがよいであろう。ここで私が行なおうとするのは、超越論的実在論の見地とそれが内含するもののすべてを全面的に明らかにすることではないし、またハイエクがこの見地を完全には採用できなかった領域のすべてについて全面的に論ずることでもない。むしろ、超越論的実在論の見地のうち、ハイエクが採用した側面と、社会経済的秩序に関するハイエクの成熟した考え方を理解するのに関係がある側面に、注意を集中することにしよう。(1)

実際に行なうのは、ハイエクの（準超越論的実在論の）哲学的立場に関する様式化された見解について述べ、この見解がハイエクの方法と社会経済理論に対してもっている含意について注記することである。このような様式化された見解に含まれている主張のいくつかは、ここでは断言の域を出るものではないが、これがハイエクの一九六〇年以降の研究についての妥当な解釈であるということを、次章以降で論ずることにしたい。

ハイエクの哲学的実在論への移行と称される問題について論争が生じていることは、注目に値するといってよいであろう。哲学的実在論が（少数の異端派）経済学者の間で地歩を獲得するにつれて、この哲学的実在論を用いて、なんらかの学派について、さらには特定の経済学者についても、その基本的な哲学的もしくは方法論的支柱を解明しようとする研究者が現れるようになった。オーストリア学派は、その独自の方法論的アプローチによって長いあいだ注目されてきたが、マキ（Mäki, 1990a, 1990b）、スミス（Smith, 1986, 1990a, 1990b）、ローソン（Lawson, 1994a, 1995b）およびピーコック（Peacock, 1993）のような実在論者の注意を引きつけることとなった。マキとスミスは、オーストリア学派一般のなかの一項目としてハイエクの著作を考察しているが、ローソンとピーコックは最近、ハイエクを特定して研究している。各研究に共通するテーマのひとつは次のことであると思われる。すなわち、一般にオーストリア学派は、そしてとくにハイエクは、哲学的・方法論的に主流派経済学と異なっているが、彼らはある種の実在論者なのであろうか、もしそうならば、どのような種類の実在論者なのか。本章の意図は、なによりもまず、この論争に対して貢献をなすことにある(2)。

超越論的実在論

認識論としての主観的観念論と存在論としての経験論的実在論が、啓蒙主義後の哲学者たちによってもたらされた「認識論的転回」の結果であるとすれば、超越論的実在論は最近の「存在論的転回」、あるいはより正確には再転回と考えられるであろう(3)。いいかえると、経験論哲学は次のような認識論的な問い、すなわち人はいかにして存在するものを知ることができるのかというような問い(および、そのような問いの変形したもの)を優先するのに対して、超越論的実在論は次のような存在論的な問い、すなわち存在の本性とは何かというような問いを優先する。

ハイエクⅡの存在論である拡張された経験論的実在論は、世界を構成するものは事象/行為であり、それらは感覚経験と主体が定式化する想念において与えられるものとみなすが、存在論としての超越論的実在論は、世界を構成するものの範囲を、(隠喩的表現を用いて)深層構造、メカニズム、ルール、力、関係などをも包含するように拡大する。重要な点は、これらの追加された存在(繰り返しを避けるために、それらを簡潔に深層構造と呼ぶことにする)は、それらについての知覚から独立して存在するということである。社会構造のような実在の(物理的質料とは異なる）社会的質料は、それらについてのすべての知覚から独立して存在しうるわけではないということは真であるが、それにもかかわらず、ある人の特定の知覚からは独立して存在する。とはいえ、もし社会的質料が、ある特定の主体の知覚や同定から独立して存在しうるのであれば、それはこの主体にとって客観的な存在なのであり、それゆえに研究範囲から除外してしまうことはできない。これは、社会的質料を構成するのは超越論的主観の認知活動である、という主観的観念論の主張に反している。それはまた、認識論のカテゴリーである経験が、存在論の課題である実在世界の定義においても基本的な装置として用いられる、という経験論的実在論の主張にも反しているのである。

存在するものが経験的に知られる領域と、これらの事象を生成する構造が作用する領域とがあることをつきとめ、それらを相互に区別することが可能になると、実在には複数の領域があるという見解が有力になってゆく。実在は多層化されている、ということになるであろう。

多層化された存在論

バスカーは、科学上の実践を研究することによって、とくに科学法則の考え方を重要視することによって、多層化された存在論の可能性を立証した（Bhaskar, 1978）[4]。第2章で述べたように、経験論的実在論が固執するのは、ヒューム主義と呼ばれる科学法則についての見方である。そのような法則は、事象の流れのなかに観察される特殊なパターンが存在するという推定に基づいている。このようなパターンを構成する事象の規則性あるいは事象の恒常的連接が、「事象*X*が生ずるときには、つねに事象*Y*が生ずる」という形式をもつとき、ヒューム的法則が存在するといわれる。

バスカーは、科学法則に関するこのような理解から二つの枢要な判断を導き、いくつかの問題をつきとめ、そして存在論のための含意を導き出す（Bhaskar, 1978）。第一に、科学に関わる事象の恒常的連接は、事実上すべて、（天文学は例外であると思われるが）自生的に生ずるのではなく、実験的状況においてのみ生ずる。実験の眼目は「体系を閉じる」ことにある。そのために、諸条件を特定の仕方で組み合わせて、検討の対象になっている因果メカニズムを、検討の対象になっていない因果メカニズム総体から孤立化する。関心をもっている因果メカニズムが、このようにして妨害なしに作用することが可能となり、その結果として恒常的連接が記録される。それゆえ、ヒューム的法則のより正確な形式は次のようなものになる。すなわち、「条件Zのもとで、事象Xが生ずるときには、つねに事象Yが生ずる」という形式である。第二に、条件Zが存在する実験的状況で（すなわち、閉鎖系において）得られる結果は、実験的状況の外部で（すなわち、開放系において）、しばしばその適用に成功する。

ここで二つの問題が生じる。第一に、もしヒューム的法則が事象の恒常的連接に基づいていて、そのような恒常的連接が閉鎖系の外部では概して見いだされないとするならば、閉鎖系の外部には法則は存在しない、と結論づけなければならない。第二に、もしヒューム的法則が事象の恒常的連接に基づいていて、そのような恒常的連接が開放系においては概して見いだされないとするならば、開放系における事象を支配するものは何かという問いに対する答えが与えられないだけではなく、問いそのものが発せられないことになってしまう。さらに、閉鎖系から得られる結果は、しばしば開放系においてその適用に成功するという観察結果が、妥当な説明なしに放置されることになる。

これらの問題は、法則についてのヒューム的な考え方を放棄することによって回避できる。もし事象の恒常的連接が開放系においては概して見いだされず、そこではヒューム的法則が事象を支配あるいは説明することができないならば、（事象というものは、まったく筋道の立っていない混沌とした流れにすぎないものではない、と推定するならば）何か別のものがそれらを支配あるいは説明しなければならない。事象を支配する法則は、事象の恒常的連接に基づくものではありえない。なぜなら、いやしくも事象を支配するものは、事象が恒常的連接の形をとって現れない場合でさえも、事象を支配し続けるからである。秋の枯葉の落下を支配するメカニズム（重力）は、落葉がどのような経験的規則性にも一致しない場合でも、すなわち空気力学的・熱力学的メカニズムのような、他の（ありうべき対抗的な）一連のメカニズムによって落葉が影響される場合でも、支配することをやめないのである。このことは、存在論に関わる含意を有している。存在論的領域には、事象が現実に生ずる領域、事象が経験的に知られる領域、そしてこれらの事象を支配するメカニズムや構造が作用する領域が、あるように思われるのである。

この議論は自然科学の観点からのものであるが、人間の主体性について次のような主張を行なうことによって、容易に社会科学にも拡張しうる。もし人間の主体性が実在のものであるなら、（a）人間主体はつねに別の仕方で行為することができるであろうし、（b）人間行為は社会的世界に差異を生じさせるにちがいない。（a）および（b）が含意しているのは、社会的世界は開かれているということである。したがって、自然科学上の実践を探究することから導かれる結論は、社会科学にも当てはまる。社会的世界は開放系をなしており、社会的存在論は（いくぶんか）多層化されているのである。超越論的実在論の多層化された存在論は、ローソンによって、図6－1のように図式化されて表されている（Lawson, 1994a）。

各層は次のように連なっている。事象／行為が感覚経験において与えられる経験的領域が表面にあり、これらの事象／行為が実際に生ずる現実的領域を経て、（隠喩的表現で）深層領域という地下へいたる。深層領域にあるのは、これらの事象／行為を支配し引き起こす構造である。(5) この多層化された存在論が意味するものを理解するのにもっともよい方法は、例を用いることである。

・自動車の運転手が赤信号で止まるのを知覚する（経験的領域）。

・ほとんどの自動車の運転手が、赤信号になったら現実に止まる（現実的領域）。
・そのような現実を因果的に支配する交通法規というルールのような「深層構造」があるが、それを直接に知覚することはできない（隠喩的にいって、深層領域）。

これらの諸領域は、概して、相互に非同調的である、あるいは相互に位相を異にする。たとえば、ほとんどの場合、たいていの自動車運転手が赤信号のときに止まるのが知覚されるけれども、場合によっては現実に止まらない者もいる。このような逸脱した行為は、それが知覚されるか否かに関わりなく生じるし、交通法規というルールが一貫して有効であるという事実があるにもかかわらず生じるのである。

図6－1　多層化された存在論

領域（Domain）	存在（Entity）
経験的（Empirical）	経験（Experience） 知覚（Perception） 印象（Impression）
現実的（Actual）	事象（Events） 行為（Actions）
「深層」（Deep）	構造（structures） メカニズム（Mechanisms） ルール（Rules） 力（Powers） 関係（Relations）

注：「構造」および「深層構造」という用語は，一般に深層領域のすべての現象を意味するものとして用いられる。たとえば，ルールは深層構造である。「深層」という用語は隠喩である。
出典：Lawson（1994a）.

　位相を異にするということが意味するのは、深層レベルに存在する現象、たとえば交通のルールは、超事実的に作用するということである。すなわち、それらが現実的レベルや経験的レベルで現れない場合でも、つまり自動車運転手が赤信号で止まらない場合、あるいは止まらないことが知覚される場合でも、それらは運転行動を因果的に支配し続ける。これらのルールは、完全な規則性をもたらさない場合でも、運転行動の支配をやめることはないのである。
　超事実性が含意するのは、直接には知覚できない構造が感覚経験において与えられる行為／事象を有効に支配することは確かであるが、これらの事象／行為は概して規則的ではないということ、つまり恒常的に連接してはいないということ、これである。その理由は、他の対抗的な因果的支配力を有する構造（たとえば、血流のなかの高アルコール濃度）もまた、自動車運転手の行動を支配することがあるからである。そこで、結果として現実に生じ、感覚経験において与えられる事象／行為は、一組の超事実的な因果的支配力を有する深層構造の相互作用に依存するものとなる。さらに、この相互作用のために、結果として生ずる事象／行為は、概して規則的ではないし恒常的に連接してもいないのである。(6)

事象／行為の連接に恒常性がないなら、経験論的実在論のプロジェクトを維持することはできない。というのは、このプロジェクトは、いくつかの仮定で補強された当初の公理から帰結を演繹するために、ヒューム的法則を用いるからである。これに対して、そのような事象規則性の欠如は、超越論的実在論による探究の妨げとはならない。なぜなら、そのような探究の目標となるのは、経験的領域や現実的領域ではなく、したがって事象規則性の発見ではなく、深層領域だからである。

存在論としての超越論的実在論によれば、実在を構成する（社会的あるいは物理的）諸存在は、構造化されているとともに認識独立的でもある。それらが構造化されているというのは、互いに還元不可能であるという意味である。深層構造は、経験的な事象／行為や主体による主観的な想念には還元されない。そのため、このような構造の性質が、もっぱら経験的なものであるということはありえないし、もっぱら想念に依存するものであるということもありえない。いいかえると（そしてハイエクⅡの立場とは正反対に）、実在を構成するものは、経験されるものだけではないし、それについての主体の想念だけでもない。

実在を構成する存在物は、それらの同定とは独立に存在し作用するという意味で、認識独立的である、あるいは認識独立的領域にある。たとえば女性は、労働市場において二次的立場におかれ続けるが、それは、男女関係の形態をとった深層構造によるものであり、主体によってその構造が知覚されるか否かには関係ない。さらに、女性の二次的地位は、たんに存在すると信じられていたり考えられていたりするだけのものではない。すなわち、神や妖精とは違って、それは実在的な社会の概念把握であり、観念的な社会の概念把握なのではない(7)。

とはいえ、超越論的実在論においては存在論が認識論よりも重視されるとしても、経験論哲学とは逆の誤りを犯さないようにすることが重要である。つまり、認識に関わることを存在に関わることに溶解してしまう（すなわち存在論的誤謬を犯す）ことのないようにすることが重要である。認識論にも真剣に取り組まなければならない。認識独立的領域に関する主張が、対象の性質についての存在論的主張であるとすれば、これらの対象が考察され、把握され、思考に反映される認識論的領域が存在しなければならない。この領域は認識依存的領域と呼ばれ、そこには、事実・観察・推測等々のような認識依存的対象が存在するのである。

そこで、対象が存在する認識独立的領域と、これらの対象が思考において考察される認識依存的領域がある。科学は（たいていの場合、相対的にだが）不変の対象に関する可変の知識を不断に創造してきたが、この区分を認めることによって、それが説明される。

ハイエクⅢの準超越論的実在論

ハイエクは一九六〇年頃に、従来の哲学的立場を放棄して準超越論的実在論を採用した。ここでは、ハイエクの著作に生じた種々の哲学的変化を検討するよりもむしろ、社会経済秩序に関する彼の著作を理解するうえで決定的に重要な側面のみを同定することにしよう。

ハイエクⅡの認識論である主観的観念論によって、存在論としての拡張された経験論的実在論が助長されたが、後者は、感覚経験において与えられる事象／行為だけではなく、想念をも許容するものだった。したがって、ハイエクⅡが認識論的誤謬を犯すとき、その認識論的誤謬も通常のものとはやや異なったものになった。認識独立的なものを認識依存的なものに溶解する代わりに、すなわち存在を存在についての知識に溶解する代わりに、ハイエクⅡは存在を、存在についての思考上の構築物と同義のものとする。たとえば、誤解を招きやすいのだが、ハイエクが社会「構造」に言及するとき、そこにあるのは、知識に溶解されうる対象ではなく、知識としての対象だけなのである。対象はただ主体の想念に依存して存在するだけである。すなわち対象は、主体の想念によって余すところなく尽くされ、完全に決定される。いいかえると、ハイエクは認識独立的・認識依存的という区分さえ行なうことができないし、したがって一方を他方に溶解することもできない。ハイエクⅡの存在論は、拡張された経験論的実在論として記述されなければならないが、それと同時に私が言いたいのは、彼が拡張された認識論的誤謬を犯しているということである。彼は存在を、存在についての知識に溶解するのではなく（これは懐疑論の立場であろう）、（構築された）存在についての思考に溶解するのである（これは主観的観念論の立場である）。

とはいえ、ローソンが指摘しているように、一九六〇年代には言語上の変換が起こっている。つまり、想念を表す「意見」「信念」「観念」「態度」などが、「行為を支配するルール」「人々が従うルール」等々によって置き換えられている。これはたんなる語義上の変化ではなく、ハイエクが社会的世界を説明するために用いるカテゴリー上の変化を反映するものである。ある箇所でハイエクは、次のようなものの存在について述べている。

客観的世界のなかにルールが存在するという知識と、行為において通常従うルールから逸脱するのを嫌がることとの間には、一種の結合がある、したがってまた事象がルールに従うという信念と、人はそのふるまいにおいてルールを遵守する「べきである」という感情との間には、一種の結合がある。(Hayek, 1967b, 79, 強調は引用者)

この注釈は、当該論文の他の多くの注釈とともに、次のことをきわめて明白に示している。すなわち、ハイエクはいまやルールを社会構造と考えており、それは実在的存在であって、もはやたんなる想念に依存する性質のものとして扱われてはいない、ということを明示している。ふるまいの社会的ルールは、いまや実在的社会構造の例となっている。さらに、ルールは、それが支配する事象/行為とは別個に存在するものとされている。

ふるまいの社会的ルールという形態で社会構造を認識することによって、ハイエクの存在論は、事象/行為および想念だけではなく、深層構造——社会的ルールという形態における——をも包含するように増強された(さらに拡張された)。これらの存在はいまや、その同定から独立して存在し作用するものとなり、概念決定的であることをやめた。これによって、ハイエクが多層化された存在論を採用し認識独立的領域を支持することへの、障害がなくなったのである。

この時点で、主観的観念論と解釈学的基礎づけ主義はただちに放棄されるが、この立場が促すことになる適切な洞察、つまり社会的世界は概念依存的であるという(もはや基礎づけ主義ではない)解釈学的立場は、残されることになる。さらに、社会構造がもはやたんなる主体の想念によるものではないとすると、それらを不活性なものと考える必要はなくなる。すなわちいまや、それらは実在するものであり、行為に差異を生じさせるという意味で、(質料的な)因果的効力を有すると考えることができるのである。

ハイエクはいまや、経験的な事象/行為は、それらを支配する構造から存在論的に区別されるとともに、それらを支配する構造とは位相を異にするものである、と考えることができるようになった。前述の例が示すように(また、第8章で詳述するように)、ハイエクはルールを事象/行為とは異なるものとして取り扱っている。そこで、彼が述べるところによれば、ルールは事象/行為の相対的に規則的なパターンを導くけれども、これらの規則性は完全ではない。ルールは超事実的に存在する、すなわち、ルールはそれらが生み出す結果とは関わりなく存在し続ける。ルールは抽象的・一般的・規定的なものであるというハイエクの主張の根底には、このような考え方がある。ルールは、人がどのように行為するべきかということを勧告するが、主体に対して一定の仕方で行為するように強制することはないし、またできない。ローソンによれば、世界は世界についての知識とは別のものであるという認識は、

社会的対象が実際に知られる仕方についての、真剣な考察を促すことになる(あるいはおそらく、その仕方についてハイエクが信じているヴィジョンから、必然的に生じることになる)。具体的にいうと、論述的・暗黙的・無意識的な認識のレベルが、ここで考慮されることになる。(Lawson, 1994c, 152)

ハイエクⅡの著作は、主観的で断片的な知識の性質に焦点を当てていたが、知識の暗黙性は無視していた。ハイエクが同定した問題は、本質的には、彼がこの時点で認めていた唯一の制度である情報伝達システムによって、断片的な知識がどのように伝達されるのか、という問題であった。これに対してハイエクⅢの著作は、断片的な知識の伝達を無視するのではなく、その筋書きに知識の暗黙性を付加するのである。ここでは、主体が知っているものの多くは暗黙のうちに知っているものであり、情報伝達システムによる発見・伝達・貯蔵にはなじまない。さらに、暗黙のうちに保持されているこのような知識のストックの重要な部分が、ふるまいの社会的ルールに体現されているのである。

主体の想念が社会的世界を構成するという考え方からハイエクが脱却することによって、主体が物事を暗黙のうちに知っているということだけではなく、主体が知らない一連の物事があるということも可能になった。すなわち、ハイエクは、無知を認めて取り上げなければならなくなった。

社会構造は、もはや主体の想念に還元されるものではなく、いまでは客観的存在であると認識されるようになった。この認識が、主体はこれらの構造を暗黙のうちに、あるいは部分的にのみ知っている（すなわち、主体は「遂行方法」の知識をもっている）という可能性と結びつくときには、これらの構造を利用する主体が、これらの構造を知らないかもしれない（すなわち、主体は「論述内容」の知識をもっていない）という可能性が存在することになる。主体が利用する構造だけではなく、その構造によって促進される主体の行為もまた、「主体自身にとって不透明」（Lawson, 1994c, 142）であるかもしれない。この場合には、主体による想念が社会現象を創り出すことに焦点を当てる「構成的方法」は、問題のあるものとなる。もし主体が自らの行為を促進する構造を、論述できる程度には知らない、かつ／または、適切に捉えていないならば、これらの想念のみから社会を構成することはできないのである。

社会構造は、いまや主体の想念には還元されず、知識から独立して存在するものとなる。したがって社会構造は、人間行為に対する実在的な投入となる、すなわち主体の行為に差異を生じさせるものとなる。このような社会構造に依拠することによって、ハイエクはいまや、たんに行為の（意図的な、および意図せざる）帰結を追跡することから、そのような行為の条件を探究することへと、科学の課題を切り替えることができるのである。これによってハイエクは、人間は本質的にルールに従う動物であるという結論に導かれ、また人間主体は手続的に合理的なのであって、道具的に合理的なのではない、という考え方に導かれることになる。主体に関するこの新しい考え方を補強しているのがハイエクの認知心理学であるが、これについては、むしろ第8章で取り上げることにする。

主体が意識的に形成する想念以上のものが社会に存在するのであれば、超越論的主観の心に起源をもたない現象が探究の主題となる。簡単にいえば、依拠すべきふるまいのルールのネットワークが存在しないならば、主体はどのような種類の行為も行なうことができない、ということをハイエクがひとたび認識するや、注意を傾ける焦点は、個人ではなく個人と構造とが統一されたものになる。ハイエクが述べているように、

> ある集団における行為総体の秩序は、個人の行為において観察可能な規則性の合計以上のものであり、それらに還元することはできない。（Hayek, 1967b, 71）

この理由は以下のとおりである。

> 全体の存在にとって不可欠な諸関係の存在は、部分の相互作用によって全面的に説明されるわけではなく、個々の部分および全体と外部世界との相互作用によってのみ説明されうるのである。（Ibid.）

諸個人の間に相互作用があるだけではなく、諸個人とルールとの間にも相互作用がある。実際に、諸個人間の相互作用は、それらのどれからも独立に存在するルールに依拠することを前提としている。社会経済秩序は、諸個人とルールの統一として存在する。このことは、社会経済秩序を究極的な構成要素に分割することを不可能にする。社会経済秩序もしくは社会経済全体は、諸個人とルールとの分割不可能な統一体なのである(8)。

以下の引用文は、はっきりと超越論的実在論の論調を示しており、ハイエクがしばしば後者の見地にいかに接近していたかということを、よく表している。

> ルールは……、ある一定の仕方で行為するあるいはしない性向または性癖を意味するにすぎないが、それはわれわれがいう実践または慣習のなかに姿を現す。ルールは、そのようなものとして、単一の行為のつどに姿を現す必要はないが、たいていの場合に受け入れられる行為の決定要素のひとつであろう。そのようなルールはつねに、他のルールとか気質とまた特定の衝動と組み合わされたり、またしばしば競合したりしながら、作用している。ルールが……受け入れられるか否かは、それが叙述する成功の強さと、同時に作用している他の気質や衝動の強さとに依存する。（Hayek, 1973, 75, 訳一〇〇頁）

ハイエクは、ふるまいの社会的ルールを、経験的な事象を支配する深層構造として扱っているように思われるので、超越論的実在論に特徴的な多層化された存在論を採用している、と主張してもよい。そこで、ここにはもっと追加しなければならないものがあるけれども、ハイエクに準超越論的実在論者という名称を与える根拠はある。バスカーは一九七〇年代の半ばに、なによりもまず実証主義を基礎とする自然科学の哲学を批判することを通して、超越論的実在論を展開した。しかし、本質的に存在論的な定立としては、社会科学のなかにも共鳴するものがあり、バスカーもその後まもなく社会科学の研究を始めている。超越論的実在論が社会科学へと拡大され展開されることによって生み出されたものは、いまや批判的実在論と呼ばれることになった（Bhaskar, 1989b, 190）。以後私は、超越論的実在論を包括的用語として用い、批判的実在論をとくに社会科学に関わるものとして用いることにする。

批判的実在論のもっとも重要な展開のひとつは社会的活動の変換モデル（Transformational Model of Social Activity, TMSA）である。それは社会理論における重要な展開であるだけではなく、ハイエクがこれに近いものを採用しているように思われるので、本書にとっても重要なのである。バスカーによって提示されたTMSAについて、本章の残りの部分で詳しく述べ、さらに第10章で再び立ち戻ることにしよう。第10章では、ハイエクが自生的な社会経済秩序の変換という考え方を採用していることを主張する。

社会的活動の変換モデル（ＴＭＳＡ）

社会理論の核心に存在するのは、社会的存在論における基本的な問い、すなわち「社会とは何か」という問いである。社会は人々もしくは主体と（なんらかの意味での）構造とからなるということは、伝統的にたいていの注釈家が認めてきたことだが、論争が集中したのはそれらの相互作用の仕方についてであった。バスカーは、ＴＭＳＡを用いてこの論争を終了させ、社会的存在論としての批判的実在論を展開するのである。

バスカーの出発点、すなわち彼の理論的彫琢のための原料は、社会的存在論の三つの伝統的立場である。正真正銘のアリストテレス的（弁証法的）方式を用いて、バスカーは、これらの伝統的存在論の正しい部分を同定するとともに保持し、これらを総合して新しい立場の形成へと向かう。

バスカーは、デュルケムによって提示された物象化の立場[9]については、外的構造的諸要因が主体に対する拘束として作用する、という考え方を保持する。ウェーバーによって提示された主意主義の立場[10]については、社会的質料は概念依存的である、すなわち個人の意図的で有意味な行動に依存するという考え方を保持する。バーガーによって提示された「弁証法的」[11]立場については、他の二つの立場は還元主義であり、構造と主体の相互作用の仕方を彫琢することが解決策となる、という考え方を保持する。そこで、社会理論の課題は、物象化と主意主義の挟撃を回避する方法を発見するとともに、主体と構造の間の有意味な相互作用ないしは関係を彫琢することにある。

たとえば、人がはじめて仕事に取りかかるとき、出勤の時刻や仕事の速度のような、ルールに支配された業務慣行という形態で、一組の社会構造がすでに存在するのを見いだす。これらの業務慣行は、少なくともある程度は、作業を可能にするために遵守されなければならないが、それらは各々の被雇用者からは独立に、あるいは彼らの外部に存在するものである。これらの社会構造を外的・因果的な現象として認識することは主意主義の誤り、すなわちこれらの業務慣行は、たんに関係する諸個人によって創造され発明されたものにすぎないと想定する誤りを防止する。作業をする人たちは、自分たちがなぜそうしているのかということについての観念や理由をもっているにちがいない、そしてまた作業をしている人たちがきっぱりと行為を止めてしまえば、そのような業務慣行は消失するであろうということを認識することは、そのような構造を物象化する誤りを防止する。

主体は社会を構成する社会構造を創造することによって社会を創造するのではない、すなわち社会は主体に先立って存在する、ということが把握すべき点である。さらに、社会が存続し続けるのはただ、諸主体が社会的行為において直面する諸側面を産出し変換するからである。各々の行為が遂行されるためには、その行為を始めるために主体が依拠することになる、なんらかの社会構造がまえもって存在する必要がある。

たとえば、財とサービスを生産する産業には、労使関係システムが必要である。情報伝達には、たとえば言語といったような媒体が必要である。自動車の運転には、交通法規が必要である。利潤を獲得するには、資本と労働の所有が必要である、等々。バスカーによれば、このような社会構造の総体が、まさに社会なのである。彼は次のように述べている。

> もし社会がつねに既成のものであれば、どんな具体的人間的実践も……それを修正することができるだけである。そして、そのような諸行為の全体が社会を持続させることになる。……こうして社会は、諸個人にはけっして創造できないものとして、しかし彼らの活動によってのみ存在するものとして、諸個人に対峙することに

なる。（Bhaskar, 1989a, 34）

いわば、無からは何も生じない。社会的質料が存在し続けるのは、生産という行為によって、それがつねに再生産され変換されるからである。社会的質料は、人間行為の条件であるとともに結果でもある。主体は構造を最初から創造するのではない。主体は自らの活動を通して構造を再創造し、再生産し、変換するのである。それゆえ生産（それは人間の生産的活動の多くの側面を指す）は、同時に再生産であり変換である。そして、構造が存続し続けるのはこのようにしてなのである。バスカーはこれをＴＭＳＡと呼び、その例証として、彫刻家が利用可能な質料と道具から生産物を作り出すという、アリストテレスの隠喩を用いている。彫刻家は、所与の道具と質料を用いて仕事をするしかないのであり、それらは生産を通して再生産され変換されるのである。

> 人々は社会を創造するわけではない。というのは、社会はつねに主体に先立って存在するからであり、社会は主体の活動にとって必要な条件だからである。むしろ社会は、諸個人が生産的に働きかけ変換する構造・慣行・慣習の総体とみなされなければならない。しかし、これらの構造・慣行・慣習は、もし諸個人が生産的に働きかけ変換しないならば、存在しないであろう。社会は人間活動から独立に存在するわけではない（物象化の誤り）。しかし、社会は人間活動の産物ではないのである（主意主義の誤り）。（Bhaskar, 1989a, 36）

社会と人間主体とをはっきりと区別することによって、バスカーは、社会が有する属性と主体が有する属性とを区別することができ、社会の存続が主体に依存することになる。人間主体は意図をもつが、社会はもたない。意識的に行為する主体が、日常生活において彼らの行為を支配する構造を無意識的に再生産する。人々は、核家族を再生産するという意識的な目的をもって結婚するわけではない。しかしそれにもかかわらず、核家族の再生産は、彼らの活動にとっての必要条件であるだけではなく、彼らの活動の意図せざる帰結でもある。

ここで重要なのは、社会構造は行為のために必要である、すなわち社会構造は行為を促進するけれども、行為を決定するわけではない、という洞察である。構造としての文法のルールは発話行為を制約するが、しかし語られることを決定するわけではない。社会慣習は人々に結婚するように圧力をかけるかもしれないが、しかしだれと結婚すべきかを決定するわけではない。このように概念把握することによって、バスカーは、人間の主体性の活動的役割を維持することができたし、それと同時に主意主義の誤りを回避し、行為を拘束する（そしてまた行為を可能にする）構造というものを保持することができた。

こうして社会は、相対的に独立した持続的で生成的な構造が接合された総体と考えられるであろう。……社会構造が存在するのはただ、それらが支配する行為によってである。社会構造は、諸主体が自分の行なうことについて有している想念、……すなわちこれらの活動についてのなんらかの理論から、独立に存在するわけではないのである。（Bhaskar, 1989a, 38）

理論化の様式の切り替え

ＴＭＳＡによって、多層化と変換をともなう存在論が与えられたが、これを用いることによって社会経済的研究の重点は、（存在論的にいって）経験的領域と現実的領域とが融合したものから深層領域へと切り替えられる。経験的な事象／行為として与えられる最終的な結果を（もっぱら、あるいは主として）定義するという研究は停止され、最終的な結果を可能にする深層の構造とメカニズムとを研究することへと移行する。こうするのは、次のような認識があるためである。すなわち、最終的な結果を構成するのは感覚経験において与えられる事象／行為であるが、これらは、（a）研究のたんなる出発点にすぎず、（b）規則的に結合しているわけでもなく、（c）基底にあるメカニズムや構造によって部分的に支配されているのであって、（d）そのメカニズムや構造は、これらの事象や行為とは概して位相を異にするからである。

事象／行為に関する帰結を、公理や仮定からヒューム的法則を用いて演繹することはできないという認識、さらには何かが経験的な事象／行為を支配しているにちがいないという認識があるために、理論化の様式が切り替えられるのである。行為の帰結を演繹することはできないが、そのような行為の条件を解明することはできる。深層構造は、感覚経験において与えられる事象／行為を支配する超事実的必然性をもって作用するが、その深層構造を解明することはできるし、その作用を説明することもできる。それゆえに、深層領域こそが研究の焦点とならなければならない。バスカーは、この問題について次のように述べている。

この方法［ＴＭＳＡ］に即してみるならば、……さまざまな社会科学の課題は、さまざまな意識的人間行為にとっての構造的条件を明らかにすること［である］。たとえば、クリスマスの買物が可能なためには、どのような経済的過程が生じなければならないかを明らかにすることである。しかし、そのような構造的条件が意識的人間行為を描写するわけではない。(Bhaskar, 1989a, 36)

隠喩を用いていえば、科学の課題は、事象／行為の間を（水平的に）移動して恒常的連接を確定もしくは発生させようと試みるのではなく、事象／行為から、それらを支配する深層構造へと（垂直的に）移動することを試みることにある。そこで経済学は、超越論的実在論の見地からすれば、諸仮定で補強された当初の公理から帰結を演繹するために、ヒューム的法則を用いて研究を進めるのではなく、むしろ社会経済的行為にとって必要な（深層構造という形態における）条件を探究し説明する、という仕方で研究を進めるものとなる。[12] 解明と説明が予測に取って代わるのである。

最終章で明らかになるように、ＴＭＳＡは自生的社会経済秩序というハイエクの考え方を理解するうえで、おそらくもっとも重要な概念である。これによってハイエクは、感覚経験において与えられる事象／行為、および経験的領域と現実的領域とが融合したもの、これらに焦点を当てることから最終的に離脱することができる。そして、基底にある深層構造に基づきながらも、その深層構造とは位相を異にしている、秩序立った行動を考察することができる。秩序の本性が、主体の行為の規則性にとって必要なものとは別様に理解されるのである。

結　論：ハイエクⅠ、Ⅱ、Ⅲの存在論と含意

本章は、ハイエクが初期の哲学的立場を離れて、準超越論的実在論を採用したことを述べるところから始まった。超越論的実在論の様式化された見解について述べた後で、少なくともハイエクが接近していた諸側面に関して、ハイエクの社会経済理論にとって数多くの含意があることが紹介された。これらについては、残りの諸章を通して詳しく述べることにする。

十分に詳細な哲学的議論を行なったので、この時点で、秩序に関するハイエクの考え方を支える基本構造を展開

できるようになった。以下、手短に本書のこれまでの筋道を概観することにしよう。

本書では詳しく述べていないが、一九三六年以前にハイエクが「狭隘な技術的経済学」（Hayek, 1962, 91）に固執していたことは、彼の実証主義と整合的であり、したがって事象についての経験論的実在論を彼が暗黙のうちに採用していたことと整合的であった。このようにして、秩序の探究は均衡の探究に還元され、これはまた主体間の事象／行為の両立可能性に還元される。[13] さらに実証主義は、理論的な構築物、虚構かもしれない構築物を許容するので、主流派経済学によって使用される装置、たとえば完全知識や均衡などがすべて許容されることになる。そこでハイエクⅠも、他の実証主義経済学者と同様に、行為の両立可能性を探究しようとする。行為の両立可能性こそ、均衡という装いをもつ社会経済秩序を構成するように思われるからである。

ハイエクⅡは、部分的に実証主義から離反したが、結局のところ主観的観念論を採用しただけであった。たいていの非実在論的立場がそうであるが、認識論を強調することによって暗黙のうちに存在論を生成させることになる。ハイエクⅡの場合には、存在論として、経験において与えられる事象／行為だけではなく、主体の想念をも許容する拡張された経験論的実在論が採用された。これによってハイエクⅡは、主流派理論の多くの側面、とくに知識と均衡に関する側面について関係を絶つことができるようになったが、社会経済秩序に関して語ることを相当に妨げられるという障害もあった。

もし社会的世界が想念に依存する性質のものであれば、経済学者に与えられる唯一の課題は、主体が自分たちの世界を知覚する仕方を理解することだけである。行為の条件が主体の認知活動のたんなる創造物である場合には、行為の条件を詳論するという見地から社会的行為を説明するのは不可能である。さらに、ハイエクⅡはいまや、事象規則性の体系を前提とする均衡概念を拒絶するけれども、それに代わる概念把握をもってはいなかった。彼は（隠喩を用いると）より深いところへ、すなわち経験的な事象／行為の下方へと向かうことはできたが、到達できたのはただ、彼が社会「構造」とみなした概念、態度、観念および見解までであった。ハイエクは実在の社会構造を理解することができなかったため、均衡に代わる社会経済秩序に関する考え方を展開できないままであった。

ハイエクⅢは、準超越論的実在論の哲学を採用し、認識論としての主観的観念論は消散する。ここで彼が採用する存在論は、事象／行為、想念、そしてもっとも重要なものとして、ふるまいの社会的ルールの形態における深層構造からなっている。この時点でハイエクは、事象／行為よりも下方へ向かうことによって、均衡に代わるものを提供することができ、こんどは、これらの事象を支配する実在の構造にまで到達する。ハイエクはＴＭＳＡに近いものを展開し、最終的には洗練された社会理論を創り出すが、それによって彼は、市場過程あるいはカタラクシーについて彫琢するなかで、知識（の種類）、無知、ルールおよび情報伝達システムといったテーマを、組み合わせることができるようになるのである。

第7章　知識、無知、ふるまいの社会的ルール

人間は自らの知識の増大を誇る。しかし、人間自身が自らつくりだしたものの結果として、その意識的知識の限界と、したがって、その意識的行為にとって意味をもつ無知の範囲とは、たえず増大してきた。……われわれが文明化すればするほど、各個人は、人間の文明の働きを左右する事実についてますます相対的に無知になるにちがいない。知識の分化それ自体が、これに関する知識の多くについての個人の無知を不可避的に増大させるのである。(Hayek, 1960, 26)

一九六〇年頃に生じる哲学的立場の変化は、ハイエクの思考の新たな方向を開くことになった。本章で追跡するのは、このような方向のなかの二つのもの、すなわち無知および知識の種類についてである。われわれは哲学的論点について論じるわけではないが、無知および知識というテーマについてのハイエクの発展は、実在的社会構造が、(ふるまいの社会的ルールという形態で) それらの同定とは独立に存在することを容認する存在論によって促進されたということを、たえず心に留めておくべきである。

本章は三つの部分から構成される。第一の部分では、無知に関するハイエクの見解について詳しく述べる。第二

の部分では、知識に関するハイエクの見解を検討する。とくに、知識は「遂行方法」の知識と「論述内容」の知識とに分割され、前者によって諸主体が暗黙のうちに事物を知る可能性が生じるということに注意する。第三の部分では、無知に対処する装置としての社会的ルールの本性をより深く調べるために、無知と知識を再びまとめて取り上げることにする。

無知

無知は、たんなる知識の欠如をはるかに超えるものを含意している。すなわち無知には、さまざまな状態、かつ／または、さまざまな潜在的状態がある。ハイエクが十分によく知っているように、これらの状態の多くは概して諸主体によって克服されているが、主体がこれらの状態を克服することを可能にするメカニズムの研究には、彼らが克服しているものは何なのかを理解することが要請される。「無知」という用語はさらなる解明を必要とする。

無知の一方の状態は、「常識的な無知（common-sense ignorance）」と名づけてよいものであり、主体が必要な知識をもっていない状態に当てはまる。だが無知のこの状態は、それなりの時間と費用を費やすことによって克服しうるものである。無知の他方の状態は、「根源的な無知（radical ignorance）」と名づけることができる。それは、主体が将来に関して無知であるという状態、さらには主体の行為の意図せざる帰結について無知であるという状態にまで及ぶ。このような根源的な無知は、およそ克服することのできないものであり、これについてはうまく対処するしかない。

根源的に無知な状態に近いものとして、いくつかの（興味深い）筋書きがある。無知は知識の暗黙性から生じるかもしれない。(後に明らかになるように)多くの知識は、暗黙のものであり非論述的なものであるから、それらはしばしば、一方の主体から他方の主体へうまく伝達されない。たとえば、われわれは、特定の機械の操作の仕方を知っているとしても、われわれがそれをどのように操作しているかということを、完璧に述べることはできないかもしれない。したがって、われわれは特殊な意味において無知なのである[1]。他人がもっている知識に接近する方法(たとえば、注意深く観察すること)はあるかもしれないが、それは(概して)容易ではないから、無知が根源的なものでない場合でも、このようにして事実上根源的な無知になってしまう。

多くの知識は、厳密に非暗黙的にではなく、半暗黙的と呼ぶことができるような状態で、心のなかに無意識的に保有されており、その知識が前面に現れるような一定の条件のもとでのみ、接近可能なものとなる。このような条件が欠如している場合には、主体はその知識を意識していないし、またそれを公表することもない。このことの含意は、他の主体がその知識に対して無知のままであるということだけではなく、その無知を克服しうる手段が存在しないということでもある。

無知は、特定の行為を始めるのに必要とされる知識量そのものから生じる、と考えられる場合もある。ハイエクがたえず述べているように、中央計画立案者は、行為をうまく調整するのに必要な事実の量について、まったく無知であろう。無知であるという状態は一方では、行為の意図せざる帰結についての無知と、知識の暗黙性および半暗黙性によるものだが、他方では必要な事実の量そのものによって、いっそうひどいものになる。中央計画立案者だけではなく市場当事者もまた、このような問題に直面する。すなわち、彼らの無知の正確な水準は、彼らの空間的・時間的位置と、彼らが求める知識の質および量に依存するのである。

無知はハイエクの研究においてしだいに重要なものになってゆくが、決定的重要性をもつことになるのは、根源的な種類のもの、および事実上根源的な種類のものである。したがって私は、事実上根源的な種類のものを含めて、根源的な無知という用語を用いることにする。

無知に関するハイエクの理解の発展

一九六〇年以前のハイエクⅡは無知について明示的ではなかったが、一九六〇年以降になると、（知識および）無知がとりうるさまざまな形態について強調するようになったと思われる。もっとも重要な形態のひとつとなるのが、根源的な無知である。これはたんなる偶然ではない。ハイエクⅡによって採用された哲学的立場によれば、社会科学者の関心領域内に入るものはすべて主体の想念であり、したがってもちろん、諸主体が自分自身の想念について無知であるということはありえないし、暗黙の知識や半ば意識的な知識しかもっていないということもありえない。ハイエクⅡの理論における主体は、道具的に合理的ではないものの、自らが生活する社会的世界を十分に意識している。一九六〇年以降になってはじめて、すなわち、ルールのような実在的社会的存在が、その同定から独立して存在するということをハイエクが容認するようになってから、主体はそれらについて無知かもしれないという可能性が浮上してくるのである。

知識および無知に関する見方を広げることによって、ハイエクはしだいに、根源的無知はときとして知識の獲得が不可能なことを含意する、という事実に気づくようになったと思われる。そして、もし知識の獲得が不可能であれば、知識を伝達したり行為の指針として使用したりすることもできない。とはいえ、一九六〇年以降のハイエクは、主体が無知のままであるとしてもなお、ふるまいの社会的ルールによって主体は行為をどうにか開始することができる、という可能性を保持することができたのである。

一九六〇年にハイエクは、無知の知は賢さの始まりであるというソクラテスの格言に言及し（1960, 22）、その一年後には、（反設計主義的な仕方で）「無知をより真剣に取り上げるべき時期にきている」（1961, 39）ということを、われわれに注意している。ハイエクは、知識が長年の間、研究者たちから大きな注目を集めてきたのに対して、無知は（注目すべき例外はあるが）ほとんど注目されてこなかったことを嘆いている。このテーマは、一九六〇年の著作（第二章）および一九七〇年の著作（Hayek, 1970b）ではじめて取り上げられ、一九七三年の著作（第一章）で再論された。

これらの著作の内容を要約すると、次のようになるであろう。ハイエクによれば、知識は伝統的に人間理性の力という形態で論じられ、そのもっとも完全な表現に達したのは、おそらく一七世紀の《フランス合理主義》哲学においてであった。ハイエクの考えでは、この《理性の時代》は、無知の役割を覆い隠すことによって、後続する世代の思想家たちを誤った方向に導き、政治的ならびに知的に不幸な帰結をもたらすことになった。その政治的帰結が不幸であるというのは、ハイエクによれば、人間理性は社会を創造することができ、したがって人間は意のままに社会を変革することができると信じる者が、革命政治をもたらすことになるという意味である。その知的帰結が不幸であるというのは、人間が市場メカニズムや市場が埋め込まれている社会構造を理解することができなくなるという意味である。なぜなら、ハイエクの主張によれば、それらの根底には無知があるからである。もしこれらの思想家たちが根源的な無知を認めないならば、自らの理解能力を誇張し、市場を補完するために、あるいは別のメカニズムで置き換えるために、介入するように導かれることになる。一九八〇年代の中頃にハイエクは自分の研究生活を振り返って、次のように述べている。

> 私が確信するようになったのは、説明すべき対象である市場秩序の目的は、……その秩序を規定する特定の事実のほとんどについて、すべての人が無知であるという免れがたい状態にうまく対処する点にある、ということであった。（Hayek, 1983, 19）

そこで、一九六〇年以降に生じた哲学的変化によって、無知について考察することが可能になったように思われる。これと手を取り合って進んだのが、社会理論（社会的ルール）における実質的変化であり、それによってハイエクは、根源的な無知に対応することができるようになった。バリーによる次のような注釈は適切だが、そのようにいえるのは、一九六〇年以降のハイエクの著作に関してだけなのである。

ハイエクの社会哲学全体の基礎にあるのは知識理論である。この理論のもっとも重要な特徴は、ハイエクが人間の無知を強調しているということである。（Barry, 1979, 9）

知　識

ブトスは、ハイエクの著作において知識が何を意味しているのかについて、以下のように巧みに要約している。

ハイエクが思い描いていた知識の種類は、経済モデルに典型的に組み込まれているものよりも、はるかに広範なものである。価格、数量、価格期待に加えて、それはまた、個人にとって利用可能なあらゆる種類の詳細で実際的な知識を指すとともに、概して暗黙のものである行動の一般的ルールや伝統や社会的慣習についての知識をも指している。（Butos, 1985, 340）

秩序についての考え方のうち、均衡にとって必要な条件の形式的記述を超えるものはどれも、不完全知識という真に現存する状況のもとで、空間的・時間的に相対的に調整される行為を主体がいかに開始するのかということを、説明しなければならない。第5章で述べたように、ハイエクの推理によれば、諸計画が調整されるならば諸行為も調整されるが、諸計画の調整は期待の調整に依存しており、期待の調整はさらに、他者が何をしているか、あるいは何を意図しているかという知識を、（なんらかの形態で、必ずしも直接的あるいは意識的にではないとしても）主体が入手しているのかどうかに依存する。(2)

諸主体にとって利用可能な知識は限定されているという認識をもつことによって、ある可能性が解き放たれる。ある一定の状況のもとで、ある一定の諸主体は、きわめて限られた知識しかもっていないかもしれない、あるいは知識をまったくもっていないかもしれない。すなわち、彼らは無知であるかもしれない。(3) 知識の伝達がどんなに限定的であっても、それに基づいて諸主体が彼らの行為をどのように調整するのかを研究することと、無知であるときに、諸主体が彼らの行為をどのように調整するのかを研究することとは、まったく別の事柄である。そこで、知識だけではなく無知についても、いっそう詳細に理解する必要がある。

知識の種類

「知識」という用語の普通の用法は、それが同質ではないという事実を消し去る傾向がある。(4) さまざまな知識が存在し、さまざまな方法で「知る」ことが可能である。さらに、諸主体は、多量の知識を保有していることもあるが、少量の知識しか保有していないこともあるし、ときにはまったく保有していない――少なくとも必要な種類の知識をまったく保有していない――こともある。さらにまた、さまざまな種類の知識が、さまざまな種類の制度によって処理されている。(5) これらについては、以下で詳しく論ずることにする。ハイエクは、「ある時と場所における特定の状況に関する知識」という表現を、さまざまな種類の知識を含む包括的な用語として使用する傾向がある。

この時期のハイエクは、これらの知識の差異に（暗に）気づいていたが、これらをいっしょに取り扱う傾向があったために、ある特定種類の知識——暗黙知——の重要性が見えなくなった。

一九六〇年代以前には、ハイエクの暗黙知に関する理解はせいぜい萌芽的なものであった、ということを理解することが重要である。一九三六年に、ハイエクは、熟練としての知識と一連の事実の保有としての知識とが相違することに気づいているが、それをなんとも思っていない（Hayek, 1936, 50, fn. 1）。一九四五年には、ルール・実践・習慣・制度に埋め込まれている知識を認めているし（Hayek, 1945, 528）、またホワイトヘッドからの引用、「文明が前進するのは、われわれがそれについて考えることなしに遂行しうる重要な操作の数が増大することによってである」は、ハイエクが暗黙知に気づいていることを示している。ハイエクがポラニーに言及するのは一九六二年になってからであるが、一九五二年には、ライルによる「遂行方法の知識」と「論述内容の知識」との間の区別を意識していることを、はじめてはっきりと表明している。

とはいえ、ハイエクがポラニーやライルの研究を真に利用しはじめるのは一九六〇年になってからで（Hayek, 1960, ch. 2, esp. 25, fn. 4）、いっそう重要な面では一九六二年になってからである。一九六〇年以前にも暗黙知に関する認識を示すことはあったが、それは知識の発見・伝達・貯蔵についてのハイエクの議論のなかで、何の役割も果たしていない。ハイエクは一九六二年の論文で、「遂行方法」の知識を利用するけれども「論述内容」の知識という点では無知である主体の例として、言葉を話す人、自転車に乗る人、大工仕事をする人、スキーをする人、ビリヤードをする人を取り上げている。ここで含意されているのは、これらの主体の各々が直面する事柄のなかに、明文化することができず、いっそう重要な面では、知らないし知ることもできないが、そのために行為が妨げられることはない、という一連の現象が存在するということである。

ある時と場所における特定の状況に関する知識

ハイエクは、「現場の人間」が保有する「ある時と場所における特定の状況に関する知識」(Hayek, 1945, 524, 訳一一三頁)という考え方を大いに利用するが、この簡潔で密度の高い表現には多くのことが詰め込まれている。本節では、暗黙知の特殊性を強調するために、この「状況に関する知識」のなかに埋め込まれていると思われる、さまざまな種類の知識について述べることにしよう。

第一に、ハイエクが広告や個人的交流などに気づいていることを考慮すれば、「彼［主体］を直接に取り囲んでいる事実についての知識」(Hayek, 1945, 525, 訳一一六頁)への言及が、一連の公式の諸制度の内部に組み込まれている知識を含んでいないと考えることはできないであろう。認識する人から独立しているこの種の知識は、ポパーが「知る主観をともなわない知識」と呼ぶものである(Popper, 1972, 115)。それが組み込まれている公式の制度には、教育や訓練、株式市場報告書、技術仕様書、市場調査、オペレーションズ・リサーチ、図書館、通信社、広告およびあらゆる種類のメディア、とくに商業ニューズレターといったものがある。イオアンニデスは同様のものに注目して、局所的なあるいは「専門的な知識」に言及し、これを次のように定義する。

> 伝授という過程を通して人が獲得したものであり、……したがって……ある個人から他の個人へ移転されうるという意味で譲渡可能なすべての知識。(Ioannides, 1992, 36–7)

第二に、「状況に関する知識」のなかには、任意の時間的・空間的な位置にある主体にとって、すでに利用可能となっているものがある。ハイエクがあげている例によれば、じかに接している環境についての知識がそれにあたるであろう(たとえば、余剰在庫が十分に活用されていないことや、不定期貨物船が半分空であることについての知識）。それは、他の主体によって保有される知識（認識する主観をともなう知識）であったり、個人的関係に組み込まれている知識（たとえば、企業家と特定生産物の供給者、もしくは裁定機会の供給者との間の関係）であったりする。ハイエクが引き合いに出していることであるが、取引をする人は、より安価な商品をどのようにして、どこで入手するのかを公表したがらないということは、「状況に関する知識」のなかに、「観察可能」で「触知可能」なものがあるということを示している（Hayek, 1988, 89）。

これらの例から判断すれば、ハイエクが念頭においていたのは、無意識的に保持されていて明文化することができない暗黙知ではなく、意識的に保持されていて明文化することができる非暗黙知であるように思われる。ある企業家が半分空の不定期貨物船のことを知っているという場合、彼はこのことを意識的に知っていて、それを明文化することができるのである。

これまでに述べた二つのタイプの知識を、非暗黙的な局所的知識と呼ぶことにしよう。もし非暗黙的な局所的知識が、ハイエクが念頭に置いていたものの一部であるなら、おそらく彼は、そのような知識の三つの要点に気づいていた可能性が高い。

(1) それは、間接的に利用可能である。諸主体は最初から、あるいは直接的に、それを所有しているわけではない。この種の知識を入手することは、図書館で調べるのと同じくらい簡単であるかもしれないし、市場調査に携わるのと同じくらい難しいかもしれないが、いずれにせよ諸主体はそれを入手することができる。

(2) それは、図書館や報道媒体のような公式の制度によって伝達され貯蔵されるのであって、情報伝達システムによって伝達されるのではない。非暗黙的な局所的知識が所有されるときには、「論述内容」の知識が所有されることになる――この点は次節で明らかになる。

(3)それは、譲渡可能であり移転可能である。その意味は、この種の知識は認識する人から独立しているということである。非暗黙的な局所的知識が所有されるときには、意識的に所有されることになる。その意味は、諸主体が自分の知っていることを知っていて、それを明文化することができ、したがってそれを伝達できるということである。それは論述的な知識である。

第三に、非暗黙的な局所的知識とはまったく対照的に、「状況に関する知識」のなかには、暗黙のうちに保持されるものがある。「暗黙のうちに」という用語は通常、何かが言明されることなしに理解されるという意味で用いられるが、その言明が不可能であることを必ずしも意味しない。この用語は、何かを言明する能力よりも何かを知る仕方を強調している。暗黙性は、必ずではないが、明文化することができないということを含意しているといってよい。たとえば、われわれは、自転車の乗り方についての知識という形態で暗黙知を所有しているときに、このような妙技が可能となる理由を語ることができるかもしれないし、できないかもしれない。明文化することができるかどうかは文脈に依存するのであって、ア・プリオリに述べることができるものは何もない。

一九四五年にハイエクは、半分空の不定期貨物船のような特定の状態についての実質的知識を例としてあげていたが、一九六〇年までには焦点が変化している。たとえば企業家によって所有されている「専門的知識」として彼が引き合いに出すのは、「実質的知識ではなく、たんに必要な情報をどこで探すのか、どのようにして見いだすのかという知識である」(Hayek, 1960, 25)。一九八八年までに、ハイエクはこの点をいっそう明白にしている。

一方のふるまいのルールに従うことと、他方の何かについて知ることとの間には、相違(「遂行方法の知識」と「論述内容の知識」との……相違)がある。……ルールに従うという習慣は……その存在そのものにはかろうじて気づいているが、その波及効果についての知識はほとんどもっていないパターンに、自らを適合させたり適応させたりする熟練と……みなされるべきである。(Hayek, 1988, 78)

ハイエクは、さらに次のように述べる。

特定の状況に関する知識の多くは、明文化されることはないし、また(たとえば、新生産物が成功するであろうという企業家の直感のように)そうすることはほとんど不可能なので、この知識を公表することができないのは明らかであろう。(Ibid., 89)

一九六〇年以前と以後のハイエクの著作の間に存在する相違をないがしろにすると、暗黙知や、明文化されえないものや、「遂行方法」の知識と「論述内容」の知識の区別がハイエクの発展した著作においてもっている重要性を、見逃すことになる。そこで、暗黙知の重要性は以下のとおりである。

(1) それは、直接的に利用可能である。諸主体はそれを入手する必要はない。彼らはそれをすでに所有している(バーカーラークが述べるように、「彼らの心の書棚に」)。このことは、諸主体が社会化された成人であり、学習過程を経て社会における生活の技法やルールに従うことを習得している、という推定に基づいている。彼らはすでに遂行方法を知っている。

(2) それは、公式の制度によって伝達され貯蔵されるのではなく、社会の非公式な制度的ネットワークに組み込まれているものであり、その鍵となるものは行為の社会的ルールである。

(3) この種の知識は認識する人にまったく依存しているから、譲渡不可能であり移転不可能である。いかにルールに従うかを知っている主体は、ルールそれ自体に組み込まれている一連の事実を知る必要はないし、概して知らない。諸主体が暗黙のうちに知っているとき、彼らは非論述的に知っている傾向がある――これについては、すぐに詳しく述べることにしよう。

このような区別を行なうことの意義は、暗黙知を際立たせ、暗黙知が非暗黙的な局所的知識とは質的に異なるものであることを立証する点にある。不定期貨物船が半分空のまま航行しているという非暗黙的な局所的知識は、企業家がまさにその不定期貨物船に関する知識を獲得するために利用する、行為の社会的ルールの網についての暗黙知とは質的に異なっている(6)。

ハイエクの場合、暗黙知や暗黙のうちにルールに従うことについての研究は、自転車に乗ることや言葉を話すことといった身体的行為にはとどまらない。この点でハイエクは、彼自身の著作『感覚秩序』(一九五二年)を超えているだけではなく、主として生理学的な行為に関心をもっているポラニーやライルのような思想家をも超えている。彼はまた、ルールが有用なのは道路の横断のような行為においてであると考える、ピータース(Peters, 1959, ch. 1)のような思想家をも超えている。ハイエクは、労働行為・伝統・制度・社会的ルールのような社会的な活動や過程を含むように、研究の範囲を拡張する。ハイエクの独創性は、これらの後者の諸領域にまで暗黙知を拡張した点にある(7)。

ハイエクの場合、諸主体は「どうにかやってゆく」ことができる、すなわち、社会的行為をうまく開始することができるが、それは諸主体が社会的ルールに従う「遂行方法」を知っているからである。しかも、彼らは意識的にルールに従う必要はない。

各個人がルールに従って行為する限りにおいては、各自がルールをはっきりと自覚している必要はない。ルールとは明文化すればこういうものだという論述内容の知識をもっていなくても、ルールに従ってどのように行為するかという遂行方法の知識をもっていれば、それで十分である。(Hayek, 1973, 99)

とはいえ、諸主体が社会的ルールに従うことで「うまくやってゆく」とすれば、次のような問いが発せられることになる。社会的ルールは、どのような特徴や属性によって、その機能を果たすことができるのか。これは、社会的ルールの本性についての問いである。すなわち、社会的ルールとは何か、社会的ルールはいかにしてその機能を果たすのか、ということを問うものである。これに対する簡潔な答えは、社会的ルールとは社会的知識を体現するものだということである。

社会的ルールの本性：知識の体現

知識が何であるとしても、それが存在し伝達可能となるのは、それを宿し体現する物的形態、媒介物、あるいは容器がある場合だけである。この容器となりうるのは、たとえば、心、新聞、書籍、天気予報、あるいはまた社会的ルールといったものであろう。ハイエクが関心をもっている二つの容器は、疑いもなく心と社会的ルールである。心は次章の主題なので、ここでは社会的ルールに注意を集中することにしよう。ハイエクはある箇所で次のように書いている。

> このような［市場社会のような］自生的形成物のなかに体現されているのは、自然を支配する一般的法則についての知覚である。こうして、行為の道具と形態のなかに経験が累積的に体現されることを通して、明示的な知識、すなわち、人から人へ言葉によって伝えることのできる、系統立った一般的ルールが成長してくるであろう。(Hayek, 1960, 33)

ハイエクは、ごく稀にしか「体現される」という用語を使用していないが（たとえば、1973, 119; 1960, 157)、その考えは多くの箇所で繰り返されており、とくに一九六〇年（第二・三章)、一九七三年（第一章)、そして一九八三年（19–20）の各著書においてそうである。ハイエクが記述しているのは、諸主体が新しいルールを発見したり、既存のルールを修正したりしながら、それらを行為の基礎として用いる、試行錯誤の歴史的・進化論的な過程である。行為が成功する場合にはそのルールが選択され、行為が成功しない場合にはそのルールは選択されない。ハイエクの進化論的アプローチの功績（オーストリア学派の内部では、現在これ自体についての論争が行なわれている[8]）とは無関係に、試行錯誤の過程を経て、成功する行為を促進するがゆえに一定のルールが利用されるようになり、利用されることによってそれらのルールが持続する、というのが要点である。

ルールがこのような機能を果たすことができるのは、それらが社会の集合的英知を体現しているからである、という点を理解することが重要である。ハイエクが述べるように、

> 一般的な目的をもつすべての道具と同様に、ルールが役に立つのは、それに助けられて……社会の成員が……その目的をより効率的に追求することができるようになるからである。……それら［ルール］を形成した知識は、……一定の問題状況が繰り返し生じるという知識である。(Hayek, 1973, 21)

ルールによって個人の行為を導くことで、……だれも全体としては所有していない知識の利用が可能になる。(Hayek, 1973, 49)

たいていの知識は……学習された伝統を選り分ける持続的な過程のなかで……獲得される。……伝統とは選択過程の産物であり、それによって、だれも知ることなく意図することもなしに、それに従う人々の繁栄が助長される。……慣習や道徳を形成する選択過程は、諸個人が知覚しうる以上の実際的事情を考慮に入れているのであって、その結果、伝統はある点で、人間理性を超えるものであり、それよりも「賢明である」といえるだろう。(Hayek, 1988, 75)

ルールは知識を体現するものであるという考えは、ハイエクに特有のものではない。すなわち、制度派経済学者はずっと以前から、ある指導的思想家が「制度の情報機能」(Hodgson, 1993) と呼んでいるものについて知っていた。ハイエクのルールは、制度の一種なのである。

制度は一組のルールと行動規範とを確立し、生み出す。これらは、部分的には習慣によって固定化されるが、しかしまた、概して暗黙のうちにあるいは法的に支持される、社会的な受容と順応によって固定化される。これらのルールや規範は必ずしも破られないものではない。重要な点は、諸主体がそれに助けられて、他の主体が行なうかもしれないような行為を推測することができるようになるということである。決定的な点は、ルーティンも公式の制度も、多かれ少なかれ人間行為の固定化されたパターンを確立することによって、他の主体に対して実際に情報を供給するということである。……［それらは］他の主体がしそうな行為に関して、多か

れ少なかれ信頼できる情報を提供することによって、決定や行為を可能にするのである。(Hodgson, 1993, 10)

習慣、ルーティン、および制度は、安定的で不活発な性質をもっており、時間が経過してもそれらの性格をずっと維持し、そのまま先に進む傾向がある。……［それらは］このようにして、知識、とりわけ熟練に関連する暗黙知を保存し、時間が経過してもそれらを伝達するベルトとして働くのである。(ibid., 7; また Hodgson, 1988, ch. 6 も参照せよ)

ホジソンによる制度の性格規定と、ハイエクによるふるまいの社会的ルールとの間の類似性を調べることは、興味深いことだが、本書の主旨に沿うものではない。注意すべき点は、制度やルールが、知識や情報に関わる機能をもっているということである。それらがこのような機能を果たすことができるのは、過去の(相対的に成功した)行為によって生み出され、したがって有用であることがわかっている知識や情報が、現在諸主体が従っている制度やルールのなかに宿り、体現され、あるいは組み込まれているからなのである。(9)

無知のパラドックス

ハイエクによれば、社会的ルールは社会の集合的英知を体現するものであるから、そのルールに従う「遂行方法」を知っている主体は、概して成功する行為を行なうことが可能となる。しかし、(a)「論述内容」の知識、すなわち一連の事実についての知識と、(b) 無知とは、精密にみてこの分析のどこに入るのであろうか。諸主体が「遂行方法」は知っているが「論述内容」は知らないというとき、彼らは行為することはできるが、同時にある意味で無知である。彼らは、知識をもっていると同時に無知であるというパラドックスの状態にある。

二つの方法で、このパラドックスを解くことができる。第一は、パラドックスは存在しないと主張して、研究を省略する方法である。第二は、無知の諸現象をより綿密に調べて、ふるまいの社会的ルールとは真に何であるのか、それらは実際にどのように機能するのか、ということをより深く理解するように導く方法である。

最初に、パラドックスは存在しないという主張について考えてみよう。われわれは、諸主体はつねに知識をもっており、概してどの社会的ルールに従うべきか（「遂行方法」）をつねに知っているという意味で、彼らはけっして無知ではないと主張できそうである。社会的ルールによって、諸主体は「遂行方法」の知識を入手することができる。そのようなわけで、これはもちろん真である。もし諸主体がルールについての知識をもっていないならば、彼らは社会的行為を開始できないであろう。そこで、このような意味で彼らは知識をもっており、無知ではないのである。

とはいえ、これは物語の半分でしかない。そして、そのようなものとして、あまりにも多くのことが語られないまま残されており、とりわけ無知に関してそうである。この見方によれば、諸主体は何について無知なのか。諸主体は、ある事柄、ある事実、ある知識（「論述内容」）に関する知識をもっている一方、彼らが知らない他の一連の事柄が存在している。諸主体は「遂行方法」を知っているのだから無知ではないと主張することは、彼らは何について無知なのかという問いを単純に無視し、その過程で無知の現象全体を投げ捨てるのであるが、これはハイエクがそうすべきではないと熱心に提唱していたことである。さらに、パラドックは存在しないという主張に満足して研究を休止すれば、まさにルールがその機能を果たすことができるのはどのようにしてなのか、ということはけっして解明できない。研究は、それが真に始まる前に終わってしまうことになる。

パラドックスを解決するもうひとつの方法が要求するのは、われわれは「自分たちが知らないルールに従う能力」(Hayek, 1962, 45) をもっているというハイエクの言明のなかの、「知らない」という言葉が何を意味しているのかということを、精密に述べることである。諸主体は何かについて無知であると思われる。問題は、彼らの無知の本性は何かということである。

ハイエクは、諸主体がルールを名指しすることができないという意味で無知であるとか、ルールにともなって生じる事柄や、自分が従っているルールに従う理由について簡単に論評することさえできないという意味で無知であるとか、そういう表面的な問題に関心をもっているわけではない。むしろハイエクは、諸主体が社会的ルールを知ることを妨げる三つの、より基本的な障害について述べているのである。

第一に、諸主体は、ある形式の道具的に合理的な最適化計算を行なうのに必要な、多数の特殊な事実について無知であるという意味で、知識(「論述内容」)の範囲に関して無知である(Hayek, 1973, 13, 30)。とはいえ、この場合には、知らないということは克服できないものではない。すなわち、無知は根源的なものではない。ここでのルールは、ニイリが「実際的な省略」と呼ぶものであり、それによって知識は、「おそらく便宜性は犠牲にせざるをえないが、原理的に、純粋に論述的な仕方で伝達されうるであろう」(Nyiri, 1988, 23)。

第二に、ルールを知らないということが意味することの一部は、概して普通の主体は、一定のルールに従うことによって社会全体にもたらされる(いわゆる)利益を予見できないという事実と、密接に関係している。諸主体は、伝統という形態で伝承されたルールに従うが、彼らは、そのようなルールの形成にいたる進化の歴史全体を知るという意味において、そのルールを知ることはおそらくできないであろう。したがってハイエクは、「拡張された秩序」という用語を、次のような事柄に関係するものとして記述している。

われわれの理解、願望、目的や感覚知覚の射程をはるかに凌駕するもの、そして、個人の頭脳や単一の組織で

は所有も発明もできない知識を組み込むとともに生成させるもの。(Hayek, 1988, 72)

このようなわけで、ハイエクは、「われわれが服しているルールや慣習の意義や重要性を、われわれはほとんど理解していない」と書くことができるのである。

第三に、社会経済システムの内部に存在する知識の全体は、ひとつの場所に集めることはできないし、また単一の主体が知りうるものでもない。なぜなら、この知識は分散しているだけではなく、社会的にのみ知られるものだからである。たとえば、自動車製造のさまざまな側面について多くのことを知っている個人はいるけれども、複雑に込み入った全体のなかで自動車を製造する方法を知っている者はだれもいない。このことは、労働や知識の分業以上のものを意味している。そこで示唆されているのは、自動車を製造する方法についての知識は、自動車工場の制度的構造のなかに、すなわち総体のレベルにおいてのみ体現されるということである(10)。

ハイエクがゲーデルの定理を社会的世界に適用するさいに考えているのは、おそらくこのようなことであろう。

自生的秩序は……どのような個人にも手の届かない情報処理能力をもっている。……このような能力をもっている唯一の制度は制度それ自体であり、制度を内省的方法で利用することはできないのである。(Eriksson, 1993, 20)

すなわち、社会経済システムのなかに存在する知識の総体は、このシステムを包含する制度のなかに存在し、暗黙のうちに主体の心に組み入れられているものを含んでいる。この場合、社会経済システムそれ自体よりも小さなシステム(たとえば、人間主体あるいは諸主体といったもの)が、知識の総体を入手することはけっしてできない。

前述の第二点および第三点で論じたようなタイプの知識は、ニイリが「実際的知識」と呼ぶものである。実際的知識とは、「いかなる意味においても、……あらゆる知識の基盤となる……命題で表現されるような種類の知識に解消することができないと思われる」知識である（Nyiri, 1988, 23）。

ハイエクは、諸主体が無知なのはさまざまな形態における「論述内容」の知識についてである、と主張しているようにみえる。とはいえ、この種の無知が主体の行為を妨げないのは明らかである。なぜなら、彼らはルールに従うさいの「遂行方法」を知っているからである。

そこで、ルールに従っている主体が「遂行方法」は知っているが「論述内容」は知らない、ということが示唆しているのは、ルールは「論述内容」を知ることを不要にするという含意である。人が「遂行方法を知っている」ならば、「論述内容を知っている」必要はない。ハイエクによれば、ルールを採用することによって、「われわれは、特定の問題が発生するたびごとに、それらを考慮するという煩わしさを省くことができる」（Hayek, 1967a, 40）。ルールは、「考慮する必要がある特殊な状況のリストを縮減するのに役立つ」（Hayek, 1964, 11）。

ルールは一連の知識（「論述内容」）の入手を不要にするという命題が正当と認められるのは、ルールに従う主体が世の中で行為することができ、しかもルールによって促された行為の後でも、以前もっていなかったのと同様に、知識（「論述内容」）をもっていないということが示される場合である。われわれは、一組の暗黙のルールを利用して自転車に乗るのに成功した後でも、それ以前と同じ程度に、力学の法則については知らない。同じように、われわれは、一組の社会的ルールを利用して社会的行為を開始するのに成功した後でも、以前と同様に、社会の「法則」については知らないのである。われわれは、ルールに従う方法を知っているにすぎない――もっとも、多少うまくこれを行なう方法を知るようにはなるかもしれないが。

根源的な無知と根源的ではない無知、知識を獲得する可能性、そしてそれぞれの場合に行為を開始する能力について考えてみよう。無知の状態にあるということは、潜在的には、行為を開始することが不可能な状態にいたるかもしれないということである。この状態は二つの方法で取り扱うことができるであろう。

(1) 無知が根源的なものでないならば、諸主体は図書館のような公的な制度を利用して、彼らの状態を、無知の状態から知識の状態に変化させ、不可能な状態から可能な状態に変化させることができるかもしれない。

(2) 無知が根源的なものであるならば、公式の制度を通じた学習は不可能である。とはいえ、われわれは、社会的ルールを利用することによって不可能な状態を克服することができる。重要な点は、可能な状態に変化するとはいえ、無知の状態は持続するということである。

明白なのは、ルールを利用するのに成功した後、主体はそのルールを介して、行為を実行することができるということである。この場合、ひとつの変化が生じている。しかし、変化は行為を行なう能力にあるのであって、保持される知識のストックにあるのではない。したがって、主体が社会的ルールに接するときに知識に生じる変化は、公式の制度が利用されるときのそれとは異なっている。公式の制度を利用するときには、「論述内容」についての主体の知識ストックが数量的・加算的な仕方で増加する。ルールに従うときには、「論述内容」についての主体の知識はまったく増加しないかもしれない。変化の本性は、主体がいままでは「遂行方法」の知識をより巧みに扱っているという意味で、質的なものなのである。ハイエクが次のように記すとき、真に考えていたのはこれであった。

このようにして、もし法のおかげで個人が自分自身の知識に基づいて効率的に行為することができ、そのために個人の知識に付加するものがあるとするならば、法はまた、知識あるいは過去の経験の結果、すなわち人々がこれらのルールのもとで行為する限り利用される知識を体現しているのである。事実、共通のルールのもとでの諸個人の協調は、一種の知識の分業に基づいている。（Hayek, 1960, 157, 強調は引用者）

明らかにハイエクがいっていないのは、法やルールに従うことによって、ある主体がなんらかの方法で他の主体の所有する一連の事実を知ることができる、ということである。彼らは、これらの事実については依然として無知のままなのである。ハイエクがいっているのは、ルールに従うことは、諸主体が「他の主体から期待できること」（Hayek, 1960, 160）を知るという目的に役立つ、ということである。ライルはこの問題について、簡潔に次のように述べている。「ルールを知るということは……一片の追加情報を所有するようなことではなく、聡明な処理ができるようになるということである」（Ryle, 1945, 7, 強調は引用者）。ルールを知ることによって、「一片の追加情報」の入手は不要になる。もちろん、ルールに導かれた行為を行なう主体は、ルールをより巧みに扱うという意味で、すなわち「遂行方法」をより深く知っているという意味で、より多くの知識を所有しているが、重要な点は、彼らが「論述内容」の知識を、どのような形態においても「一片」たりとも追加していないということである。

ハイエクが論じているのは、このようなルールに依拠することによって、主体は進化する社会の集合的英知を利用し、それによって社会経済的活動を開始することができるが、彼らはけっして、このような集合的英知を知ることも明文化することもできないということである。彼らは知識をもっていると同時に無知でもあるが、このパラドックスはいまや解決されることになる。すなわち、彼らは「遂行方法」の知識はもっているけれども、同時に「論述内容」の知識という点では根源的に無知なのだということを認めることによって、解決されるのである。かくして、ハイエクは次のように記すことができる。

> これらの抽象的ルールが行為のなかに規則的に観察されるということは、そのルールを伝達しうるという意味で個人がそれを知っているということを意味しない。……人間が意識的抽象化の力を獲得したときでさえ、おそらく人間の意識的な思考と行為とは、なお非常に多くのこの種のルールに導かれるのであって、人間はそのルールを定式化することができないままそれに従うのである。（Hayek, 1960, 149）

別の箇所で彼は、「われわれは、設計されたものではないルールと慣習とに服しているが、その意義と重要性をほとんど理解していない」と述べ、さらに追加して、「われわれのふるまいの適切さは、なぜそれがそうであるのかについてのわれわれの理解には必ずしも依存しない」と述べるのである（ibid., 63-64）。

ルールが必要であるとともに操作的でもある場合の事情

知識のタイプと無知の本性との間の差異について詳細に論ずることによって、ルールの本性についてのいっそう深い理解が可能になる。さらにそれは、一方ではルールが必要である場合の事情、他方では操作的になるかもしれない場合の事情を明らかにする。ルールはもっぱら、（a）（事実上）根源的に無知である事情のもとでは必要であり、その場合には、諸主体は「論述内容」を知ることはできない。ルールは、（b）諸主体がルールを選択して従う「遂行方法」を知っている場合には、操作可能である。

いいかえれば、根源的な無知を認識することによって、社会的ルールの必要性が明らかになり、さまざまな種類の知識を認識することによって、ルールが用いられる仕方が明らかになる。ハイエクは、根源的な無知が行きわたっていることと、行為を容易にするルールとの間の関連について説明している。

自生的秩序を維持するさいに抽象的ルールに頼る必要が生じるのは、無知と不確実性の帰結である。……そしてルールの施行は、……特定の場合にわれわれが所有していない知識のたんなる代替物としてそれらを取り扱うのでない限り、……その目的を達成するであろう。(Hayek, 1976, 8, 127)

ハイエクの主張の衝撃を私が真に十分に受け止めるようになったのは、ライルを読んだ後である。そして私は、これこそがハイエクの見解の源泉であると推測している。ライルは、「遂行方法」を知ることは「論述内容」を知ることには還元できないし、またいかなる場合にも、劣った知識形態とみなされるべきではない、と強く主張している。彼は、次のような公準をおく「主知主義者の説話 (intellectual legend)」の支持者たちを攻撃する。

彼らは、この内的な影の行為こそが外部に現れた行為に通常帰属させられている知能の真の担い手であると仮定し、そして、このように仮定することによって外部に現れた行為を知能の表出たらしめるものは何かということが説明されると考える。(Ryle, 1949, 50, 訳六〇頁)

内的な影の行為とは、(主知主義者の説話によれば) 主体が行為を開始する前に心のなかで実行する、規律命題のアルゴリズムないし組み立てのことである。もちろんこれは、まさに経済人が行なっていると推定されるものである。ライルはこれを拒絶し、行なうことと行なうことについて思考することとは、統一されていると主張する。彼は次のように述べている。

たとえば機知に富んだ人が冗談を言いそれを楽しんでいるとき、彼が依拠している格率ないし規準は何かと尋ねるならば、彼はその問いに答えることはできない。彼はいかにして機転のきいた冗談を言うか、あるいはまたいかにして下手な冗談を見分けるかということは知っているが、その処方を他人のみならず自分自身に対してさえも告げることはできない。……〔諸主体は〕議論を構成するに先立って議論を企画するというようなことはしない。実際、もし考える前に何を考えるべきかということについて企画を立てなければならないとすれば、そもそも思考などというものは存在しえないことになるであろう。なぜならば、その企画作業自身は企画されえないからである。効果的な実践が実践のための理論に先行するのである。(Ryle, 1949, 30, 訳三〇‐三一頁)

行なうことと思考することとは、ルールに従うという実践のなかで、すなわち実践を通して学び取らなければならない高度な熟練のなかで統合される。このように捉えることによってハイエクは、主体性についての洗練された考え方を採用することができるようになった。第5章で述べたように、ハイエクⅡも経済人の道具的合理性を拒絶するが、それに代わるものをもっていなかったために、この拒絶を生かすことができなかった。これと対照的に、ハイエクⅢのようにルールを理解することによって、彼は手続的合理性として記述されるような主体性の理論を採用することができるようになった。ハーグリーヴズ‐ヒープは、次のような根拠をもつものとして手続的合理性を定義している。

ルールと規範の網のなかに個人を位置づけ、そのルールと規範が、個人の立場に関連して期待される行動を規定すると考える社会科学の伝統。このヴィジョンによれば、個人はルールに従う者として、すなわち行為のための規範、処方あるいは手続きに従う人間として描かれる。……それによって個人は、純粋に道具的な計算の

なかには現れないような、還元不可能な社会的存在となる。（Hargreaves-Heap, 1989, 4）

行為を開始する前に主体が頭のなかで実行するとされる、規律命題のアルゴリズムや組み立てといったことは、実際には行なわれない。このことが意味するのは、それによって経済人がまがいものとして拒絶されるということである。ハイエクの理解によれば、認知心理学によって、新古典派理論が支持する道具的合理性の前提は根拠がないという主張が確証されるだけではなく、ここで提出された代替的な概念把握、すなわち手続的合理性という概念把握が確証されるのである。

第8章　ルールとルール遵守を支える認知心理学

人間は目的追求的な動物であるとともに、ルール遵守的な動物でもある。そして、人間が成功しているのは、……人間の思考や行為がルールによって支配されているからである。人間が部分的にしか知らない世界においてうまくふるまうという問題は、こうしてルールを固守することによって解決されてきたのである。（Hayek, 1973, 11, 18）

前章では、（さまざまな種類の）無知と知識に注目することによって次のことを明らかにした。すなわち、社会的ルールは、社会の集合的英知としての知識が体現されたものである。それは、知識をもっているときには、適切な知識の発見・伝達・貯蔵を容易にし、また、知識をもっていないときには、主体が無知をうまく処理することができるようにする。本章では、さらに二つの方向へ進むことによって、ルールをより深く考察する。第一に、社会的ルールをより具体的な社会的文脈のなかにおき、いかなる種類の社会的ルールが存在するか、また、それらが果たす社会的機能は何かを明らかにする。第二に、主体がこうした社会的ルールを内面化できるのは神経過程を通じてであるが、そうした過程を構成している認知ルールについて詳しく説明し、それによって、ルールに従う「遂行方法」を知る過程が、実際にどのように機能するのかを説明する。これらの主題は、「思考や行為がルールによって支配されている」（Hayek, 1973, 11）というハイエクの主張を認めるものであるが、そのためには、認知心理学に関するハイエクの著作について議論することが欠かせない。(1)

ルールに関する予備的なコメント

一九六〇年以前に、ハイエクが「ルール」という用語に言及したことはほとんどない。事実、ハイエクは『感覚秩序』（一九五二年）ではこの用語をまったく用いないで、認知心理学について論じようとしている。『自由の条件』（一九六〇年）において、彼はルールという用語を使いはじめたが、ほかの言葉は添えられていなかった。一九六二年に、彼は言葉を付け加えて、「行為のルール（rules of *action*）」という成句を使っている。一九六七年までに、彼はこの成句を「ふるまいのルール（rules of *conduct*）」に置き換え、その後の著作でこれを使い続けている。私は、ここにはたんなる意味論以上の問題があると考える。

一九六七年の論文のサブタイトル「個人のふるまいのルールと行為の社会経済秩序の間の相互作用」から判断すれば、ハイエクはいまや、個別主体が従うふるまいのルールと、その結果として生ずる社会経済的行為の全体的なパターンや秩序を明確に区別している。ふるまいのルールとそれらが促進する行為は、したがって異なる種類の事柄である。これは重要な含意をもっている。

ハイエクは準超越論的実在論者として、多層化された存在論を受け入れている。それによれば、事象／行為は深層構造によって支配されており、さらに、経験される事象／行為は、概してこれらの構造と位相が異なっている。

事象／行為（経験的領域および現実的領域）とふるまいのルール（深層領域）とを区別することによって、ハイエクは、整然とした規則的な行動のための条件を認識することができたが、結果として生ずる行為が完全に規則的であるということを受け入れる必要はなかった。したがって、彼は、諸個人の規則的な行動が、この諸個人の集団の結合された諸行為のなかに、全体としての社会経済秩序を自動的にもたらすわけではない、という事実を許容することができた。「ふるまいのルール」という用語への切り替えが強く示唆しているのは、彼がルールを深層構造として、また行為をこれらの構造によって促進される事象として認識していたということである。

ハイエクはルールを次のように定義している。

> ルールという用語は、個人のふるまいの規則性が記述されうる言明のために使われる。その場合、諸個人は通常それに一致するように行為するだけで、そうしたルールが個人に知られているか否かには関わりがない。（Hayek, 1967b, 67）

しかし、ベームは次のように述べて、「ルール」という用語の使用においてハイエクはあいまいであると指摘している。

> 彼「ハイエク」はときに、たんにふるまいの規則性を記述する言明としてルールを捉えることがあるが、彼が通常意味しているのは、適切な行為の方針を決める処方箋のことである。（Boehm, 1989）

だが、おそらくハイエクが考えているルールとは、行為の処方箋であると同時に、規則性に基づくものであろう。

とはいえ、ハイエクが考えている規則性とは、行為をふるまいのルールのたんなる随伴現象としてしまうような、完全な規則性と呼びうるものではない[2]。たとえば、完全な規則性は、労働要素の価格が上昇するときにはいつでも、それは別の要素により代替されるといったケースでみられるものであろう。もちろんハイエクは、社会的世界ではこの種の完全に規則的な行動は生じないということを十分に承知している。事実、一九五五年と一九六一年の論文は、この問題をかなり詳細に論じている。しかし、社会的活動はある程度の規則的な行動を示すという事実がなければ、心はそれを行動の一形式として認識することもできないであろう。ハイエク自身、次のようにいう。

われわれの五感が事象のなかに繰り返し現れるなんらかのパターンや秩序を識別した後に、はじめて疑問が生じるであろう。(Hayek, 1961, 23; また 1962, 45; 1952, ch. 5, and 176 も見よ)

いいかえれば、主体が他者の行為を理解し、その(あるいは類似の)行為を自ら行なうことを学ぶのは、彼らが相対的に規則的な行為の存在を感知することができるからである。そしてこの行動が相対的に規則的であるのは、ハイエクが主張しているように、それがルールに導かれているからである。ひとたびそのように理解するならば、ベームの主張とは反対に、ハイエクがルールを相対的な規則性に関する言明として扱うと同時に、行為の処方箋としても扱うということに、なんら矛盾はないことになる。

ハイエクは、社会が三つの類型のルールについて知っていると論じている(Hayek, 1970b)。

(1) 設計主義的ルール。これらは人間によって熟慮をもって創造され、維持されているルールである。

(2) 自生的な、暗黙的に知られ遵守されている、非公式的ルール。これらは、人間社会において無意識的に進化してきたルールである。たとえば、フェアプレーあるいは正義のルールである。注意すべき点は、これらのルールはいわゆる大衆文化のなかに入り込んでおり、記録されることも、明示的に知られることもないということである。

(3) 自生的な、非暗黙的に知られ遵守されている、公式的ルール。これらは、(2)に由来するが、正式に記録されたものであり、たとえば契約の履行などがそうである。

第二のタイプのルール、すなわち、自生的、非公式的なタイプのそれは、ハイエクの著作で主要な関心が払われており、私がここで考察する唯一のものである。ハイエクは、さらに自生的、非公式的ルールを、ふるまいのルール、認知ルール、そして心の超意識的ルールという三つの分類項目のもとに、それぞれ異なる種類のものとして位置づけている。これらはすべて、認知心理学に関する彼の著作において取り扱われている。以下、これらについて順番に論じるつもりだが、それらは統一的な全体を形成しているのであって、解説のためにのみ別々に扱っているのだ、ということを理解することが重要である。

ふるまいの社会的ルール

以下の議論は、たしかに認知心理学の観点からなされているものの、社会的ルールは心に起源を有すると誤って考えるべきではない。ふるまいの社会的ルールは、ただ社会的なものである。ふるまいの社会的ルールは学習（認知）プロセスを通して主体によって一般に内面化されるけれども、それらはたんに心の内部のものでも、心に所属するものでもない。それらは、特定の主体がその存在を同定するかどうかに関わりなく存在する。ホリスがいうように、ふるまいの社会的ルールは「各行為者の外部に存在するが、それにもかかわらず、それに従いうる全行為者の内部に存在するのである」(Hollis, 1987, 145)。構造としてみれば、ふるまいの社会的ルールはハイエクⅡが論じた「構造」とは異なっている。というのも、ハイエクⅡにとって「構造」(ハイエクⅡはもちろんルールに言及していない)とは、たんなる想念であり、まさに心のなかにあるものであって、(観念的なそれとは正反対の)実在的な存在を欠くものだからである。

さらに、ふるまいの社会的ルールはたんに行為を制限するだけではない。それらは概して行為を可能にする。あるルールがある方向の行為を禁止するときでさえ、通常、その制限は引き続き行なわれるあらゆる行為の成功率を増加させる。たとえば、交通法規のルールのおかげで、自動車の運転手は実際にどのルートをとるかをあらかじめ決めないでも、調整のとれた仕方で運転することができる。ある特定のルールが、たとえば、赤信号が点灯しているときに前進することを禁止しているとしても、それによってはじめて、多くのドライバーは調整された行為をうまく始めることができるのである。交通ルールが必要なのは、すべての運転手は他の運転手の時間的・空間的位置、そして、他の運転手の期待、計画、行為については無知だからである。

ハイエクによれば、ふるまいのルールとは、個々の主体が他の主体の行為を考慮に入れなければならないとき、行為を決定することを助けるものである。社会的ルールは、社会の本質的な構成要素なのである。どのような社会形態でも、それが多くの人々により構成されるものであれば、単一の主体が他のすべての主体の行為の意図を詳細にわたって知ることは不可能である。しかし、このことによって人間は無力になってしまうわけではない。なぜなら、人間は、他者の行動の大部分を相対的に予測可能なものにするルールのストック、すなわち、ハイエクが「知覚パターンのレパートリー」(Hayek, 1962, 51)と呼んだものに頼ることができるからである。

ハイエクは、暗黙のうちにルールに従うという問題についての他の哲学者たちの仕事を、生理学的・身体的行為から社会的領域にまで拡張する。彼は、「たとえば正義の感覚もまた、明確に述べることができるという意味で知っているわけではないルールに、私たちが従うことができるというような能力のなかに、存するのである」(Hayek, 1962, 45) と考える。これについて、一九七九年までにハイエクはより明確になっている。

われわれは、何百万もの諸活動の調整が依存する行為の秩序が、いかにそれ［われわれの道徳体系］によって維持されているのかを理解していない。そして、われわれの社会の秩序は、われわれがまったく不完全にしか理解していないルールの伝統に負っているのだから、あらゆる進歩は伝統に基づかなければならない。(Hayek, 1979, 167)

暗黙的に理解され、無意識のうちに遵守されるルールは、しばしば慣習ないし習慣という形態で存在する。それらは特定の行為について言及するものではなく、抽象的・一般的なガイドラインとみなされなければならない。

それらはしばしば、選択が意識的になされる可能性の範囲を決定ないし限定するであろう。ある種の行為をすべて消去し、目的を達成する定型的な方法を提供することによって、それらは、そのうえで意識的な選択が要求される代替案をただ制限するのである。

たとえば、人間の本性の一部を形成するようになった道徳上のルールが意味することは、ある種の考えうる選択は彼が選ぶ可能性のなかにまったく現れないであろう、ということである。……個人の行為を導くルールは、彼がするであろうことよりも、むしろ彼がしないであろうことを決定するとみたほうがよいであろう。

（Hayek, 1962, 56）

ある主体が不正直から利益を得られるような状況に直面したとき、「フェアプレー」のルールが介入する可能性がある。ある主体は、おそらくその理由を明瞭に意識することができないまま、フェアプレーのルールは守られる「べきである」ということを知るであろう。

ルールは、それが守られるとき二つの目的を果たす。第一に、ふるまいの社会的ルールから逸脱するものは、彼以外の社会から拒絶される可能性がある。第二に、そうしたルールを遵守しなければ、外的な対象、事象、人々の行為の範囲に対して自らを適応させることができない世界に入るため、「もっとも恐ろしい事象を解き放つ」かもしれない。

ルールというものを当てにすることができるのは、人がルールに従ってゲームをしている間、すなわち、その結果がおおよそ予測できるような行為を行なっている間のみである。……人が確立された手続きを守っている限り世界はかなり予測可能であるが、人がそれから逸脱するとき世界は恐るべきものになる。（Hayek, 1976b, 80–1）

主体がルールを守る第二の理由は、より重要である。主体がルールに従うのは、不確実性を最小化し、そうして成功する行為に従事する見込みを高めるためである。バトラーによれば、行為のルールが「われわれに与えるのは、いかに行為すべきかについての即時的かつ無意識的な要約である」（Butler, 1983, 23）。

知覚のルール

ハイエクがきわめて明確にしているのは、行為がルールによって導かれる場合、すなわち、神経系が「パターン遂行器」として作動する場合に加えて、主体が他者の行為をルールによって導かれているものとして認識したり、知覚したりすることができる場合、つまり、神経系が「パターン検出器」として機能する場合もあるということである（Hayek, 1962, 45）。ハイエクによれば、これらのルールもまた、典型的には主体がそれらを意識しないのに存在しているのである。「われわれが述べることができないルールが、われわれの行為を支配しているだけではない。それらはまた、他者の行為に関するわれわれの知覚をも支配している」（ibid.）。

ハイエクは、以下の理由で、知覚のルールという概念を付け加える。彼が『感覚秩序』でそうしているように、純粋に身体的な行為（すなわち、運動反応）を論じるときには、物理的刺激と身体的反応が存在するような状況について詳述するだけでよい。しかし、（一九六〇年以降に彼がそうしたように）議論を身体的反応から社会的行為へ移動させるときには、別の次元を含めなければならない。刺激と反応の間には認知の別の位相、すなわち知覚が存在する。主体は、適切な反応を開始する前に、受け取った刺激の意味を「理解（*verstehen*）」（ibid., 58）しなければならない。したがって、主体は熟達した行為者であるだけではなく、熟達した知覚者でもある。いかに行為するかを学習することが熟練であるだけではなく、いかに他者の行為をある種類ないし等級の行為として知覚するかを学習することもまた、熟練なのである。

しかしながら、まったく同一の状況は二つとないので、たとえ主体が他者の行為をある種類の行為として認識することができるとしても、よりいっそう正確であるべきことが要求される。たとえば、ある特定の身体的運動が「手を振ること」として知られるある種の行為の一部だと知覚することと、これがまた「だれかへの挨拶」として知られるある種の行為の一部だと知覚することとはまったく別の事柄であるし、また、それが「温かい」挨拶なのか「冷たい」挨拶なのかを見分けられることともまったく別の事柄である。

人はジェスチャーや顔の表情のようなサインを、悲しい、幸福である、押しが強いなどとして見分け、それらに反応するだろう。だれかが泣けば、たとえその理由が分からないにしても、われわれはこのような行動が悲しみのサインだということを理解するであろう。ハイエクはこれらの現象について言及するとき、サピアの一節を用いて、そうした事象の構造を、「だれにも知られていないが、すべての人々によって理解されている」(Hayek, 1962, 45) ものとして分類している。いいかえれば、反応が開始されうる前に、観察された行為の集合に意味が帰属されなければならない。あるいは、人はルールに従う前に、どれが適切なルールであるのかを知らなければならない。

他人の行為をルールに導かれたものであると知覚することは、きわめて複雑な企てである。それは、パターンを同定し、それらを模倣し、それらを内部化し、行為ないし知覚を時間・空間を越えて移動させる能力を必要とする。模倣が、そして行為が可能となる前に、主体はある行為を同定しなければならないけれども、そのうちのいくつかは、以前にはけっして観察されなかったものであろう。しかしながら、現象がまったく新奇なものであることはありえず、むしろそれらは過去に経験したことのあるなんらかの現象に似ている可能性が高い。

異なる感覚要素からなる諸パターン間に対応関係を認識するということは、感覚パターンの移転メカニズム、すなわち、抽象的な秩序ないし配列を識別する能力をある場 (field) から別の場へと移転するメカニズムを前提としている。(Hayek, 1962, 49)

複数の場の間の移転ということでハイエクが意味しているのは、片方の手で身につけた熟練は他方の手に移転されるということ、あるいは、猿は光のシグナルに反応する能力を音のシグナルに反応する能力に移転することなどである。あるひとつのフォーマットで学習されたパターンが他の形式へ移転されうるとすれば、パターンが認識されるにしても、それは異なるフォーマットにおけるものである。ここにおける場とは、特定のパターンを意味あるものとするために抽象的なパターンが使用される領域である。しかし、ハイエクはさらに先へ進んで、次のような議論をすることを望んでいる。すなわち、感覚的要素を分類するのは脳の能力であり、それによってさまざまなパターンが、たとえ以前にけっして経験されなかった場合にも、「同じ種類のもの」として認識されるのである。

ある場において、こうした属性をもつ配列が従う抽象的なルールを認識する能力が獲得されたときはいつでも、それらの抽象的な属性に対するサインがまったく異なる要素によって喚起される場合にも、同じ原型（master mould）が適用されるであろう。こうした抽象的な属性間の諸関係の構造を分類することこそ、パターンの同一性ないし差異性の認識を構成するものである。（Hayek, 1962, 50）

人間が、新奇性が日常的な事態であるような開かれた世界のなかに住まうとすれば、感覚的パターンを移転する能力はきわめて重要である。そのような状況のもとでは、あらゆる事象をカバーするための特定の社会的ルールをもつことは不可能であろう。むしろ、社会的なルールは抽象的かつ一般的である。感覚的パターンを移転する能力は、ルールによって導かれる他者の行為を知覚するための能力を高め、そうすることで、ルールに導かれる行為そのもののための能力をも高める。そのときまったく新しい事象のパターンが分類されうる。だがそれは、そのパターンがすでに存在している特定のルールによって支配されているからではなく、抽象的かつ一般的な行為のルール

（より正確には、一般的ルールの組み合わせ）がすでに存在しているところで、以前に観察された、いくつかのパターンにそれらが類似しているからである。

主体はそれまでに見たこともない行為を、一般的ルールに合致するものとして知覚し分類することができるし、そうすることで、それらへの反応として適切な行為を開始することができる。なぜなら、主体は類似する一般的諸ルールを自己の内部にストックとしてもっているからである。場を超えてパターンを移転する能力がなければ、主体はどのようなものであれ新奇な行動を知覚することはできないであろう。

知覚のルールとふるまいのルールの接合

ハイエクは、ある種の連続的なフィードバック過程というものを念頭においていたようである。それによって、知覚を導くルールはたえず行為を導くルールによって変形され、あるいはその逆のことが行なわれる。したがって、行為する能力とは、知覚のルールと行為のルールとの相互関連の結果である。つまり、因果関係が網全体あるいはネットワーク全体に存在するようなものである。

知覚を導くルールは、感覚（認知）要素を導くものとして言及されている。その一方で、行為を導くルールは、運動要素を導くものとして言及されている。もちろん、両者は社会的（あるいはそのためには物理的）行為にとって必要である。しかし、これら二種類のルールを衒学的に区別することによって、次の事実をあいまいにするべきではない。すなわち、これらの二つの次元が強く相互に関連しているため、「われわれはその全体をむしろひとつの連続的な流れと考えるべきである」（Hayek, 1962, 58）ということをあいまいにするべきではない。

> こうして、刺激の継続的な分類における第一歩は、それと同時に行為のルールの継続的な組み入れにおける第一歩と考えなければならず、ある特定の行為を最終的に詳述するさいには、それは、刺激の配列が属するルールに従って刺激を継続的に分類するという、多数の連鎖における最後の一歩と考えなければならない。（ibid.）

超意識的ルール

ハイエクは、ワイマーが（批判的実在論を思わせるような言葉で）「知覚や概念把握のような『高度な』認知現象の背後にあるメカニズム」、あるいは「深層的な概念構造（神経活動のパターン）」（Weimer and Palermo, 1982, 265–7）と呼ぶものを説明しようと試みている。ハイエク自身、「超意識的ルール」、「心的過程」、「超意識的秩序」、「超意識的母型」（Hayek, 1962, 60–2）、あるいは「上部構造による複合的分類」（Hayek, 1968, 45）など、さまざまな表現でそれに言及している。ハイエクは書いている。

> 意識的……思考は、それ自身意識されえないルール——意識の内容に対して作用する超意識的なメカニズムによって統制されていると仮定しなければならない。……意識がある状態でいるためには、心的過程が超意識的秩序によって支配されていなければならない。……われわれが話し……、意識的に考えることができることのすべては、その意味を決定する枠組み、すなわち、われわれを操作するルールの体系の存在を前提としている……。（Hayek, 1962, 61–2, 強調は引用者）

> すべての思考において、われわれは意識していないルールによって支配されて（あるいは操作されてさえ）いる……。（Hayek, 1964a, 87）

しかし、ここで問題が生じる。こうした心の超意識的ルールは、ふるまいの社会的ルールや知覚の認知的ルールとは異なる種類のものであるのか、それとも、たんに程度が異なるものにすぎないのか、二つの解釈が可能である。

(1) 心の超意識的ルールはふるまいや知覚のルールの拡張である。それは、種類において異なるのではなく、たんに程度の違いにすぎない。グレイはこの解釈を選んでいるようである(Gray, 1984, 23)。

(2) 心の超意識的ルールは神経系の神経的・生理的構造に関連しており、この意味で、それは行為や知覚のルールとは性質を異にする。クーカタスはこの解釈を選んでいるようである(Kukahtas, 1989, 53)。

一九七七年にハイエクは、この問題についてケストラーと論争している。ケストラーの考えでは、

焦点的意識の過程から、ほかのことに気を取られながら靴ひもを絞めるときのような周辺的意識の過程を経て、まったく無意識的な行為や生理学的過程に至るまで、意識には連続的な度合いがある。それは連続体である。ルールは当初は高度に意識的なものだが、いまや無意識的に作用している。……ルールは最初は精神の最上階を占め、いまや地下室のボイラー室に追いやられてしまっている。(Koestler and Smithies, 1969)

ハイエクの応答は次のようなものである。チェスのルールのような「学習されるルール(learnt rules)」(これによって、彼はおそらく意識的に学習されたルールを意味している)があることは否定しないが、もし学習されることのなかった追加的なルールが存在しないならば、学習を説明することはできないであろう、と。ケストラーはこれに「同意」して、次のように付け加えている。すなわち、知ることがしていることを知ることはできないし、見

ることがしていることを見ることはできない、と。そして、ハイエクもこれに「同意」している。この対話からは、階層に切断点があるように思われるという理由で、両者とも超意識的ルールをふるまいや知覚のルールとは異なるものとして理解している、という印象を受ける。

この問題について、ハイエクが真に意味していることを正確に理解することは難しいといわなければならないが、私が選択した解釈は次のようなものである。心とは、複数の分類装置からなるひとつの階層である。最初に特定のルールとして意識的に分類され、それからもっと低レベルの無意識へと「降下」してくる刺激もあれば、意識の段階を迂回して、その低レベルの無意識へと直接進む刺激もある。しかし、ある時点で閾値を超えると、ふるまいや知覚のルールが心の超意識的ルールになるようにみえる。ひとたびこの閾値を超えると、超意識的ルールは知ることができなくなる。種類の差は程度の差から創発する。ハイエクは問題をこのように説明しているわけではないが、超越論的実在論の用語法を借りて、超意識的ルールは行為や知覚のルールから創発するが、それらには還元不可能である、と主張することに無理があるとはいえないだろう。(3)

私がこの解釈を選択した理由は、『感覚秩序』においてハイエクが詳しく説明している認知過程の性質にある。精神の超意識的ルールをルールではなくメカニズムとして、つまり、ふるまいのルールの内面化を支配する神経系ハードウェアとして理解することを選択すれば、これらのメカニズムの起源という問題が生じる。ハイエクは、主体が生得的分類を具えて生まれてくると指摘しているわけではなく、むしろ、主体がいかに分類するかを学習するということを暗示している。主体が学習によってこのことを行なうのは、感覚経験を通じて相対的に規則的な行為のパターンを認識するためである。主体は、たとえば、ギターを弾くことを学習するように、現象を支配するルール(社会的ないしは物理的な)を意識的に学習するか、あるいは、言葉を話すことを学習するように、それを無意識的に学習する。いずれにしても、ハイエクにとっては、現象を支配するルールは結局、心の神経回路網に「配線される（hard-wired）」ことになる。現象を支配するルールのうち、内部化されて意識的に知られるものもある。一方、あまりにも深く無意識へと潜っているため、もはや意識的に知られないものもある。このとき、閾値は超えられて、ルールは超意識的なものになるのである。それらは、他の超意識的ルールと結合することで、他の外的な事象に対する主体の反応を支配する。超意識的ルールが神経系ネットワークに「配線される」という過程を通じて社会的ルールの学習が行なわれるが、これについては次の項で考察する。(4)

認知過程

外的世界で起こる事象は神経系を刺激し、神経繊維への新たなインパルス（impulse）を誘発する。この過程は無意識のうちに発生しているけれども、この事象と刺激はそれ自身としては精神に登録されず、たんに無視される。とはいえ、もしその事象とそれにともなう刺激が最小限度の規則性をともなって繰り返されるならば、何かが心に登録されはじめる。

ニューロン（神経細胞）は、神経繊維によって結合された他のニューロン群が形成する網のなかで、明確に定義された位置を占めはじめる。このニューロンの位置は、特定の機能的意味を獲得する。というのは、そのニューロンはいまや、他のニューロン群およびそれらが生み出す衝撃と区別されるとはいえ、それらと結合しているからである。ハイエクは、インパルスを媒介とするこの神経結合の形成を「連鎖（linkages）」と呼んでいる。神経網に進入してくるいかなるインパルスもこの連鎖に従う、あるいはハイエクがいうように「随伴（following）」を生み出す。

同じ事象とそれに続いて起こる刺激が経験されるたびに、同じ「随伴」が起こる。これが意味するのは、インパルスは同じルートをたどり、同じ連鎖を形成し、同じ随伴を生み出すということである。その結果、これらの事象

は同一のものとして分類される。ハイエクがいうように、

中枢神経系内を進むインパルス（やインパルス群）が心に対してもつ意義は、これらのインパルスが生じたことにより創り出される連鎖を通じて喚起される、随伴によって決定される。（Hayek, 1982a, 290）

連鎖の形成は、いまだわれわれが意識する心的事象の形成をともなわない。「いかなるものでも弁別が可能になる前に生じるのは、弁別を行なうためのある種の学習である」（Hayek, 1952, 104）。実際、心は過去の刺激の記録を、より正確には、新たに入ってくる刺激と比較するための刺激間の連想ないし結合の記録を積み上げている。それは、ある特定の刺激をあるなんらかの行為として分類することを学習する。

現在の刺激が神経系において登録され分類されるにつれ、インパルスはより低次の意識レベルへと「降下」する。これらのインパルスの機能は、

特殊な反応を引き起こすことはますます少なくなるであろうが、それと同時に到着する他のインパルスのみならず、環境に関して保持している心像がもたらす全体的状況の観点から、行動を修正し統制することがますます多くなるであろう。（Hayek, 1952, 112）

新たなインパルスは、刺激・反応系でただちに作動することはないであろう。そうであれば、これは突飛な行動を生み出すはずである。そうではなく、新たなインパルスは、主体が徐々に構築しつつある全体像に適合するかどうかをみるために、心によって精査されるであろう。したがって、適切な反応の選択には、ひとつの刺激に対して

ひとつの行為で応じることだけではなく、過去の連想の記録を利用することも含まれる。もちろん、こうした事例は社会的相互作用にも応用されうるであろう。

この連想の記録こそ、ハイエクが心の超意識的ルールについて書くとき、彼が意図しているものではないかと思われる。したがって、これらのルールは、生得的なメカニズムやハードウェアとして始動するものではなく、社会的活動のような外的事象が神経のネットワークに「配線」された結果、内部化されたものなのである。

ハイエクは、過去の連想の記録と新鮮な刺激の間の接合を明らかにするために、「モデル」と関連する「マップ(map)」というアナロジーを用いている。これによってハイエクは、いかに神経系が人間に対して物理的・社会的世界の道案内を行なっているかということを示すことができるのである。

マップ

ハイエクは、外的事象の構造とそれらが生み出す神経的事象（連鎖と随伴）の構造との間の関係を明らかにするために、マップというアナロジーを用いる。このマップはまったく不完全なものであり、急激ではないが、継続的な更新をともなうであろう。それは、不変なものではなく、緩やかに変化する諸構造の描像を与えるであろう。

> 異なる脳に形成される異なるマップは、それらのマップを相互に類似したものにするほど十分に類似した要因によって、限定されるであろう。……各個人のマップがつねに変化にさらされているというたんなる事実によって、実際には、二人の個人のマップが完全に同一であるという可能性は排除されている。(Hayek, 1952, 110)

マップのアナロジーは、より古い、過去のインパルスの分類を行なう神経のメカニズムについていわれているものである。これは、新たなインパルスによって動き出すが、現在の、あるいは新鮮なインパルスとは独立に存在している。それは、事象を意味ある物事の種類へと分類するが、それ自身では現在の環境にどう対処するかを教えない。それはどちらかといえば静態的なシステムであり、「任意の時点で発生するインパルスを評価するための『カテゴリー』」(ibid., 115) を与えるのである。

> 感覚経験はしたがって、ある種の貯蔵された「知識」の存在、感覚的インパルスが過去に引き起こした随伴に基づいて獲得された秩序の存在を前提とする。この知識は感覚経験に基づく。(Ibid., 166)

モデル

有機体は環境のなかを移動するので、過去の前感覚的な連鎖に基づくマップは、航行には不十分である。それ以上の何かが必要である。ハイエクは、「モデル」という新たなアナロジーを導入することで、この何かを説明している。マップのアナロジーのように、モデルのアナロジーは、インパルスの分類という役割を果たす神経メカニズムに関連している。しかし、マップとは異なり、モデルは新鮮なインパルスを処理する。モデルは動態的であり、(相対的にいえば) 静態的なマップを補う。

新たな経験はインパルスに翻訳され、連鎖の神経系で処理される。前感覚的な連鎖によって形成されるカテゴリーが用意されていなければ、現在の経験も簡単には処理されえないであろう。前感覚経験は、感覚経験がとる形式を決定する。

マップ上に形成される連鎖は、有機体をとりまく現在の環境について、あるいはすぐ先の将来についてさえ、適切な説明を与えない（すなわち、誤った予測を与える）こともしばしば起こる。有機体は、経験どうしが衝突する状態、すなわち、モデルにおける経験とマップにおける経験が互いに衝突するような状態にある。その結果、連鎖は漸次的に再分類される。

マップとモデルというアナロジーはしたがって、神経系に継続的に進入してくる刺激の流れを処理する階層的な神経のシステムに関連している。こうした（新鮮な）刺激のなかには、それ自身で分類されるものもあるが、他の（より古い）刺激がそうした分類を補助することもある。これらが結合する結果として、精神的性質やイメージ、たとえば、物理的実在や、社会的ルールのような社会的実在が形成されるのである。それゆえに究極的には、分類の全過程を通じて、生理的あるいは社会的な行為を実行することが容易になる（Hayek, 1952, 119）。

主体は概して、連鎖として存在する膨大なルールのレパートリーをもっており、予期されなかった状況に対処するためにそれらを組み合わせることができる。この時間の側面は認知過程のもっとも重要な任務のひとつである。

期　待

環境のモデルは非常に動態的なので、新鮮なインパルスは、過去や現在の環境の表象に対してだけではなく、そうした環境において期待される変化の表象に対しても評価される。

したがってモデルとは、たえず可能な展開を試し、そうした諸行為の表象から帰結すると思われるその結果に照らして行為を決定することである、と考えなければならない。期待される複合的結果による分類は、期待される結果の範囲を、インパルスのパターンによって表象することを意味する。それは、現実の環境がインパルスのパターンによって表象されるのと本質的には同じである。……

……われわれが生きているのは、事実の世界であるのと同様、期待の世界でもあり、所与の刺激に対するほとんどの反応は、おそらくモデル上で別の行為をとることから期待される結果を「試行する」という、かなり複雑な過程を経過することによってのみ決定される。刺激に対する行為がしばしば意味しているのは、そこから期待される帰結を見越すことである。（Hayek, 1952, 121；また 1968a, 48–9 も見よ）

有機体にとって、時間を捉えるモデルを利用することには二つの意味がある。第一に、それは、たんになんらかの行為を行なってその結果を待つというだけではなく、行為の進行を通じて考えることを可能にする。もしその有機体が、有害な影響に反応する能力だけでなく、過去に遭遇した同様の事態についての記憶を保持する能力をも発展させることができれば、それが生き残る可能性は増大する。その有機体はこうして、ある種の信号が受信されたときにはいつでも、ある方法で行為することを学習することができる。ハイエクはこの生き残りのための技術について、他の場所でも注目していた（Hayek, 1967b, 73）。

第二に、それは不確実性を最小にすることを可能にする。主体はマップ作成（mapping）やモデル作成（modeling）の過程を通じて既知の類似な経験から起こりうる筋書きを構築することができるという意味で、未来は相対的により確かなものになる。もちろん、このことは、未来が過去と同一のものであるということを意味するわけではなく、主体は過去を未来への指針として利用するということを意味する。間違いなく、ラックマンによるハイエク流の以下のコメントの背後には、ルール志向的思考とでもいうべきものが存在する。

未来は想像不可能というわけではないが、不可知なものである。未来に関する知識を現在手にすることはできないけれども、それは前方へと影を落とす。しかしながら、各個の心のなかでは、その影は当然異なる形をとり、したがって期待の差異が生じる。期待の形成はわれわれの心の行為であり、われわれはそれによって未知を垣間見ようと試みているのである。(Lachmann, 1976, 58)

感覚心理学一般、そして、とくにルールに基づく期待に関するハイエクの著作は、まさにラックマンが「心の行為」として言及するものを説明しようという試みである。一〇年後、ラックマンは、いかに「ごく小さな情報が、主体がもっている現在の知識に照らして継続的に解釈されるか」を論じている(Lachmann, 1986, 45-53)。おそらく、ラックマンがこの種の議論を展開することができたのは、ハイエクの認知心理学に関する著作のおかげである。ハイエクは、ラックマンが(必然的に)前提としている神経系の作動に関する理論を提供したのである(Galeotti, 1987, 171も見よ)。

本章はこれまで、どのような種類の社会的ルールが存在するのか、それらはどのような社会的機能を果たすのか、ということを明らかにしてきた。さらに、本章では、神経過程を構成し、主体がそれによって社会的ルールを内部化する認知的ルールについても詳細に論じ、そうすることで、ルールに従う「遂行方法」を知る過程が実際にどのように機能するかを説明した。しかし、最終章でさまざまな要素をまとめる作業を始める前に、明らかにしておくことがさらに二つある。すなわち、ハイエクが言及するルールの抽象性や一般性の程度と、ハイエクⅢにおいて心が演ずる役割である。ここでこれらを順番に扱うことにしよう。

社会的ルールは抽象性ないし一般性の程度に関して多様である

不幸にして、ハイエクは彼の著作の異なる部分で、程度の異なる抽象性ないし一般性[5]を備えた諸ルールについて論じる傾向がある。このことが、程度の異なる抽象性を備えた諸ルール間にある真の相互関係を理解することを、そして、彼の著作の異なる部分間にある連続性を把握することを困難にしている。本節は、これらの困難に取り組む試みとなろう。とくに、ハイエクの認知心理学に関する著作を、より明白に社会経済的である著作からの逸脱として取り扱うべきではないことを示すつもりである。

私は二段階で進む。第一に、ルールを論じるさいにハイエクが用いる抽象化の分析レベルが三つあるように思われるが、これについて概観する。第二に、全レベルが統一体を形成するけれども、分析的抽象化の「ミクロ」レベルに位置づけられるルールに注意を集中することで、すべてのルールの間の相互関係を強調する。

分析的抽象化の三つのレベルは、(1)マクロ経済社会的レベル、(2)ミクロ社会経済的レベル[6]、(3)認知的レベルと名づけうる。

(1) マクロ経済社会的レベルを対象とし、自生的秩序それ自身について論じるとき、ハイエクは、私有財産、正義、正直、慣習、契約や法といったルールを例として引き合いに出す傾向がある。これは、社会経済秩序が少数の抽象的ないし一般的な諸ルールによって発生するといった印象を与える。

(2) ミクロ経済社会的レベルを対象とし、より小さな規模の相互作用について論じるとき、ハイエクは、効率性を向上させる秩序に従って医者が病気の子供を治療すること（Hayek, 1979, 4）、近隣の財産に損害を与える水の流出を防ぐこと（ibid., 26）、言葉を話すことやゲームをすることを容易にする諸ルールといった例を引き合いに出す傾向がある。

(3) 認知的レベルを対象とするとき、ハイエクは、顔の認知や、一方の手である仕事を行なうことを学習し、その後その技能を他方の手へと移動することなど、感覚心理学的な活動を容易にするルールについて論じている。

おそらく、現代社会科学の細分化という特性のため、これら三つの抽象化のレベルへ、したがって、それらの内部に存在する諸問題へ別々に接近する傾向がある。そのため、ハイエクの認知心理学に関する著作を社会秩序に関する彼の著作と無関係なものとして（誤って）取り扱い、結果的に、認知的問題を社会経済的問題と無関係なものとして安易に取り扱うことになる。認知的レベルとマクロレベルとの間の溝は非常に大きいようにみえるので、両者の接合を認識することはきわめて難しいものになる。しかしながら、ひとたび中間レベル、すなわちミクロレベルが導入されれば、両者の溝は架橋され、接合の理解がより容易になる。それゆえに、ミクロレベルとその領域内に位置づけられる諸ルールに注意を集中するつもりである。

本書はこれまでに、人間はルールに従う動物である、さまざまなふるまいの社会的ルールが利用可能であるからこそ、人間は社会的活動を始めることができる、つまり、「うまくやってゆく」ことができるのだ、というハイエクの主張を明らかにした。これが意味するのは、毎日毎分毎秒、主体はつねに社会的・認知的諸ルールの全階層を利用しているということである。もし社会経済秩序が発生するべきものならば、それがしばしばマクロ社会経済的レベルで論じられているにせよ、全範囲におけるルール遵守はありとあらゆる社会的行為にとって必要である。

ヒースもまた、このルールの階層に類似するものに注目し、ルールが行動の規則性を表現する六つの等級を同定する（Heath, 1992）。最初の四つは、私がミクロ経済社会的レベルと呼ぶものについて論じられており、残りの二つはマクロレベルで論じられている。ヒースはさらに、ハイエクの社会理論を説明するという目的のために、あとの二つのレベルのルールに焦点を当てるのが「もっともよいであろう」と主張している。ヒースがここで意味しているのは、ハイエクの理論はマクロ経済社会的レベルに生じるルールに焦点を当てることによってもっともよく説明されうるということである。私はこれに同意しない。もしハイエクの社会経済的理論を総合的プロジェクトとして、すなわち、三つの分析的抽象化のレベルを統合するひとつのものとして理解するべきであるならば、ルールの全階層を認識することが必要である。もしこのことが理解されないなら、ある問題が気づかれないことになる。

その問題とは次のようなものである。自生的な社会経済秩序は、諸主体の行為の相対的な調整、したがって彼らの計画の相対的な調整を必要とするが、それらは、市場経済では、公式的諸制度、ふるまいの社会的ルール、そして、情報伝達システムの組み合わせによって、知識が発見され、伝達され、貯蔵されることを必要とする。ハイエクが社会経済秩序の問題について述べるときには、彼は実際には、市場経済において相対的に調整された人間の行為を可能にする条件を探究している。これはまた、主体が情報伝達システムを利用するか、他の公式的諸制度にアクセスするために従っているルールに関する探究へと導く。彼が問題を整理しているように、

> 社会政策にとってと同様、社会理論にとっても中心的な重要性をもっている問いは、諸個人の別々の行為が全体としての秩序を生み出すようにするためには、ルールはいかなる諸特性をもたなければならないかということである。（Hayek, 1973, 45）

社会経済秩序が生み出されるのは、主体が正直、契約、私的所有など、マクロ経済社会的な抽象化のレベルに位

置づけられる問題に関するルールに従うからだと語るだけでは、不正確ではないけれども、あまり啓発的ではない。そして、しばしばこれが、ハイエクがわれわれに語ってくれることのすべてである（Hayek, 1960, chs 2, 4, 10; 1962; 1976, 123–31; 1979, 153–71; 1988, ch. 1を見よ）。

ここでの問題は、ハイエクがこれ以上のことを何もいっていないとすれば、なぜ彼は、抽象化のミクロ的・認知的レベルに位置づけられる問題を論じるのにそれほど多くの時間を費やすのか、ということである。なぜ彼は、ルール遵守やルールの学習に関する社会学、認知心理学、そして社会心理学について論じるのに、それほど多くの時間を費やすのか。なぜ彼は、ルール遵守が高度なレベルの暗黙知を要求するということを明らかにするために、それほどの紙幅を費やすのか。もし社会経済秩序の理論的な理解のために必要なことのすべてが、主体がよく定義された少数のルール遵守を認識することであるならば、たしかに社会科学はあまりにも容易なものになりはしないか。社会科学は、ただたんに一ダースやそこらのよく定義された社会的ルールを研究することになるのだから。

私が示唆しているのは、後方からハイエクの業績を全体として捉えれば、彼は感覚心理学、社会心理学、そして、法学・社会学・経済学といった諸学科の間に関連を付けようとしているということである。(7) 彼が明らかにしようとしているのは、市場過程で行為することは熟練を要する業であり、それは主体がルールの全階層を継続的に利用することによってのみ生じるということである。もしこれが正しいならば、抽象化のミクロ社会経済的レベルに位置づけられる問題は、マクロレベルに位置づけられる問題と同様、自生的な社会経済秩序の研究にとって必要不可欠なものになる。

しかし、残念ながら、ハイエクは彼自身の洞察を発展させていない。彼は、特定の認知装置をもった人間がいかにして、全体としての自生的秩序が創発するのに必要な、さまざまな熟練を要する社会的行為を達成できるのか、を説明するためのすべての材料をもっているけれども、それらをどうにか組み立てようとはけっしてしない。

ハイエクの材料を活用しようとした人物の一人はエブリングである（Ebling, 1986）。ハイエクの方法を用いて（抽象化のミクロレベルに位置づけられた問題に集中して）、彼は不完全な価格シグナルによって特徴づけられる実在の条件のもと、主体はいかにして分別ある行為をうまく行なうのかを説明した。結局、エブリングは実際には「ルール」という用語を用いずに、ルールが果たす役割についてのハイエクの理解を微調整したのである。

ハイエクと同様、エブリングは、価格が「何もかもわれわれに教えてくれるわけではない」ということを知っている。価格は、それだけでは行為のための不十分な指針でしかない。必要とされているのは、主体が同じ制度化された意味の枠組みを共有しているということであり、このため主体は類似の（同一ではないが）方法で社会的状況を解釈し、それによって現在と将来における他人の行為について、詳しい情報に基づく推測を行なうことができるということである。しかし、これはいかにして生じるのか。

エブリングの議論によれば、主体は、他の主体や制度のふるまいのパターンについて「心のなかのイメージ」もしくは「理念型」を形成し、それを利用して新規のないし前例のない状況を「評価し」たり解釈したりすることができる。しかしながら、この点におけるエブリングとハイエクの類似は、エブリングが「理念型」という用語を採用しているので、見逃されがちである。「理念型」という用語は、ただちに主観的観念論者としての一九四〇年代のハイエクのイメージを思い起こさせる。とはいえ、事実はそうではないし、少なくとも、そうである必要はない。

エブリングは彼の論文において、これらの「理念型」はたんに主体が自らをどう理解しているかに関するものである、と示唆するようなことは何もいっていない。それとは逆に、彼が与える印象では、これらの理念型とは一般化であり、主体が状況を監視し、そこからもっとも共通する特徴と思われるものを拾い上げることによって形成されたものである。こうして、「理念型」は「ある特定の役割を果たす任意の個人から期待されうる行動の動機や、行為のパターンに関する具体性を帯びた一般化から構成されている」（Ebling, 1986, 48）と彼は書いている。主体が一定の行動パターンをルーティンとみなすようになるのは、これらのパターンが実際に存在しており、主体によって学習されるからである。さらに、それらは世界をずっと予測可能な場所にしてくれる。

典型的なパターンをともなう行動のルーティン化（routinisation）は、未来において起こりうる他者のふるまいや動機に関して知りうることの範囲を示す。社会や経済を可能にしているのは、個々分離した各個人がもつ完全知識ではなくて、これなのである。（Ebling, 1986, 49）

これは、主体が他人の行為をハイエク流のパターン、規則性、あるいはルールに従うものとして知覚するようになることだと解釈されるので、行為の社会的ルールと同一である、と私は考える。また、注意すべきは、（概して）ふるまいの社会的ルールについての知識と同じく、理念型についての知識は、「論述内容」の知識ではなく、「遂行方法」の知識だということである。それは暗黙知である。

たとえば、企業家は経済のある一角で活動しており、彼の知識は、継続的な経験から作り上げられた高度に専門化された性質のものである。彼の知識は、（半分空の不定期貨物船に関する知識のような）特定の潜在的利益の源泉に関する非暗黙的なものであるだけではなく、市場で生起することに関する典型的な原因と結果について習熟させてくれるような、この分野のビジネスのあらゆる側面に関係する理念型の網のような暗黙的な知識でもある。企業家および／または経営者らは、たとえば、怒った顧客、遅れた決算勘定人、債権者、攻撃的な職場代表、怠惰な経営者などを扱うさいの「遂行方法」を知っている。彼らは何が売れそうで、それをいかに包装し広告する等々の必要があるか、どのような裁定機会があるか、どこでそれらを見つけられそうかを（「遂行方法」を）知っている。(8)

表向きは道具的合理性の権化のようにみえる割引キャッシュフロー法を使用するといった活動においてさえ、主体が適切であると思う利子率を直感的に選択するというような暗黙知の余地がある（Dreyfus and Dreyfus, 1987, 162）。したがって、ルールに関するハイエクの著作を理解するうえでのエブリングの貢献は、市場参加者が継続的に始めているきわめて多面的な活動を浮き彫りにし、そうすることで彼らが継続的に利用するきわめて多面的なルールを浮き彫りにしたことにある。

分析的抽象化のこのミクロレベルに位置づけられる活動の種類と、それらを容易にするルールを理解することによって、認知的レベルとマクロレベルとの間の溝が架橋される。心のルール（認知的レベル）は、研究している問題が社会経済秩序（マクロレベル）であるときには見逃されがちな、ふるまいの社会的ルールの遵守（ミクロレベル）を容易にする。いまやすべてのタイプのルールの間の接合が認識できるだけでなく、認知的ルールがいかにふるまいの社会的ルールの全範囲を支えているかを容易に理解することができる。認知心理学とマクロ社会経済的活動の間のギャップは、社会経済的活動を個人の心理学へと還元する誤謬を犯すことなく架橋される。今後は、社会的ルールの遵守に言及するさいには、これがふるまいの社会的ルールの全範囲を含むことが理解されなければならない。

ハイエクⅢの哲学、および心が果たす役割

第3章で述べたのは、ハイエクⅡが、形而上学的思弁の代わりに認知心理学を用いながらも、対象構成を担う超越論的主観の放棄を拒否したため、拡張されたカント的認識論と私が呼んだものを採用しているということであった。第6章では、ハイエクⅢが準超越論的実在論を採用するとともに、カントに着想を得た主観的観念論（それと

ともに超越論的主観の必要性）を放棄したと述べた。だが、認知心理学に関する先の議論が例証しているように、ハイエクⅢの著作においても、心は依然として中心的役割を果たしているようである。これは、ハイエクがカントと主観的観念論から離脱して、超越論的実在論へと向かったという主張に疑問を投げかけるものだろうか。

私はすぐに、そうではないと論じるつもりである。だが、ハイエクⅢが、分類する（ハイエク）ないしは総合する（カント）心の役割という点で、カントの残滓を保持しているという見方が支配的であるようだ、ということに注目してほしい。さらに、ハイエク自身の著作のなかに、この解釈を支持するテキスト上の証拠がある。一九六八年に彼は書いている。

> このすべてがわれわれの思考を支配するカントのカテゴリーの概念把握に明らかに関係しているが、口頭による説明ではそれについて話さなかったし、したがってここでそれについて詳細に述べるつもりはない。私はこれをむしろ当然のこととみなしていた。（Hayek, 1968b, 45）

ハイエクはまた、ここで彼が書いていることの多くはすでに暗黙的に『感覚秩序』のなかに含まれていた、と述べている（ibid., 36）。これらのコメントは、ハイエクⅢ自身が、彼の（カントに着想を得た）一九五二年の著作と一九六〇年代後半の著作の間に連続性があるとみていただけではなく、後者がカントの形而上学に関係があるということを示している。

とはいえ、残念なことに、ハイエクはカントの思考との関係の性格をはっきりと説明していない。カントによる悟性のカテゴリーと彼自身による神経系の分類能力の間に関係があることがわかるからといって、それだけでハイエクⅢをカント的であるとすることはできない。ハイエクⅢが心を、感覚与件を処理する分類システムとして頻繁に描いているからといって、彼が心を、超越論的主観が対象を構成しうる（カント的）システムであると考えていると結論づけるのは間違いであろう。どちらの見方でも心が関与しているとはいえ、ハイエクⅡの著作とハイエクⅢの著作で心が果たしている役割の間に、まだ何の区別もしていなかった。したがって、問うべき重要な問題は、ハイエクⅢの事物に関する全体的図式において心はいかなる役割を果たすのかということである。

　もし心の役割がたんに認知心理学の主題としてではなく、ハイエクのより広範な検討事項の一部分であると考えられているならば、心は（明らかに）認知に関与しているものの、主観的観念論に着想を得たハイエクの以前の図式で果たしたのと同じ存在論的役割を果たすわけではない。

　ハイエクが存在論として準超越論的実在論を採用しているとすれば、超越論的主観は対象を構成するものとしてもはや必要ではない。いまや、実在的社会的な対象や質料は、それらの同定とは独立に存在することが認められている。社会経済的世界では、ふるまいの社会的ルールという形式をとる諸構造は、いずれかの主体がそれらを同定するかどうかにかかわりなく存在している。それらは想念に依存するものではなく、概念決定的なものでもなく、活動的なカント的心の産物でもない。おそらく、ハイエクが認知心理学を強調するために、ほとんどの注釈者がこの点に気づかず、ハイエクⅢにカント的というレッテルを貼るのには、おそらく二つの主な理由がある。第一に、注釈者が実質的かつ存在論的な年代順のシフトを識別することができず、そのため、ハイエクの著作のいかなる時代からも自由にテキスト上の証拠を引用してよいと考えているからである。第二の理由は以下の事実に由来する。ほとんどの注釈者が超越論的実在論の哲学を採用しないゆえに、彼らは最終的には認識論的誤謬を乗り越えることができない、すなわち存在論的問題を認識論的問題に置き換えてしまう。その結果、彼らの著作にはなんらかの形態のカント的認識論が残り、このためハイエクⅡのカント主義を問題のないものであるかのように考えるのである。

結　論

本章はいささか、わき道にそれた印象を与えたかもしれない。しかしながら、ここではふるまいの社会的ルールとは正確には何か、社会的ルールがカバーする行為の範囲、それらが果たす機能、人間主体がルール遵守を実際に行なえるようにする認知過程の性質について、より突っ込んだ点まで詳しく説明した。認知心理学に関する節が重要なのは、次のような意味においてである。すなわち、もういちど言及することはほぼないだろうが、主体はルールを遵守する、すなわち、手続的に合理的であるとするハイエクの社会理論全体の重要性は、実際、認知心理学によって支えられている。経済人は（ほとんどつねに）新古典派経済学者によって架空の話として受容されているのに対して、ハイエクⅢは経済人に対する代替案を提示しているだけではなく、それを基礎づける社会心理学の理論をも提示している。最後の二つの章では、一見するとバラバラな話の流れをひとつにまとめるつもりである。

第9章　ふるまいの社会的ルールと情報伝達システムの接合

そうした場合に利用することができる「秩序化力」は、秩序を形成する要素の行動を支配するルールである。ルールは、各要素のそうした環境に対する反応を決定するが、環境は全体的パターンを帰結するように要素に作用する。(Hayek, 1964b, 460)

これまで、情報伝達システムはふるまいの社会的ルールのネットワークとは疎遠なものとして、後者から独立に存在するものとして扱われてきた。このような二分法が採用されてきたのは、これが、少なくとも一九六〇年までハイエクが事態を取り扱ってきた方法だからである。ハイエクⅡにとって、情報伝達システムは価格メカニズムにほかならないということを想起しよう（第5章）。知識の発見・伝達・貯蔵を容易にする他の諸制度について論じたいときには、彼は「市場の全組織」のような表現を使っている。しかし、ハイエクⅡが思いつかない、あるいはむしろ、本書がこれまでそれを指摘しようと苦心してきたように、ハイエクⅡが思いつくことが不可能な制度がひとつある。すなわちそれは、ふるまいの社会的ルールである。また、ハイエクⅡは、社会的ルールを知識の発見・伝達・貯蔵を容易にするものとして考えることができないだけではなく、彼はそれが社会を構成する社会的織物の一部であると考えることもできない。すなわち、ハイエクⅡは、情報伝達システムを構成する価格のネットワークがふるまいの社会的ルールのネットワークに埋め込まれており、また情報伝達システムが「シグナル機能」（Hayek, 1978, 170）を果たしうるのは、ふるまいの社会的ルールのネットワークが存在するからだ、ということを考えられない。もしふるまいの社会的ルールが存在しないならば、おそらく情報伝達システムがこれらの諸ルールと相互に関連しているということも理解できないのである。

しかし、一九六〇年以降、全体像が変化する。ふるまいの社会的ルールを認識したことによって、ハイエクⅢは、もはやこの（暗黙的な）二分法を維持する必要がなくなる。ふるまいの社会的ルールは、自生的な社会経済秩序を理解するうえで鍵を握る制度になる。情報伝達システムは、ふるまいの社会的ルールのネットワークに埋め込まれているときにのみ、機能することができる。これが意味するのは、情報伝達システムはルールのネットワークとは異なる種類のものであり、後者の一部となることによってのみ機能しうるということである。

議論のこの時点においては、したがって、この二分法を捨て去ることができるし、そうすべきである。この二分法は、知識の発見・伝達・貯蔵が可能になっているのはルールによってか、それとも情報伝達システムによってかといった、知識の発見・伝達・貯蔵への二者択一的なアプローチを示唆するので、誤解を招きやすい。正しいアプローチは、全範囲に及ぶふるまいのルールと、情報伝達システムを構成する価格シグナルのネットワークの間の複雑な接合を明らかにするであろう。オドリスコルとリッツォ（O'Driscoll and Rizzo, 1985, 106）は、この接合に気づいている。

価格と社会システムの一部としての市場機能は分離されていない。社会システムは、価格だけでなく、多くの種類のシグナルやルールを生み出す。これら他の指針が余計でないとすれば、価格だけが十分な指針であると示唆することは誤っている。……価格は市場で、契約、ルールや慣習に基づいて形成される。……価格ではなく、人々が資源を配分しているのであり、生身の人間という行為者は、意思決定を行なうさいに、これらすべての非価格的変数をあてにしている(1)。

ここで、情報伝達システムの性質とその用語がいかに使われているかについて、注釈を加えるのは重要である。一九六〇年以前には、ハイエクは価格メカニズムに言及するときにだけ、「情報伝達システム」という用語を使っている。一九六〇年以降、彼は後者を使うのをやめ、価格メカニズムか価格システムという用語を採用している。名称は重要ではないし、一貫性を保つために私はこの言葉を使い続けるが、ハイエクがそれで意味していることは重要である。ハイエクは、「人々が何をすべきかを教える価格のシグナル機能」(Hayek, 1978, 170; また 1976, 72 を見よ) として、それに言及している。彼はさらに主張する。

価格メカニズムは不完全な指針であるが、……多くの人々の間に散在しているあらゆる知識や予見が使われるべきものであれば、……それは依然として不可欠な指針である。(Hayek, 1960, 350)

必要な調整を生み出すのは、主に価格変化である。このことが意味するのは、それ「価格システム」が適切に機能するためには、価格システムの作用の条件となっている法の支配が一般的ルールであるというだけでは十分でなく、法の支配の内容が、市場がかなりよく働くようなものでなければならないということである。自由なシステムの擁護論は、強制が一般的ルールによって制限されれば、どんなシステムでも満足のゆくように作動するということではなく、自由なシステムのもとでは、そのシステムが作動することを可能にするような形態が、一般的ルールに付与されるということである。……システムの効率性は、ルールの特定の内容に依存するであろう。（Ibid., 229, 強調は引用者）

価格・市場システムは、その意味で情報伝達システムであり、それは、（競争的市場でのみ決定された価格という形式において）各個人が行為するために必要とする利用可能な情報を伝える。……あるモノの価格は、その利用者に、他の利用者について彼女または彼が知る必要があることのすべてを教える。その情報は、このモノを効率的に使うために必要である。価格によって伝達されているものは、一方で、そのモノを特定の目的のために使用している他のすべての使用者の観点からの費用であり、他方において、人々が同一のモノに対して支払ってもよいと考える等価であり、ある意味では、その生産者ですら知らない人々の必要についての情報である……。（Hayek, 1982a, 326–7）

これらの注釈から、ハイエクが情報伝達システムを、多数の異なる主体が有する分散した知識ないし情報を価格シグナルに体現させることによって利用するシステムである、と考えていることはまったく明らかである。価格シグナル、とくに相対価格の変化を監視することによって、主体は、自分がもっていない領域の知識をうまく活用することができる。なぜなら、そうした知識は、無数の心の間に散在しているからである。さらに、情報伝達システムは、それが適切なルールのネットワークに埋め込まれているときにのみ、そのシグナルの機能を果たすことができる。

価格はルールではなく、適切なルールの枠組みのなかでのみ利用可能な知識ないし情報の、小包あるいは小片である。価格はルールではないので、それは「私に一〇ポンドくれ、そうすれば私はあなたに商品*X*を渡す」というように行為するための規定ではない。価格は、商品Xは（ここで詳しく説明することは望まないが、なんらかの意味で）商品Yと等価であり、ともに一〇ポンドであるというシグナルである。もし相対価格が変化すれば、シグナルを読む主体は経済条件の変化に関するなんらかの知識を得て、しかるべき行為を取るだろう。

商品の貨幣への交換は、双方が取引を容易にするきわめて多くのルールを理解しているならば起こりうる。そうしたルールは、たとえば、この紙片は一〇ポンド札であるといった暗黙的に知られるルールから、商品を受け取りながら一〇ポンドを自分の手元に残すべきではないということを示す正直のルールまで、広範囲にわたる。交換の例でいえば、価格シグナルは作用因であり、ルール・システムは質料因であるということもできるだろう。

以前の二つの章では、ふるまいの社会的ルールに関するハイエクの理解を検討したが、本章ではここまで彼の情報伝達システムに関する理解を詳しく説明してきた。本章の残りの課題は、それらの間の複雑な相互関連について詳しく述べることである。

価格とルールの接合

情報伝達システムとふるまいのルールに関するハイエクの著作は広範囲に及ぶが、彼はそれらを満足のゆくかたちで結びつけることによって、これらの主題を活用することに成功しているとはけっしていえない。二つの不十分な点が明らかである。第一に、そして、これは情報伝達システムに関するハイエクの主張が誇張されたものであることと無関係ではないが、情報伝達システムと社会的ルールとの相互作用に接近する彼の方法は、後者を不活性な制度として取り扱っている。そうした制度の課題は、知識を伝達する「実在的」制度である情報伝達システムが機能するための背景として作用することだけである。

第二に、ハイエクがこの相互作用を扱うときには、前章で導入した、抽象化のマクロ的経済社会レベルにとどまっている傾向がある。それゆえ彼は、ミクロレベルに位置づけられるそうした社会的ルールに関する彼自身の著作を強調し、活用することができないのである。すなわち、ルールの全階層がもっている知識の伝達に対する潜在可能性を活用することができないし、したがってルールの全階層と情報伝達システムの間の複雑な相互関連についても、詳しく説明することができないのである。

しかしながら、これらの欠点は、ハイエクの著作にもはや含まれていない一連の考えを彼に帰する必要もなく、簡単に補修されうる。たとえば、ルールの調整機能を論じた後で、彼は次のように付け加えている。

社会的活動が秩序正しいということは、個人が首尾一貫した行動計画を実行することができるという事実に示されている。そうした行動計画は、ほとんどすべての段階で、彼の仲間からのなんらかの貢献に関する期待に依存する。(Hayek, 1960, 160)

必要なすべてのことは、情報伝達システムとルールの全階層の間の暗黙的な関連を明示的にすることであると思われる。イオアンニデスのような注釈者が、ルールと情報伝達システムの間の複雑な相互作用についてハイエク的な全体像を描き出しはじめたのは、こうした発想からである。イオアンニデスによれば、

しかしながら、価格メカニズムは市場社会における唯一の知識散布システムではない。……何世紀もかけて進化したふるまいのルールや社会的制度が、……知識を流布するシステムを構成する。それらを通じて、どの社

会活動の法的・政治的・道徳的な枠組みに関する知識も、すべての市場参加者に伝達される。

このように、価格システムの情報流布機能とそうしたルールや制度の間には大きな違いが存在する。前者により広められる知識は、諸個人の計画をたえず更新させるという意味で動態的特性を具えている。後者により広められる知識は、諸個人がそのなかで行為する社会の枠組みの安定性をたえず支持するという意味で安定化させる。(Ioannides, 1992, 38)

社会的ルールはそれ自身の力で知識の発見・伝達・貯蔵を容易にするだけではなく、それらと価格の間には相互関連があるというイオアンニデスの認識は、実りある議論の方向を開いてくれる。

この相互関連には三つのきわめて重要な側面がある。第一に、情報伝達システムは知識の発見や獲得を刺激する。第二に、情報伝達システムは社会的ルールに埋め込まれることによってはじめて機能することができる。第三に、社会的ルールは情報伝達システムが機能しない状況でも知識の発見・伝達・貯蔵を容易にする。社会的ルールが演じる役割を認識することにより、それらを情報伝達システムと対等な地位に位置づけ、社会的ルールの研究を経済学の主題の一部とすることができる。

知識獲得の刺激としての情報伝達システム

すでに知識のストックをもつ主体は、価格シグナル、しばしば価格変化によって注意を喚起される。このとき、新古典派の主体はいかに行為すべきかを正確に知っており、その帰結は当初の公理と仮説から完全に演繹可能である。これと対照的に、ハイエクは、この価格変化が引き起こす過程とメカニズムに関心がある。

価格シグナルは心的・身体的な活動過程を誘発し、それによって、期待、計画、そしてその後の行動計画が形成される。この過程が生じるのは、主体がすでにもっている知識のストックを利用することによって、そして、彼らが無知な側面に関する知識を獲得することによってである。これら二つの契機を順番に考察しよう。

主体がすでに所有している「状況に関する知識」のいくつかは、非暗黙的に保有されていることがある。それは差し迫った状況に関する知識（たとえば、余剰在庫の未利用とか半分空の不定期貨物船に関する知識）であるかもしれない。また、それは他の主体によって保有されており、人間関係を通じて（たとえば、企業家と特定の製品ないし裁定機会の供給者の間で）伝達される知識であるかもしれない。そうした知識は意識的に保有されており、明確に表現可能である。

主体がすでに所有している「状況に関する知識」のいくつかは、半暗黙的に保有されていることがある。これが言及しているのは、無意識に深く埋め込まれているので、それを探し回るときにのみ記憶から呼び出されるという意味で、知られているといえるような事実である。この場合、そうした知識は、「理論」知であるが、むしろチェスのルールのように、主体はそれを意識していない。そうした事実は学習過程を通じて徐々に、そして意識的に集められており、心の階層のより低いレベルへと追いやられており、何か問題に直面したときに、「頭を絞って考えた」結果を指示する必要があるときにのみ意識に呼び出される。

主体が、行動計画を開始するために必要な知識を所有していないこともあるが、不足する知識を獲得するためになんらかの制度を利用することもできるであろう。彼らが（非根源的な）無知を克服することができるということは、ある種の知識はそれを知っている人から独立である、すなわちポパーのいう「知る主観をともなわない知識」や、マーシャルのいう「工業地域の雰囲気」に埋め込まれた知識であるという事実による。そうした知識は、教育や訓練、株式市場報告書、技術仕様書、市場調査、オペレーションズ・リサーチ、図書館、通信社、広告およびあらゆるメディア、とくに商業ニューズレターのような制度に埋め込まれている。主体がこれらの制度を利用して、知識を得るようになれば、彼らは非暗黙的な意味で知るのである。価格変化が主体を刺激して、彼らがこれらの制度を利用することによって無知は克服される。

どのようなかたちにせよ、システム内ですでに利用可能な知識は情報伝達システムによって活性化され、再生されるだけでなく、知識獲得の過程も刺激されている。ハイエクⅢが整理しているように、

> ［主体は］自分が知っている諸機会からうまく選ぶために必要としているのは、既知の価格という形式のシグナルである。……この情報が与えられているとすれば、自分の差し迫った目的を選択するために、自分を取り巻く環境についての状況に関する知識を利用することができるであろう……。（Hayek, 1976, 9, 強調は引用者）

> 価格は［主体に］、さまざまなモノやサービスの市場におけるオファーについて、見いだすべきものに注意を向けさせる。これが意味するのは次のことである。すなわち、市場のおかげで利用できる個人の知識と熟練は、つねにある点で独特に組み合わされたものであり、その組み合わされたものというのは、ただたんに伝達することができる事実に関する知識ではないだろうということである。……私が語っている知識は、特定の状況を見つけだす能力からなる。（Hayek, 1968a, 182）

情報伝達システムはルールのネットワークに埋め込まれている

社会的ルールは、価格シグナルの解釈を容易にすることによって、価格変化に直面した状況を理解可能なものにする。主体は、従うべきルールのレパートリーがなければ、価格シグナルへの反応の仕方はおろか、価格シグナルが何であるかを知ることはないであろう。価格シグナルは即座の行為のための引き金として作用するかもしれないが、それ自身は社会的ルールのネットワークを利用することによって解釈されなければならない。それゆえ、ルールと価格の接合によって、主体はその後の行動計画を決めることができる。この意味で、ルールは価格シグナルに体現された知識を解釈することを容易にする。

（主流派経済学に失礼ながら）もし価格が意思決定を行なうために十分な知識を含んでいないならば、主体はどの程度、以上で述べたとおりに賢明な行為を行なうことができるのだろうか。価格変化に直面したとき、企業家はふるまいの社会的ルールのストックを利用して、自分が最善であろうと考える行為を選択しなければならない。このことは、正しい決定が選択されたことをけっして意味しない。それは、その企業家がいかに活動するかを説明するにすぎない。ルールのストックはきわめて膨大で、事前に目録を作ることは不可能である。なぜなら、新たな状況はルールのネットワークにおける新たな関係を呼び起こすからである。

ハイエクがあげた有名な事例である錫鉱山のような場合、価格シグナル形式の知識の受け手は、ある時と場所における錫生産会社の状況について何も（少なくとも価格シグナル自身から得られるものとしては何も）知らず、こうした種類の事実について、無知のままである。適切な、したがって調整的な行動計画が開始されるのは、価格シグナルの受け手が熟達した主体であり、したがってそのシグナルを解釈する「遂行方法」を知っているとき、そしてそのときのみである。エブリングは、価格と（私がハイエク流の社会的ルールと解釈した）理念型がいかに有用な統一体を形成するかについて、うまく要約している。

市場価格は、行為者の心における理念型と合わせて利用される。……行為者の心が価格に意味を与えるということは、価格が現下の意思決定問題にとってどの意味が適切でありうるかを決定するのを助けるということと、まったく同じである。……そして、市場調整の潜在的可能性を生み出しているのは、意味の構造の内部における価格の構造なのである。（Ebling, 1986, 52）

情報伝達システムが機能しないときのルールと知識

ふるまいの社会的ルールは、それ自身の力で知識の発見・伝達・貯蔵を容易にする制度である。知識の発見・伝達・貯蔵が情報伝達システムを通じて行なわれていない状況では（第5章を見よ）、それ以外の制度が作動しなければならない。これらは公式的でありうる（たとえば、図書館）けれども、ここで重要なことは、それらが社会的ルールでもありうるという主張である。この意味で、情報伝達システムによらない状況では、ルールが介入し、知識の発見・伝達・貯蔵を容易にする。ルールは、これを二つの方法で行なう。

第一に、ルールはあらゆる形式の社会的相互作用を、そして、とくにあらゆる形式の知識の発見・伝達・貯蔵を容易にする、つねに存在する条件（そして再生産される結果）である。それらなしでは、期待を形成することも、行動を開始することもできないだろう。第二に、すでに注意したように、主体はしばしば根源的に無知であり、一定の事実、すなわち「論述内容」の知識の獲得によっては克服されえない状況にある。この筋書きでは、社会的ルールが中心的役割を果たす。たとえば、主体は、供給企業が時間どおりに一定の質・量の部品を届けてくれることを信頼できるかどうかといった、きわめて広範囲の事実について無知であろう。また、そうした事柄を契約に明記し、違約条項を付加することはできるが、そうした取引の圧倒的多数がうまくゆくのは、たんに双方が約束を守るからである。約束の締結と承諾というルールの遵守は、事業活動の不可欠な部分である。しかし、重要なことは、ルールの遵守は無知の状況を克服するわけではなく、適当な期待、計画と、その後の行動の形成を容易にするだけだということである（第7章を見よ）。

社会的ルールに関するこの説明の要点は、それがそれ自身の力で知識の発見・伝達・貯蔵を容易にする制度だということである。ベーム（Boehm, 1989, 210–11）によれば、ハイエクにとって社会制度が、

称賛されるべきなのは、それが知識を生み出し、貯蔵し、伝達するのを助長するからである。この説明によれば、市場は社会的に価値のある知識の生産と分配に適合する認識的制度であると考えられている。

彼は付け加える。

われわれがそれほど身近ではない環境について無知であるにもかかわらず、それを何とか切り抜けようとする試みにおいて、制度は伝統的英知の担い手であり、不可欠できわめて有用な道標である、というハイエクの概念把握で興味深いのは、……それが調整問題に光を投げかけるということである。不完全な、分割された知識

は、もはやこの問題にとって致命的なものにはならないかもしれないからである。

ここで概観したような種類のルール遵守は、あまりにも平凡であり、あまりにもなじみ深いものなので、経済学者、とくに、完全知識と均衡価格を基盤とする道具的合理性を具えた経済人という説明に満足している経済学者によって、見落とされがちである。だが、一連の社会的ルールを頼りにし、社会の集合的英知を利用する能力なくしては、どのひとつの時空間のどの一人の個人にとっても利用できる知識の量があまりにも限られたものになるので、調整された意思決定を行なうことは不可能になるであろう。そして、ハイエクのように、もしこの説明を拒絶するなら、代替的な考え方を主張しなければならない。

第7、8章で述べたように、ハイエクは社会心理学の理論を提供した。それによれば、人間は合理的計算者であるよりも、むしろルール遵守者である。ハイエクによれば、社会的ルールを遵守する能力によってこそ、主体が社会経済的な事柄を処理し、かなり高い成功の見込みを得ることが可能になる。

今日でさえ、残念ながら、経済学者とされている者のかなりの部分を含む圧倒的多数の人々が、いまだに次のことを理解していない。すなわち、……きわめて広範囲の分業をともなう経済秩序においては、人々が直接の知識をもたない事象に対して彼らの活動を適応させるためにすべきことは何かを教えるのは、……共通目標と考えられるものの追求ではもはやありえず、ふるまいの抽象的ルールでしかないということを理解していない。(Hayek, 1978, 162)

そういうわけで、ふるまいの社会的ルールなしでは、市場過程を理解することはできない。ふるまいの社会的ルールは、知識の獲得を刺激し、価格シグナルを解釈し、情報伝達システムが機能しえない状況において知識を扱うべく作動している。主体が知識を所有しているときに、いかに知識を獲得し、伝達するか、そして、主体が知識をもっていないときに、いかに無知に対処するのかを説明するためには、この接合から長い道のりを行かなければならない。ガレオッティは、ハイエクの立場を次のようにまとめ、それと新古典派理論との間に距離があることを指摘している。

> 合理的選択と合理的行為を保持するために、通常、理論家は完全知識と完全情報を仮定するか、リスクと不確実性を取り扱うために確率理論を展開するか、戦略的環境に立ち向かうためにゲーム理論を展開するかする。最初の選択肢は、きわめて非現実的なものなので、あまり興味深いものではない。残りの二つの選択肢は、ハイエクの合理性の限界に関する理論とは対照的だが、行為者の側に非常に大きな計算能力があることを意味しており、さらに、それらは、何がもっともらしいかについての暗黙の仮定に依存している。ハイエクの解決は、統制されていないルールのシステムが、現実的で賢明な期待の源泉であり、行為者の限定的能力に負担をかけることなく利用可能であり、また、個人に他の人々と調和する合理的な計画を立てることを可能にすることを提示している。(Galeotti, 1987, 172)

ハイエクの概念把握の優位

ハイエクは、社会的ルールがいかに知識の発見・伝達・貯蔵を容易にするかを理解しているので、近年議論されている市場過程のいくつかの問題に対しても、より洗練された説明を提供することができる。このことのひとつのよい例は、カーズナーの「知識問題B」を考察することによって与えられる（Kirzner, 1992, ch. 10）。

ここでの不均衡状態は、過度の悲観主義と市場の分断による相対的無知の組み合わせによって生み出されている。主体は、別の市場における取引機会に気づいていないので、取引を控えている。この市場は、もし彼らがそのことに気づいたとすれば、取引を行なうような状況にある。知識問題Bはこのとき、期待の未調整から生じるのではなく、潜在的利得に関する無知によって、主体がその潜在的利得の獲得に失敗することから生じる。それは情報伝達システムを通して自己を顕示するわけではないので、その問題は自己修正的ではない。今日主体が知らないことは、明日もずっと知らないままであろう。彼らは知らないだけでなく、自分が知らないということも知らないのである。

カーズナーによれば、知識問題Bの存在は「利潤に機敏な企業家の活動における利潤発見による解決のための誘因」を創り出す（Kirzner, 1992, 170）。企業家的機敏性は、重要な組織化現象となる。主体XとYは悲観的で互いに知らないので、たんに取引をしない。Xは実際には三ポンドで売る用意があっただろうし、Yは一〇ポンドで買う用意があったであろう。しかし、この状況についての知識をもった企業家Zがやってくる。彼はXから四ポンドで買い、Yに九ポンドで売り、そうして純粋利潤を得る。機敏な企業家Zは、純粋利潤という魅惑によって行為に駆り立てられ、ただ不均衡価格にだけ導かれて、実際にはそのシステム内に（すなわち、主体XとYの頭のなかに）存在しているが、「適切な」場所にはない知識を発見する。この知識に注意を払っているおかげで、主体の期待が調整されうる。企業家Zは、「市場価格の相対的配置によって興味をかき立てられ、推測し、そして直感を（試してみる）」（ibid., 148）。

カーズナーが論じているのは、情報伝達システムは、抜け目のない企業家が裁定機会を発見することによって知識問題が解決される唯一の制度だということである。実際、「価格、知識、そして発見過程」という章題が、彼の議論の要点を明らかにしている。とはいえ、カーズナーは、情報伝達の瓦解が起こっているあらゆる状況を裁定機会に変えなければならない。その結果、情報伝達システムのメカニズムによって、この状況が克服されうるからである。

さらにカーズナーは、知識を増大させる他の制度がないので、情報伝達システムを構成する不均衡価格は知識の発見・伝達・貯蔵を容易にするのに十分であると（暗黙のうちに）主張するほど、自分の立場を過信してしまっている。また、彼は企業家がルール遵守者であると考えないので、抜け目のなさという概念についても過信してしまっている。カーズナーの企業家は、裁定機会に対する抜け目のなさに基づくある種の道具的合理性によって導かれている。他方、ハイエクの企業家は、手続的合理性によって導かれている、すなわち、ルール遵守者である。このため、カーズナーはハイエクⅡが捕らわれ、そこから脱出したのと同じ状況にいる。これに対して、ハイエクⅢは自己の立場を過信する必要がない。なぜなら、彼にとっての調整とは社会経済的な問題であり、たんに狭義の経済的問題ではないからである。そしてこの問題は社会経済的な制度・メカニズム・構造を通じて克服されるのであり、たんに情報伝達システムの価格シグナルだけによって克服されるわけではない。ハイエクが展開した学際的な社会科学は、彼以外のオーストリア学派の人々を含め、他の人々が行くことのできない諸領域にも到達することができるのである。(2)(3)

第10章　ハイエクⅢによる自生的な社会経済秩序の変換的概念把握

個人の特定の構造や行動の形態は、特定の構造を有する社会にその存在を負っている。なぜなら、そのような社会の内部でのみ、その特徴のいくつかを発達させることがずっと有利であったし、他方で、社会の秩序はこうしたふるまいの規則性の結果でもあるからである。（Hayek, 1976, 76）

これまで、この最終章のための準備作業を行なってきた。第6章以降、ハイエクの成熟した著作を精査して、以下の三つの事柄を確認した。第一に、哲学について、ハイエクⅢは、（a）主観的観念論を完全に放棄し、（b）経験論的実在論をかなりの程度放棄し、そのため、（c）これらの哲学的立場が前提している存在論をかなりの程度放棄した。その代わり、彼は準超越論的実在論の哲学と存在論を採用した。

第二に、方法について、ハイエクⅢは注目の焦点を（存在論的にいえば）経験的領域と現実的領域とが融合した領域から深層領域へと移動している。深層構造を認識することによって、注目の焦点は、ヒューム的法則を利用して、仮定により補強された公理から結果（事象／行為という形式における）を演繹することから、そのような事象／行為が起こるのに必要な構造的条件を確認し、説明することへと移動している。

第三に、実質的理論について、ハイエクは、自生的な社会経済秩序という考え方のための理論的な基礎単位を構成する一組のカテゴリー（たとえば、あらゆる種類の知識と無知、一連のふるまいのルール、心のルール、ルール遵守的行動、ふるまいの社会的ルールという形態における社会構造と情報伝達システムとの接合、など）を展開している。

この最終章で必要なことのすべては、これらのカテゴリーを組み立てることであるけれども、そのような組み立てを非常に困難にしているひとつの要素がある。その要素とは、ハイエクによるあらゆる均衡概念の拒絶と変換的概念把握の採用である。(1) 前者は、多くの経済理論家が採用するよく知られた原理であるが、他方で後者は、社会理論の外部ではほとんど知られていない。ハイエクの自生的な社会経済秩序という考え方は、経済理論であるだけではなく、社会理論でもある。カテゴリーの組み立てという課題を複雑なものにしているのは、（a）均衡から変換への交替と（b）経済理論と社会理論の合流との間の、この結合である。

以降の議論は、ハイエクが変換的概念把握を知っていたということを必要としない。もちろん、彼はそれについては知らない。そうした概念把握が優れているのは、それが彼の著作においてたんに暗黙的に示されていることを明示的にするのに役立つ、ということにおいてである。変換的概念把握をハイエクに帰することによって、ハイエクには均衡に取って代わる秩序原理が与えられる。(2)

それぞれをより深く詳細に論じる前に、議論の主な諸要素を概観することによって、本章の流れを明らかにしておきたい。

議論の要約

あるシステムを構成するさまざまな要素が調和して、混沌ではなく秩序を示すならば、なんらかの組織原理が働いているにちがいない。オリヴァー[3]によれば、もし存在するものの集合がたんなる「集塊」ではなく「秩序」であるなら、なんらかの「配列原理」が働いていなければならない（Oliver, 1951, 11）。研究している秩序が社会経済的なものであれば、以下の問題を扱う必要がある。秩序の外観が生じることを保証するために機能している組織原理は何か。それぞれ別の哲学的立場に根ざしている二つの原理が提供されるように思われる。

第一の組織原理は均衡である。それは、実証主義的経済学者のほとんどが、概して採用しているものである。ハーンは、均衡を新古典派理論の「中心的な組織化概念」として用いている（Hahn, 1973, 1）。あまりにも多くの均衡概念が存在するため、ひとつひとつを個別に取り扱うことはできないから、ダウが与えた包括的な仮の定義を利用することにしよう[4]。

> 均衡概念は、複雑な関係に秩序を課すので、経済学で広く普及している。それは、個別の諸力の結果を見るための自然な一点を与える。たとえ主要な関心が、力が用いられる過程自身にあるにしても、終点は分析のための有用な基準を与える。（Dow, 1985, 112, 強調は引用者）

この仮の定義に基づけば、均衡が生じるのは、たとえば、市場交換を通じて特定の組の価格が確立され、それ以上には良くならない状況においてすべての主体の行動が終了するときであるか、また、おそらく、主体がもはや自分の期待を、したがって行動を変化させせないようなシグナルを経済が出すときであろう。さまざまな均衡概念を区別するものは、われわれの目的にとっては関係がない。しかし、それらをひとつに結びつけているものはそうではない。すべての均衡概念が共有しているのは、（a）存在論としての経験論的実在論、したがって（b）同種の実証主義的方法論、および（c）最終状態の定義を第一の関心事としていることである。

第二の組織原理は成熟したハイエクが採用したものである。強調しなければならないのは、それが主流派のどの均衡概念ともまったく根本的に、そして質的に異なるということである。ハイエクは、私が社会経済秩序の変換的（かつ自生的）[5]概念把握と呼ぶところのものを採用している。この考え方は、（a）存在論としての準超越論的実在論と（b）方法としての準超越論的実在論を前提とし、（c）最終状態とは反対に過程を第一の関心事とする。そうした過程は、本質的に、知識の発見・伝達・貯蔵や、これを容易にするメカニズムや構造と強く結びついている。

本章では、成熟したハイエクが均衡概念を捨てて、秩序に関する準超越論的実在論の変換的概念把握を採用したこと、そして、この概念把握に含意された過程は、彼がカタラクシーを構成するものとして描いたものだということを示すつもりである。私は、現代経済学者のほとんどが概して否定する事柄が可能だということ、すなわち、われわれは分析が無政府状態に陥ることなく、均衡概念を放棄することができるということを論証したいと思う。

議論の主な構成要素を簡単に概観したので、ここでもっと詳細にわたって要点を詳述するつもりである。次節は、存在論としての経験論的実在論が、いかに組織原理としての均衡概念の使用を奨励しているかを示す。第四節は、ハイエクの社会経済秩序という考え方は均衡へのアンチテーゼであることを示す。他方、第五節は、社会的活動の変換モデルを導入し、社会経済的な資源・メカニズム・構造の生産、再生産および変換を強調する。最後から二番目の節は、この過程がハイエクのカタラクシーという考え方に含まれていることを示す。

存在論、方法、均衡および経験論的実在論

実証主義的経済学者が前提とする存在論としての経験論的実在論は、批判的実在論が公準とする存在論とは異なり、多層的ではなく、（隠喩的にいうならば）平板である。[6] 経験論的実在論は、経験的領域と現実的領域の二つの領域を融合してしまうものの、それらを認識している。しかし、深層領域を認識していない。深層領域を認識しないため、この領域に焦点を当てた研究を行なうことができず、したがって、経験的領域と現実的領域という二つの領域内にとどまらざるをえない。いいかえれば、研究は感覚経験に与えられる事象／行為に焦点を当てざるをえない。そこで、経験論的実在論者の研究は、感覚経験に与えられる事象／行為を世界の構成要素であるとみなし、こうした事象における規則的なパターンか、それらの恒常的連接、すなわち、ヒューム的法則を発見することによって、一般的な科学的知識を確立しようと試みる。経験論的実在論者の観点では、経済理論とは、これらのヒューム的法則を使って、仮定により補強された当初の公理から帰結を演繹することである。

すべての経済理論は、どのような世界が実在するのかについて、なんらかの妥当な主張をしていると称している。たとえそれが、理論と実在の間の対応関係について回りくどい説明を必要とするにしてもである。理論において導き出される事象／行為に関する言明は、現実世界となんらかの共鳴をもつにちがいない（もつと考えられている）。また、理論において引き出された法則は現実の世界に当てはまると推定されている。

ほとんどの経済学者は、現実の世界で起こっている事象／行為が恒常的に連接してはいないことを認識している。法則は完全な規則性をもって成立してはいない。たとえば、要素代替の法則を使用する主流派経済学者のなかで、

要素*L*の価格が上がったときにはいつでも、いずれの場合においてもつねに、要素*K*によって代替されるであろうと主張する者はいない。もっと一般的にいえば、どの主流派経済学者も、実在において（ヒューム的）法則が妥当すると実際に期待する者はいない。したがって、理論の構築にとって必要なこと、すなわち、事象／行為の恒常的連接は実在世界に存在していないようにみえる。

それでは、実証主義経済学者はどうすべきか。実在が完全に規則的ではないという事実は、事象／行為の不断の変化のなかになんらかのパターンを見いだすことを不可能にする。もしある場合に賃金の上昇が労働に対する資本の代替をもたらし、別の場合に資本労働比率に何の変化ももたらさないならば、賃金と要素雇用の関係について何をいいうるのか。それほど多くのことではあるまい。

このジレンマから抜け出す二つの可能な方法がある。ひとつめは、第6章で述べたように、理論化様式を、融合された経験的・現実的諸領域から深層領域へと切り替えることを要求する。批判的実在論者は、経験する事象が規則的パターンを示すことはまったくありえないことであると知っているので、研究の焦点をこうした事象／行為を生み出す基底的構造へと向ける。しかし、平板な存在論を固守する実証主義的経済学者は、単純にこの道をとることはできないので、第二の可能性、すなわち分析的抽象という手段をとることを選ばなければならない。

実証主義者は、事象／行為の不規則性の原因となる（実在する）複雑な諸要因を処理するさいに、人間行動の公理、仮定、および「他の事情が同じならば」という条項を、しばしばまったく虚構的に使用することによって、こうした諸要因をこっそり運び去ってしまう。理論的モデルは実在のいわば「縮約」版として、すなわち、実在のすべての側面ではなく、（概して意味の定義なしに）もっとも重要な側面を捉えたモデルとして構築されている、と推定される。この手続きは、批判的実在論者によって体系の閉鎖（closing the system）として知られている（Lawson, 1989aを見よ）。閉鎖系は、不規則性の原因となる複雑な諸要因を（もちろん理論的に）除去し、事象／行為の不断の変化における規則性を巧みに作り出し、ヒューム的法則を復活させるようなシステムである。(7) そうすれば、経済学は、こうしたヒューム的法則を使用することで、仮定により補強された当初の公理から帰結を演繹することへと移行することができる。(8)

秩序の理論を構築しようと試みている経済学者が、特定の主体が特定の状況でとるはずの行為に関する一連の法則をひとたびもつとき、それらは何の役に立つのだろうか。ローズビーに従えば、次のように論じることもできよう（Loasby, 1991, 9）。「経済活動の調整とはもちろん、経済学のすべてである」。その場合、経済学者の任務は、これらの法則を利用し、行為とその（意図された、および、意図されない）帰結の間の社会経済的な調整に関して何かを述べることである、と。(9)

主体の行為とそうした行為の帰結の間の調整を理解しようとする実証主義的な試みはいずれも、融合された経験的・現実的諸領域にのみ焦点を当てることができる。社会経済秩序に関する概念把握のひとつである、一般法則による調整という実証主義的な概念把握のもとでは、もし主体Aが行為Xを始めるなら、帰結Yが従うということを事前に言明ないし予測することができるような法則（ないし法則の組み合わせ）に、行為は基づかなければならない。

これを一般化すれば、次のようになるであろう。すなわち、主体A_1、A_2、A_3……A_nが（さまざまな制約のもと）行為X_1、X_2、X_3……X_nを開始すれば、帰結Y_1、Y_2、Y_3……Y_nが従うと知られている、と。経済学者の任務は、これらの行為の帰結がお互いに調和する条件を発見すること、あるいは実証主義的経済学に即してより正確にいえば、それをたんに記述することである。この調整が生じるといいうるのは、（a）各主体が、各々の行為の帰結に満足しており、かつ、（b）だれか一人の行為が他の人々の行為を妨げることなく、そのため、そのシステム内のどの主体の目的をも挫折させることがないときである。(10)

これがワルラスの一般均衡理論において果たされる方法とは、たとえば、初期賦存資源、技術、嗜好を具えた主体の集合の間に、市場清算を帰結する特定の価格と数量の相対的配置が存在するかどうかを論証することである。すべての主体の行為が他のすべての人の行為と調和するまで、彼らは価格と数量に対して自分の行動を変える、と推定されている。このとき、その結果として生じる相対的配置が均衡として描かれる。ここで重要なことは、焦点が向けられているのが、行為が修正される過程ではなく、そうした行為から生じてなんらかの最終状態で終わる帰結である、という事実である。実際、この過程自身はタトヌマン＝模索（tâtonnement）になぞらえられている。これは、理論化のための補助的用具として正当化されている、有名な虚構である。[12]

そこで、ひとたびわれわれが存在論としての経験論的実在論にコミットすると、経験的・現実的な領域でのみ、すなわち、行為／事象においてのみ、理論化を行なうことにコミットすることになる。どのような調整も、事象／行為の不断の変化のなかにおける規則的パターンに基づかなければならない。しかし、ここはまさに、知覚される規則性が存在しない領域なのである。そして、事象／行為の不断の変化のなかでは、どのようなパターンを見いだすことも不可能であるから、ヒューム的法則を見いだすことも不可能である。この規則性の欠如に対処するためには、モデルを構築することで体系を閉じる必要がある。そこでは、不規則性をもたらすすべての複雑な要因は追い払われ、ヒューム的法則が復活する。しかし、それはあくまで理論モデルのなかにおいてだけである。実証主義的経済学者は、主体の行為の帰結がお互いに調整され、その点において全体的な社会経済秩序が均衡という外観をとって存在しているといえるような条件を、記述ないし言明しようと試みている。ここでの組織原理は均衡であるが、それは二つの否定的な含意をもっている。

(1) 強調点がおかれるのは最終状態であり、そうした最終状態が生じるとされる、あるいは生じる傾向にある過程[11]

程ではない。

(2) 強調点がおかれるのは閉鎖モデルであるほかなく、実在ではない。

一九三〇年代以降、ハイエクにとってこのような否定的な含意は受け入れがたいものになっていた。以下で明らかになるように、ハイエクが経験論的実在論を放棄し、準超越論的実在論を採用したとき、社会経済秩序に関する彼の考え方は、均衡概念やそれがもたらす否定的含意をまったく必要としなくなったのである。

実証主義者としてハイエクⅠは、これらの否定的含意に疑問をもっていなかった。主観的観念論者としてのハイエクⅡは、それらに疑問をもったが、それらを満足のゆく代替案で置き換えることができなかった。なぜなら、彼は深層領域に接近しながら何かを認識していたが、彼がそこで見いだした「構造」はたんに観念的なものであって、実在的なものではなく、したがって、それによって行為が容易になることはありえないからである。構造は存在するが、不活性なのである。ハイエクⅢが、存在論としての準超越論的実在論を採用してはじめて、代替案へと前進する可能性が開けた。平板な存在論に対立する、この多層的存在論をもつことによって、ハイエクⅢの社会経済秩序に関する考え方は、均衡概念やそれがもたらす否定的含意をまったく必要としなくなったのである。

したがって、ハイエクⅢは、「最終状態」に対立する「過程」という観点から表現される社会経済秩序についての説明を与えることができる。また、ここでいう過程とは、仮説的なものでも虚構的なものでもなく、不規則な活動を生み出しうる現象を除去するために設けられたものでもない。それらは実在なのである。ひとたび経験論的実在論を放棄すると、ハイエクは経済学研究の焦点をシフトすることができる。それゆえ、彼は、経験に与えられる事象／行為を超えて、つまり融合された経験的・現実的領域を超えて、基底的構造すなわち深層領域へと移動することができる。事象間に完全な規則性がない(すなわち、ヒューム的法則がない)ということは、もはや問題ではない。なぜならば、秩序の性質ないし本質は深層レベルで確立されるからである。深層構造は超事実的な必然性をもって作用しているので、それらが事象のレベルにおける事象の規則性を生み出さないとしても、なんら問題にはならない。

ハイエクⅢは、「最終状態」に対立する「過程」という観点から表現される社会経済秩序についての説明を与えることができるという主張は、これらの過程がまさにカタラクシーの作動についてのハイエクの説明のなかに含まれているという観察結果によって強化される。さらに、これらの過程は、ハイエクの組織原理が変換であるという意味で、変換的性質を備えている。

この変換とカタラクシー過程について説明を続ける前に、均衡に関して明らかにしておくべき問題がひとつある。一九六〇年以降でさえ、ハイエクⅢは、ときに依然として均衡概念の残滓をもっているという印象を与える。この点は、新古典派理論に傾きがちなオーストリア学派の人々によって指摘されてきた。この問題を解決することは有益な練習課題である。なぜなら、それは均衡概念に対するハイエクの代替案に光を投ずるからである。

「秩序」対「均衡」

一九六八年に、ハイエクは明示的に均衡概念を捨て、秩序という代替概念を採用する。

経済学は、通常、競争が生み出す秩序を均衡の属性であるとみなしている。しかし、均衡とは適切な用語ではない。なぜなら、それはすべての事実がすでに発見され、したがって競争が終わっていることを前提としてい

> るからである。「秩序」という概念が……均衡という概念よりも好ましいと私は思うが、それは次のような利点をもっている。すなわち、われわれは秩序をさまざまな程度で研究されるべきものとして語ることができるし、秩序は変化の過程を通じて維持されうるからである。(Hayek, 1968a, 184)

彼は秩序を次のように定義している。

> さまざまな種類の複数の要素が密接に互いに関係しているため、全体の時間的・場所的な部分から学ぶことにより、残りの部分についても正しい期待を形成できるような状態。(Hayek, 1973, 36)

この移動が進歩であるのは、秩序が、均衡と異なり、最終状態に関する代替的な記述ではなく、むしろ再生産と変換の連続的過程であると理解しているからである。さらに、秩序は(一時的にせよ永続的にせよ)終点なき過程でもある。(13)

ハイエクの著作のなかに、「完全なハイエク的均衡」(Rizzo, 1990)へと向かう代替的な最終状態を見いだそうとすることは的はずれである。自生的な社会経済秩序は、均衡に関する別の概念把握ではない。それは、均衡と均衡経済学の拒絶なのである。

ベッキ、ホロヴィッツ、そしてプリチコが論ずるところによれば、秩序化過程の本性は、均衡という構成物とはまったく無関係に作用するものを把握する、均衡とは別の把握だという点にある。彼らは次のように付け加えている。

進化過程とは、終わりが決められていないものであり、どのような状態へ向かう傾向も存在しない。最終状態へ向かう傾向が人間の進化にとって何を意味するかを考えてみよう。進化過程を理解するためには、完全に進化した人間を考える必要があるというような生物学者はいないであろう。(Boettke *et al.*, 1986, 8)

ここで注目すべき点は、もし進化過程の理解や説明のために、完全に進化した人間が必要とされないならば、なぜ社会経済秩序の確立をともなう過程を理解し説明するために、完全に進化した、終局的な経済モデルが必要とされるのかということである。

しかし、ハイエクⅢがいくつかの箇所で、市場過程にともなう発見・学習の可能性のおかげで、期待が時間を通じてしだいに収束する傾向があるといった印象を与えていることに、触れないわけにはいかない。ある箇所で彼は述べている。

期待の一致は、……継続的な失望をともなう試行錯誤の過程を通じて生み出される。いかなる自己組織系の調整もそうであるように、この適応過程が作用するのは、サイバネティクスで負のフィードバックと呼ばれているもの、すなわち、行為についての期待とその現実的な結果との間の差異を減少させるような反応によってである。これは、期待の一致の増大をもたらすであろう……。(Hayek, 1976, 124-5, 強調は引用者)

もしこれが意味するのが、負のフィードバックは学習過程を生み出し、そうすることによって「期待の一致の増大」をもたらすことであると解釈するなら、十分な時間と努力が与えられれば期待は非常にうまく調整されたものになるので、期待がなんらかの最終状態で終了するという可能性を無視することは難しい。別の言い方をすると、もし期待がしだいにより調和的なものになるのなら、完全な調整がなんらかの最終状態、すなわち、なんらかの均衡において達成されるのを妨げるものは何もないのではないか、ということである[14]。

しかしながら、ひとたび最終状態という観点で考えることをやめれば、別の可能性が開けてくる。ハイエクが念頭に置いているのは、どのように記述するにしても、最終状態への一致ないし傾向といったものではありえない。これは重要な主張だが、ハイエクにとって「一致の増大」とは、他の社会経済組織の秩序が達成しうる一致のレベルに対して相対的にいえることである。

したがって、一九六八年の論文は、ハイエクがけっして達成されえない「基準点」である均衡概念と完全に断絶した時点を特徴づけており、また、それは他の社会システムで達成可能なものと比較して、より調整された状態として「より根本的に相対論的な」概念を受け入れたことを意味している、というリッツォの意見に私は同意する。ハイエクが、オドリスコルとリッツォの次のような意見に同意するのではないかとも思う。

> 進化的秩序の理論が最適性や効率性の理論でないのは、まさに、それが最終状態の理論ではなく、過程の理論だからである。……競争が称賛されるのは、それがわれわれの期待を実現するからではなく、われわれが期待しなかったであろうことを達成するからである。(O'Driscoll and Rizzo, 1985, 109–11)

ハイエク自身は、この点について次のように述べている。

> われわれが競争と呼ぶ発見手続きが目指しているのは、どちらかといえばより控えめだが、にもかかわらずきわめて重要な目的に対して、すなわち、実際に生産されているものすべてがもっとも安価な費用で生産される

というような事態に対して、われわれに知られているあらゆる方法によってもっとも近くまで接近するということである。……市場は、あらゆる個人が特定の機会や可能性に関する自らの固有な知識を利用するように誘導するからこそ、……だれにも全体としては接近できないような分散的知識の総体を利用する総合的秩序が達成されうるのである。(Hayek, 1967d, 91)

それゆえ、秩序や秩序へ向かう傾向という考え方は、均衡や均衡へ向かう傾向という考え方とは根本的に異なる。ハイエクはずっと前に、どのようなものにせよ最終状態という思想を放棄しているので、代替的な「ハイエク的均衡」を探し求めることは的はずれである。どのような代替案も存在しない。ここでいう傾向とは、いかなる最終状態へも実際に向かうものではなく、他の代替的な社会経済システムと比較して、よりよく期待を調整するといった傾向なのである。われわれは、ハイエクが次のように述べることを想像することもできよう。「市場を基盤とする社会経済によって生み出される行為の帰結の調整、すなわち、秩序へと向かう傾向は、計画経済によって生み出される秩序へと向かう傾向に比べてより強力である」。

ハイエクによる資本主義の擁護、すなわち、市場を基盤とする社会経済は他の代替的形態よりも優れているという主張は、均衡の一意性や安定性を証明したり「記述」したりする理論的能力によって決まるわけではない。それは、行為と帰結を調整し、いままでに知られている代替案に比べてよりよい社会経済秩序を生み出すために、市場を基盤とする社会経済が分散的知識の全体を利用する方法や理由に関する説明によって決まる。

ハイエクが均衡を利用しているとする疑いの残滓を払拭したので、いまやわれわれは、彼の著作を利用しつつ、いかに代替的組織原理すなわち変換的組織原理を提示しうるかという問題にとりかかるときである。これが次節の主題になる。私は、かなり抽象的な詳述から始め、しだいに具体的なものへと移動するつもりである。

存在論、方法、変換および批判的実在論

ハイエクの社会経済秩序についての考え方が過程に関わるものだということは、すでに明らかであろう。私は、より高次および低次の抽象レベルの両方で、この過程を論じるつもりである。《社会的活動の変換モデル（The Transformational Model of Social Activity, TMSA）》は、より高次レベルの分析枠組みを供給する。他方、ハイエクがカタラクシーとして描く過程は、より低次レベルで、すなわち、より具体的レベルで概説される。高次レベルは本節の焦点であり、低次レベルは次節の焦点となる。

ハイエクの準超越論的実在論は、批判的実在論という形式で社会科学に拡張される。彼はそこで準ＴＭＳＡについて詳述している。ここにおける「準」という用語は「接近しつつある何か」を意味しており、実際にハイエクがＴＭＳＡの社会的存在論の全体を採用しているわけではない、ということを含意する。また、準超越論的実在論と同様、私はハイエクがＴＭＳＡを採用していない諸側面については（ひとつの例外を除いては）詳述しないつもりである。

図10－1は、さらに展開されるカテゴリーのいくつかをまとめるのに役立つであろう。それは、本章が進むにつれて導入されるはずの一、二の点を付け加えている。第６章で概観したように、ＴＭＳＡの本質は、批判的実在論の存在論に関する特定

図 10－1　ハイエクの準 TMSA の構成要素

主体	意図的行為 手続的合理性 ルール遵守を容易にする認知装置
資源	知識
メカニズム	公式的知識を操作する主体 情報伝達システム
構造	ふるまいの社会的ルール

の理解にある。存在論は多層化されているだけではなく、変換的でもある。存在、この場合社会的存在は、本性的に変換的なものであると理解されている。これは何を意味するのか。それが意味するのは、現存する社会的質料（資源、メカニズム、構造）は、けっして主体の行為によって初めから生産されるのではなく、生産の行為においてつねに再生産され、しばしば変換されるという事実によって存在しているということである。社会的質料は、社会経済的行為の条件であるとともに、その結果でもある。

ここで提示する様式化されたハイエクの準ＴＭＳＡによれば、社会とは、資源、メカニズム、そして構造の総体である。しかし、これらの要素は、たんなる集塊として寄せ集められるのではない。そこでは組織原理が働いており、その原理こそ変換なのである。これらの要素は、人間主体にとってつねに存在する条件であり、人間主体によってたえず再生産される結果である。

意図した結果を生み出そうとする欲望によって動機づけられ、資源を所有する主体は、メカニズムを用いあるいは作動させ、構造を頼りにし、行為を開始して、意図した結果を生み出そうと試みる。主体がそうした行為を開始することができるのは、ただ主体がメカニズムを用い、構造を頼りにすることができるからである。もしこうしたメカニズムが存在しなければ、彼らの行為は概して意図した結果を生み出すには不十分であろう。もしこうした構造が存在しなければ、どのような行為もまったく不可能になるであろう。しかし、こうした行為を行なうにさいして、主体は（概して意図せずに）彼らが用い、頼りにする資源、メカニズム、そして構造を再生産し、変換している。このような資源、メカニズム、そして構造は、バスカーが「人間主体にとってつねに存在する条件であり、人間主体によってたえず生産される結果」（Bhaskar, 1989a, 34–5）として言及するものになる。簡単にいえば、主体は、資源、メカニズム、そして構造に働きかけることなしには、所望の目標を生み出すはずの行為を起こすことはできない。だが、主体がそれらに働きかけるとき、それらは再生産され、変換される。したがって、ＴＭＳＡは変換的存在論を前提とする。存在するものが存在するのは、生産を通じてそれが再生産され、変換されることによる。過程の最終点にけっして到達しないのは、社会的存在のこの変換的性質のためである、ということに注目しなければならない。存在するものはたえず生産されなければならないけれども、それはまた概して過程において変換されるので、精密には再生産されないのである[15]。

市場を基盤とする社会経済の変換的理解に関するこの議論を、もう少し具体的な言葉で始めよう。ハイエクにとっての主体は、ルール遵守的行為を容易にする認知的装置を具え、局所化された知識という形式で資源を所有し、（とりわけ）富裕になる見込みを増大したいという欲望によって動機づけられて、行為を開始し、他人の行為および帰結と相対的に調和しうるような帰結を生み出そうと試みる、ということができよう。このことが、ふるまいの社会的ルールを頼りにすることを必然的にする。そして、主体の行為全体の意図された帰結と意図されざる帰結の結合が自生的秩序を生み出すが、もちろん、それは主体のもともとの意図には含まれていない。もし知識の生産・伝達・貯蔵を容易にする公式的メカニズム（たとえば商業新聞）が存在しなければ、知識の利用可能性はきわめて限定されるであろう。もし情報伝達システムが存在しなければ、情報伝達はきわめて扱いにくいものになり、だれも自分の意図する帰結を生み出すことができるほど十分に知ることはできないであろうし、自分の計画や行為を他者と調整することさえ始められないであろう。しかし、もしふるまいの社会的ルールが存在しなければ、どのような社会的行為もまったく不可能となるであろう。なぜなら、主体はルールを遵守することによってのみ行為することができるからである。

ここで重要なことは、社会的行為を行なうとき、主体は（概して意図せずに）、彼らが利用し、頼りにしている公式的メカニズム、情報伝達システム、ふるまいの社会的ルールを再生産するという事実である。だから、ルールという形式における社会構造、情報伝達システムというメカニズムは、「人間主体にとってつねに存在する条件であり、……人間主体によってたえず再生産される結果」なのである。
この変換的社会存在論は、社会システム進化についてのハイエクの説明において前提とされている。彼が示そうとしているのは、社会経済秩序の機能が一群の（ある意味で正しい、あるいは適応的な）事前に存在する社会構造に依存するが、それらはまた行為を媒介として生産され、変換されるということである。かくして、彼は「ふるまいのルールのシステム進化に関する覚え書き」において次のように記している。

ある集団の行為に秩序が存在し、維持されるということは、諸個人が従うふるまいのルールだけから説明できるが、これらのルールが……発展してきたのは、それら諸個人が、構造が徐々に変化してきた集団で暮らしてきたからである。……したがって、任意のある時点における社会経済秩序の機能を説明するためには、個人のふるまいのルールは所与と仮定しなければならない。（Hayek, 1967a, 72）

われわれは、意見や価値の枠組みのなかでのみ、われわれのすべての見方や信念を判断し、修正することができる。意見や価値の枠組みは徐々に変化するが、われわれにとって、それは進化の所与の結果なのである。（ibid., 75）

ハイエクは一般に、ルールに関する議論と情報伝達システムに関する議論を切り離しているが、前章で述べた両者の間の接合は、それらが本当は切り離せないということを示している。それらはともに、感覚経験に与えられる事象の絶え間ない変化を生み出す一組の社会構造を構成し、また社会科学的研究の焦点になる。それゆえ、ハイエクは多層的な存在論を採用して、深層領域に焦点を当てていると結論することができる。したがって彼は、初期の哲学的総合にともなう社会的存在論を放棄し、変換的な社会的存在論を採用したのである。

理論化様式の切り替え

この社会的存在論としての準批判的実在論を得たことで、ハイエクの思想にはきわめて重要な発展が生じた。理論化様式が、融合された経験的・現実的領域に焦点を当てることから、深層領域へ焦点を当てることへと切り替わった。社会経済理論は、最終状態の定義に（唯一の、あるいは主要な）関心を払うことをやめ、その代わり、社会経済的活動を可能にする資源、メカニズム、そして深層構造の研究へと切り替わった。いいかえると、ハイエクは研究の焦点を、融合された経験的・現実的領域から、したがって感覚経験に与えられる事象／行為を第一の関心事とすることから、深層領域へ、つまり基底的構造を第一の関心事とすることへと切り替えている。これは、感覚経験に与えられ、最終結果を構成する事象／行為は、（a）たんに研究の端緒であり、（b）基底的構造によって部分的に支配されるものの、（c）概してこれら基底的構造とは位相が異なっている、とハイエクが認識したためである。

基底的な因果構造やメカニズムと、それらが支配する事象／行為の間の関係は、非同型的（non-isomorphic）なものとして認識されている。同様に、事象／行為と事象／行為の間の関係も非規則的なものとして認識されている。だが、何かがこれらの事象／行為を支配している。すなわち、それらは、完全な規則性を示さないものの、（概して）たんに混沌とした、絶え間ない変化でもない。深層構造とそれらが支配する事象／行為の間には、もし後者が秩序的・体系的であるならば、なんらかの形式の非同型的関係が存在している。基底的な深層構造が（質料的な）因果的・超事実的な必然性をともなって働くならば、それは事象／行為を生み出すが、この関係の性質を事象／行為自身から読みとることはできない。かくして、深層領域こそ研究の焦点を当てる場所である。隠喩的にいえば、科学の任務は、規則的な結合関係を発見しあるいは作り上げることを試みつつ、事象／行為と事象／行為の間を（水平的に）移動することではなく、事象／行為からそれらを支配する深層構造へと移動することなのである。

社会経済秩序の説明についてのハイエクの成熟した探究は、もはや事象／行為に焦点を当てる、実証主義に着想を得た研究（たとえば、計量経済学的研究のような）ではなく、あるいは、ハイエクⅡの場合のように、社会経済活動の結果や帰結の記述（たとえば、一般均衡理論研究のような）でもない。これらはともに、水平的な操作を行ない、平板な存在論をもって、均衡を組織原理として採用することを奨励する経済学者の事例である。それは、ハイエクⅡの場合のように、主体によって抱かれている想念、したがって主体の理解に接することによって獲得される想念から社会的カテゴリーを構成する、拡張された経験論的実在論に着想を得たアプローチでもありえない。むしろ社会科学の任務は、利用され生産され、自生的秩序を可能にする、さまざまな資源、メカニズム、構造に関する探究や説明へと切り替えられる。いいかえると、強調点は、一連の調整された期待、計画、行為、帰結（均衡）という点で最終状態を記述することから、行為の条件について、したがって、社会経済秩序の確立にともなう変換過程について詳しく説明することへと切り替えられる。

いままでに言及したカテゴリーがすべて機能するならば、いまやこのモデルを超え、このＴＭＳＡがより高次の抽象レベルで把握した実在的過程に光を当てることが、必要かつ可能である。これは、自生的な社会経済秩序の確立にともなう現実の過程に関するハイエクの理解を明らかにする。これらの過程に関するハイエクの理解を例証するのは、カタラクシーの作動についての彼の詳しい叙述である。(16)

市場過程あるいはカタラクシー

ハイエクが「カタラクシー（catallaxy）」という用語を使うのは、「経済（economy）」という用語が、彼のいう設計主義的思考によって汚染されてきたように思われるからである。「設計主義の誤謬」において、ハイエクは、設計主義とは「人間自身が社会制度や文明を創造したのだから、意のままにそれらを変えることもできるにちがいない」（Hayek, 1970a, 3）という考え方であると定義している。ハイエクは次のように考える。「経済」とは、創造された制度、家計、企業、あるいは社会主義システム、すなわち、その内部で、所与の諸手段全体が、単一かつ意識的に形成された計画に従って競合する諸目的の間で配分され、それにより最適の結果が記述されうるような、任意の存在を指す。カタラクシーという用語は、意識的に形成される諸目的の単一の秩序と最適な最終状態といった考えをいっさい呼び起こさず、むしろ自生的に創発する現象を想起させる。したがってカタラクシーとは、市場秩序すなわち、「市場における多数の個別的諸経済の相互調整によって生み出される秩序」（Hayek, 1976, 108–9）を描写するために使われる用語である。

カタラクシーは、彼のいわゆる「拡張された秩序」（Hayek, 1988, 19）のなかに生きる多数の主体によって特徴づけられるが、四つの主要かつ重要な特徴をもっている。第一に、ハイエクⅢの著作における主体は孤立しているが、非社会的ではなく、社会的な個人である。彼らは、ふるまいの社会的ルールの網の内部に位置づけられ、社会的行為を行なううえでそれに依存している。ハイエクが提供しているのは、抽象的な原子化された個人の行動についての一連の主張ではなくて、むしろ社会理論である。[17]

第二に、第5章で明らかにしたように、各主体は異なる知識の断片を所有している。彼らがもつ知識の正確な範囲は、彼らがもっている知識、欠いている知識、あるいは探している知識のタイプに依存している。たとえば、主体は身近な環境についてはかなり広範な知識をもっているが、遠い環境についてはほとんど何も知らず、将来については根源的に無知であるかもしれない。

第三に、主体は、期待を懐き、計画を立て、その後、自分自身の目標を目的意識的に追求するために行為を開始する。利己的であるかもしれないし、きわめて利他的であるかもしれないが、動機は重要ではない。ここでの問題は、なんらかの行為を開始するように、あるいはなんらかの目標を追求するように、そして、自分たちの行為や目標を相互に両立すべく試みるように、主体に指令する単一の精神が支配していないということである。

一見すると、これは混沌のための処方箋であると思われるかもしれない。孤立した諸個人が、局所化・断片化された部分的な知識の小さな小包を持っており、彼らはときとして無知であり、自分自身の（おそらく）利己的な目標を追求しているが、意識的に調整する主体が支配してもいない。

しかし、四番目の重要な特徴こそ、これが混沌に落ち込むことを阻止し、社会経済秩序を確立するための鍵を握っている。それはすなわち、ふるまいの社会的ルールである。主体が社会的行為を始めることができるのは、ただ彼らが社会的ルール（それはもちろん、彼らがどうするかを正確には決定しない）を利用する限りにおいてであるから、彼らの行為は個人的に動機づけられていると同時に、社会的に制約されている。ハイエクによれば、

諸個人を調停し、彼らを社会における共通の永続的なパターンへと編み上げているのは、……彼らが同一の抽象的ルールに一致して反応しているということである。……人間がともに平和のうちに生活し働くことが……できる……のは、諸個人の目的を追求するうえで、彼らの努力を駆り立てる特定の貨幣的刺激が……同一の抽

象的ルールによって導かれ制限されているからである。感情や刺激が彼らが何を欲するかを教えるとすれば、慣習的ルールはいかにしてそれを達成しうるか、また、達成することを許されているかを彼らに教える。(Hayek, 1976, 12)

このように、カタラクシーは、人々が財産、不法行為、契約に関する法の支配の範囲内で行為することを通じて市場が生み出す、特殊な種類の自生的秩序である。(Hayek, 1982b, 109)

行為と帰結が両立不可能で、当初は混沌とした結果が生じそうに思われるところにおいても、一群の基底的な深層構造がふるまいの社会的ルールという形式で存在するために、行為と帰結の両立可能性が高い程度で保証されている。ハイエクによるカタラクシーという用語の使用が、ここではきわめて啓発的である。この語は古代ギリシアに由来し、交換することだけではなく、より重要なことに、「敵から友へ変化すること」(Hayek, 1976, 108)を意味している。潜在的に破壊的な力を利用することが、ハイエクの自生的な社会経済秩序の核心に存在している。

カタラクシーがいかにして秩序を生み出すように機能するかを説明するために、ハイエクはゲーム(18)のアナロジーを引き合いに出す。ゲームの結果は、技能と運の混合によって決まるであろう。ゲームは、むしろスポーツ競技のようなものであり、そこでは、だれも不正を行なわず、全員が同じ勝算をもつことを保証するように審判員がルールを公式化することはできるけれども、幸運な勝者と不運な敗者が生まれることを阻む方法は存在しない。

ゲームの結果を、いかなる意味でも正義ないし公正であるとみることはできない。実際、もし運や偶然といった要素がこの秩序を生み出すうえで役割を果たしていることを認識するならば、これらの用語はまったく無意味である(Hayek, 1976, 117)。高い収益という魅力が主体を市場に引き入れるかもしれないが、主体がそこに止まり続けることはいかにして可能なのか。というのも、個人は自分の報酬が不正義ないし不公正なものであるとみなすかもしれないだけでなく、判断の誤りを犯したり、たんなる不運に見舞われたりする可能性によって、金融上の深刻な困難に直面することも十分にありうるからである。答えは二つの要因とともにある。第一の要因は、カタラクシーが富を創造する力に関係する。第二の要因は、すべての主体がふるまいの市場ルールを遵守することによって、増加した富のより大きな部分を獲得することに成功する確率を増大させる方法に関係している。

第一の点についていえば、カタラクシーの特異性は、あるいは特異性であると主張されていることは、それが富を創造する非ゼロサム・ゲームであり、貢献するための適切な知識をもっている、あるいはおそらく知識をいかに利用するかを知っている、すべての主体に対して開かれているということである。プレーヤーはただ自分の欲求を満たすためにゲームに参加し行為するが、彼らはまた意図せざる結果として他者の欲求を満たすかもしれない。ハイエクによれば、富が創造されるのは、ゲームが、

各プレーヤーに次のような情報を提供するからである。すなわち、各プレーヤーはそうした情報のおかげで、自分が直接知らないニーズに対して、それがなければニーズの存在に気づかなかったであろう諸手段を利用することによって、備えることが可能になり、それゆえに、そうでない場合に可能であるよりも、いっそう広範なニーズを充足できるようになる。こうして、市場において各人は、自分に見える利得によって自分には見えないニーズに奉仕させられ、まさに自分にとって未知の特定の状況を利用するように強いられる。その状況は、できるだけ小さな費用でそうしたニーズを充足させる立場に自分をおくのである。(Hayek, 1976, 115)

知識のフローを増大させることによって、各主体は自分の金融的収益を増大させることができるし、同時に、社

会全体として利用可能な財のフローを増大させることができる。これは、費用を最小化することを保証するという利点があると考えられている。なぜなら、「それを満たすのに必要とされる以上に多量の手段を、他のニーズ向けの用途から引き上げるというコストを払ってまで満たされるニーズは何もない」（Hayek, 1976, 113）からである。収益の大きさが、個人の行為が富の増大に貢献しているかどうかを決定する。もし収益が不十分であることが明らかになれば、それは行為を矯正するための誘因になる。価格シグナルと利潤マージンは主体に問題への注意を喚起し、そして主体は適切な行為を決定するためにルールのストックを利用する。その結果、主体は必要とされていない財やサービスを生産・供給したり、必要とされている財やサービスを非効率な技術を用いて生産したりすることにより、自分のエネルギーを浪費しないですむ。ハイエクが主張するところによれば、全体的な結果として、この知識が自由に流れない場合に比べてより大きな富が創造されるのである。

社会の富の創造力を増大させる特定の組織様式が存続するのは、主体が自分の富の機会を増大させるためにそうした構造やメカニズムを利用し、その過程で、その組織様式を生産し変換するからでしかないと思われる。

第二の点についていえば、主体がカタラクシーのゲームに残るのは、そのゲームのプレーを容易にするルールが、ある意味で受け入れられているからである。そして、それらが受け入れられているのは二つの理由による。第一に、ルールは概して暗黙的に知られている。主体はルールに従う「遂行方法」を知っているが、必ずしもこれらのルールの機能（「論述内容」）について知っているわけではないという意味で、そうである。この場合、主体は、そのゲームでプレーしているということにすら気づいていないが、なんらかの暗黙的な意味で、ルールに満足しているにちがいない。さもなければ、たぶん、彼らは社会の構造そのものを疑問に思いはじめるであろう。

第二に、そうしたルールが受け入れ可能なものであるのは、もし主体がゲームとルールについて熟考するならば、そうではない場合、すなわちその他の「ゲーム」に比べて、そのゲームがより大きな機会を提供していると彼らが気づくときである。たとえば、資本主義は人間の自由と両立する唯一の社会だということを意味する社会政治的イデオロギーが、そのシステムでは成功しそうにない人々によってさえ受け入れられるのは、立身出世の機会はつねに存在しているということを彼らが理解するからである。主体がこのルールを受け入れるのは、ルールがすべてのメンバーに等しく適用され、各人に成功の平等な機会が与えられているからである、とハイエクは断言する。それゆえ、ルールは伝統と進化の結果である。それは、歴史的に進化する社会の集合的英知を体現している。進化は、ゲームのルールを選択し、社会が反社会的であると考える活動の諸側面について知らせる。

さらに、不確実でたえず変化する世界では、遵守されうる唯一のルールは、抽象的・一般的なルールである。あらゆる不測の事態をカバーしうるほど具体的なルールが存在しうるとは、およそ考えられない。むしろ柔軟性が要求される。ここでもハイエクは、変換的概念把握を用いているようである。それによれば、ルールは行為の条件であると同時に、行為の結果でもある。

第8章で述べたように、社会的ルールは二つの重要な特徴を備えている。それは具体的行為ではなく、一般的行為に関するものであり、また、少なからず、なんらかの部類の行為を禁止するという意味で制限的である。だから、ルールは、主体が行なってよい特定の行為ではなく、一般的な行為に関するものであり、しばしば主体が行なってはならない一般的な行為に関するものである。ハイエクは述べている。

> したがって、ふるまいのルールは……特定の人々に便益をもたらすことを見越して設計されるものではなく、何種類もの環境に対する適応として発展してきた多目的用具である。なぜなら、それは何種類もの状況を処理するために役立つからである。(Hayek, 1976, 4; ibid., ch. 7; 1960, ch. 4 も見よ)

個人の行為を導くルールは、彼が何をするだろうかではなく、むしろ彼が何をしないだろうかを決定するものとみなしたほうがよい。(Hayek, 1962, 57; 1988, 12も見よ)

ハイエクが考えているルールとは、ある特定の商品が特定の価格で販売されなければならないとか、一定の所得分配が維持されなければならないとか、特定の倒産を避けなければならないとか、そういったことを規定するものではない(Hayek, 1976, ch. 10)。これらは設計主義的な、すなわち意識的に考案されたルールの事例である。

彼が通常考えているルールは、分析的抽象のマクロレベルで議論されるようなものであり、たとえば、私的所有権、法的拘束力をもつ契約の履行、あるいは、合法的に利用できる経路を主体に知らせるようなルールである。このように、たとえば、特定のかたちの「インサイダー取引」を不法とするような法律のおかげで、主体は不確実性に対処することができる。なぜなら、どのようなタイプの情報伝達が許されていないかをだれもが知っているからである。それゆえ、カタラクシーがそのなかで機能している、ふるまいのルールは、誠実、正直、約束遵守などの一連の暗黙的な不文律はいうまでもなく、所有権、不法行為、契約に関する法律からなる複雑なルールの網として現れる。

さて、ハイエクはルールの否定的側面、すなわちルールの制限的もしくは制約的な性質や、抽象のマクロレベルで議論したルールを強調する傾向がある。とはいえ、ハイエクはカタラクシーの機能に関して詳述するさいには明確に指摘していないものの、主体はまた、ルールの肯定面、つまり行為を可能にする側面や、ミクロレベルで議論されたルールをも利用しなければならない。ゲームをすることは熟練を要する業であり、すべての主体、とくに企業家は競争するために、暗黙的にのみ知られている範囲や階層のルールを利用できなければならない。この問題については、第8章で言及したエブリング論文の議論を思い出していただきたい。

ルールの複雑な網の目は、一般に不確実性を減少させるために機能するが、特定の場合には、それはほとんど不可避的に不確実性を増大させる。ルールが保証できるのは、諸主体は実り多い仕方で相互に交流しうる潜在的可能性をもっているということでしかない。それは、主体が実際にそうすることを保証できるわけではない。はじめはむしろ逆説的にみえるけれども、これはとくに価値や価格について当てはまる。主体はルールに従うことで、価格や価値に含まれる知識を利用することができるし、そうすることで、他者が行なった決定と少なくとも両立しうる見込みがある行為を決定することができる。しかしルールは、その価格がいくらであるべきかを述べるということまではしない。ハイエクによれば、意識的に構築されるルール、すなわち、「商品Xは一〇ポンドで売られなければならない」と（事実上）述べるルールは存在しないし、存在するべきではないのである。

ふるまいの抽象的ルールが保護することができる（また、自生的秩序の形成を確実にするためには、そうするべきである）のは、特定のモノやサービスを自由に使えることに関する期待であり、市場価値に関する期待ではない。（Hayek, 1978, 124）

達成できる最大の確実性を得るためには、物品が売買される諸条件と同じくらい重要な期待の対象を不確実にしておかなければならないということは、一見すると逆説的にみえる。（Ibid., 125）

これが、情報伝達システムとそのシグナル機能を導入する。「過ぎ去ったものは永久に過ぎ去ったものである」（Hayek, 1976, 121）というジェヴォンズの一節に捉えられているように、価格はたいへん重要な時間的性質を具えている。現在の価格だけが重要である。なぜなら、それは現在行なうべき行為は何かを教えてくれるからである。

すなわち、現在の価格は、ある生産物にいまどの程度の時間、努力、資源などを投入する価値があるかを教えてくれるのである。もしわれわれが安定的であると思っていた諸条件が、時間の経過とともに現実的に変化するならば、すでに費やされた資源を取り戻すことはできない。この場合、その行為の結果として期待が裏切られる可能性がある。

したがって、価格はきわめてしばしば「誤った」ものになるであろうし、「誤った」情報を含むこともあるだろうし、正統派の用語法でいうと、「不均衡」価格のこともあるだろう。しかしこれは、それらが役に立たないということを意味するのではない。実際、社会経済活動の徹底的に動態的な性質と人間の創造性を所与とすれば、価格が「正しい」価格、すなわち、均衡価格でありうるとみなすことがむしろおかしなことである。たとえばある企業家は、「うまくやってゆく」ことを可能にするような、暗黙的に知られている、一連のふるまいの社会的ルールだけではなく、時間的・空間的に局所化された一連の知識を意識的に利用することによって、一台の機械が一定の品質の商品を生産するだろうという期待を形成するかもしれない。そして、その期待は、彼と供給者の間での法的契約によって明示的に保証され、正直、約束遵守などのルールによって暗黙的に保証されているかもしれない。これらのルールのいずれによっても、企業家は、最終製品や供給者の行為に関する不確実性を削減することができるであろう。したがって、そのようなルールのおかげで、この種の期待はずれが起こる範囲はかなり限定されるのである。

しかし、これと対照的に、その企業家はまた、最終製品がある価格で売れるだろうという期待をもっているかもしれない。だが、彼の価格に関する期待が裏切られないよう保証するためのルールはないし、ありえないし、また、あるべきではない。エブリングが述べたように、企業家は理念型のストックに基づいて行為を決定しなければならない。ある特定の時点において、特定の企業家たちは、いずれ裏切られるはずの期待を継続的に形成しているであろう。しかし、全体的な結果としては、ほとんどの企業家が、ほとんどいつも、いずれ正しいことがわかる期待を形成しているだろう。

その結果として、主体は、一般的ルールを遵守しながらも、試行錯誤を通じて進まなければならないであろうし、これは不可避的に、かなりの数の主体にとってはたえず期待が裏切られることを意味するにちがいない。特定の不確実性の存在によってのみ、一般的な不確実性を最小化することができる。ハイエクが述べたように、「われわれが達成しうる最善のことは、……確実性ではなく、回避しうる不確実性の除去である」(Hayek, 1976, 125)。

試行錯誤、期待はずれ、そして、他者に対する情報伝達の失敗がたえず発生する過程で、主体がそれらを修正しようと努めるがゆえに、適応過程が引き起こされる。たとえば、情報不足や誤った情報に基づいて行動したり、市場を誤って読んだり、誤った決定を下したり、あるいはたんに不運であるために、個人企業家の側で誤った期待が生じる場合、それは、市場で得られた商品価格が期待していたものではないということを意味するだろう。これは必ず、その企業の収益に影響を与えるだろう。したがって、市場で決定される収益は、

> 概して人々を成功へと導く誘因であるが、関連する状況が思いがけず変化したときには、そうした収益が呼び起こした期待をしばしば裏切ることによってのみ、存続可能な秩序を生み出すであろう。どの計画が誤りであるかを示すことは、競争の主要な任務のひとつなのである。(Hayek, 1976, 117)

しかし、ひとたびなんらかの計画や期待が誤りであることが示されると、その結果は、同じ誤った期待に基づいて行動することを避けようとする他の主体によって認識される。ラックマンが言うように、「だれも他の人々に手がかりを与えることなく、儲けになるように［儲けにならないように、と付け加えてもいい］自分の知識を活用す

ることはできない」（Lachmann, 1976, 59）。

ハイエクのある論文のタイトル「発見的過程としての競争」（Hayek, 1968a）が暗示しているように、変化しつつある世界では、価格シグナルはどのような状況を活用すべきかだけではなく、どの状況を避けるべきかをも指示している。価格シグナルだけではなく、倒産かつ／または損失は、高利潤とともに発見過程の大きな部分であり、主体にどの行為を避けるべきかを教える。

この過程によって深刻な損害を受ける主体がいるということは不幸な副作用であるが、それを避けることはできない。なぜなら、介入は知識の発見・伝達・貯蔵を妨げ、それによって富の創造過程を妨げ、すべての人々の好機を害するからである。

> 諸個人のバラバラな行為が全体秩序を生み出すとすれば、必要とされるのは……諸個人の行為の成功が他者によるある適合的な行為に依存する側面では、少なくともこの合致が生じる見込みが十分にあるだろうということである。しかし、この点についてルールがなしうるのは、人々が一緒になって、その適合の形成をより容易にするということだけである。つまり抽象的ルールは、これがつねに起こるよう保証することは実際にはできないのである。（Hayek, 1973, 99）
>
> 自生的秩序では、不当なものであっても失望は避けられない。……それは、ただ現在と同じだけ高い所得を得るという正当な期待がはずれることを、無数の人々がたえず甘受しているからである。（Hayek, 1982a, 128）。

したがって、全体的秩序の可能性が生じうるのは、ただたえざる無秩序が存在しているからである。あらゆる時点において、期待はずれを経験するというかたちで、無秩序の状況に不可避的に置かれている主体がいる。

要約すれば、ハイエクが論じているように思われるのは、主体が、知識という資源をもち、自分の利益を増大させることを目的として、カタラクシーのゲームに参加するということである。主体は、知識の発見・伝達・貯蔵を容易にする、認知ルール、社会的ルール、そして情報伝達システムの階層という形式の深層構造やメカニズムを利用して、プレーする。構造とメカニズムの総体は、知識の発見・伝達・貯蔵を容易にし、調整された活動に近いものが生ずることを保証する。資源を使用し、メカニズムを利用し、構造を頼りにする過程で、社会経済は再生産され変換される。

ここで作動している秩序の原理は、市場を基盤とする行為の条件であるとともに結果でもある、社会構造総体の再生産と変換の原理であると思われる。ハイエクは、秩序立った活動の条件が、いかにして生産を媒介とする生産と変換を通じて存続するかを説明しているようである。

とはいえ、知識の発見・伝達・貯蔵を容易にするメカニズムと構造の能力は、けっして「完全」ではないので、調整も完全、効率的、最適といったものからほど遠い。市場における活動は試行錯誤を通じて進み、したがってたえざる期待はずれを必然的にもたらしながら、自生的な社会経済秩序を生み出す。この秩序は、計画・行為・帰結の均衡ないしは完全な調整として描くことはできないが、けっしてたんなる混沌ではない。

結論

一九六〇年までに、ハイエクは初期の主観的観念論を放棄するとともに多層的で変換的な存在論を採用し、それによって、知識、無知および、ふるまいの社会的ルールに関する一連のカテゴリーを採用するようになった。この新しい存在論はまた、社会経済研究が、融合された経験的・現実的領域を離れて、深層領域に再び焦点を当てる可能性を開いた。これによって、理論化様式の移行が促進されることになる。社会経済理論は、事象の恒常的連接、すなわちヒューム的法則の生成、仮定によって補強された公理から帰結を演繹すること、そして、均衡による最終状態の定義に関心をもつことをやめる。それに代わって、社会経済理論は、調整された社会経済活動を可能にする諸条件を探究し説明するものとなる。ハイエクによる社会経済秩序の理論が焦点を当てるのは、主体が自分たちの計画・行為・帰結を調整しようとするさいに、彼らによって利用され、再生産され、変換される、さまざまな資源、メカニズム、そして構造なのである。

ハイエクは、自生的な社会経済秩序の変換的概念把握とでも呼びうるものを採用したように思われる。社会経済秩序の諸条件、すなわち、知識という形態の資源、知識の発見・伝達・貯蔵を容易にする情報伝達システムのようなメカニズム、そして、ふるまいの社会的ルールという形態の構造は、市場を基盤とする社会経済行為の永続的な条件であるとともに、そうした行為によってたえず再生産され変換される結果でもある。市場過程あるいはカタラクシーに関するハイエクの詳述は、この変換的な社会的存在論の実質的な現れなのである。

原註

日本語版への序文

（1） 批判的実在論の思想は、以下の著作に見られる。Downward（2003）; Fleetwood（1999）; Lawson（1997）; Lawson（2003）; Lewis（2004）。

（2） これは、慣習（conventions）についてのケインズの周知の考え、および習慣（habits）についてのヴェブレンの周知の考えを想起させる。

第1章 序論

（1） 封建社会については、Kay and Mott（1982）を見よ。秩序探究の歴史的起源については、Spengler（1948）および Clark（1989）を見よ。

（2） とくに Rubin（1990）を見よ。

（3） アローとハーン（Arrow and Hahn, 1971）は、スミスの見えざる手について次のように述べている。「それぞれ独立の行為がさまざまな価値を追求することによって動く社会組織と、最終の釣り合いのとれた整合的状態とは矛盾しないという考え方は、……疑いもなく、経済思想が社会過程一般の理解に与えたもっとも重要な知的貢献のひとつである」。また、Hahn（1982）を見よ。この論文には「見えざる手再考」という啓発的な題名がついている。

（4）　これが新説であると主張する前に、ひとこと注意しておく必要がある。なぜなら、ボーズンキトがすでにそのような（非常に近い）言い方を、すなわちハイエクの研究にみられる「三つの主要な局面」という言い方をしているからである。ボーズンキトの理解によれば、ハイエクの思想は、「知識と行動とに関する少数の中心命題から出発して、多数の問題をたえず知覚してゆくというかたちで発展したものである。三つの主要な局面があるように思われるであろう」（Bosanquet, 1983, 28）。第一の「主観主義的」局面（一九三六～五三年）の焦点は、知識、とくに知識の部分的かつ主観的な性質、心理学、自然科学と社会科学とを明確に区別しないことから生ずる混乱、集産主義的計画、および知識人の否定的な役割にあった。第二の局面（一九六〇年から一九七〇年代初頭）は、政治哲学と法に焦点を合わせていた。ここでの枢要なテーマは自由（freedom or liberty）であり、自由を保護する最善の方法は何か、すなわち国家による保護か、それとも設計されたものではないルール・慣習・伝統への服従か、ということであった。第三の局面は、『法と立法と自由』（一九七三～七九年）の出版によって画されるように思われる。この局面で焦点となったのは、自生的秩序、カタラクシー、ふるまいの社会的ルール、個人主義の進化論的擁護、民主主義・立憲政体への否定的衝撃、およびインフレーションの危険であった。ボーズンキトは、心理学という「陰気なもの」から法への移行を根本的なものと位置づけている。

ボーズンキトの時期区分は本書のものとまったく違うだけではなく、満足のゆくものでもないと思われる。とはいえ、もしこれを詳細に批判するとすれば、ただちに私の関心のあるところから脱線してしまうであろう。ボーズンキトは、五〇年以上に及ぶハイエクの研究の非常に多数の側面に短い一章を充てて言及しているだけであるが、もしこれらすべての側面を取り上げるとすれば、より重厚な論文が必要になるであろう。したがって、私が賛成できない主要な領域を示すために、少数の論点を選んで取り上げることにする。ハイエクは心理学の研究をけっしてやめていない。彼は第一局面を過ぎてもこの領域の研究を続け、心理学に関する著作（1962; 1968; 1978, ch. 19; 1982a）を出版している。さらに、これらの作品は彼の社会経済学・政治学・法学研究の外部にあるものとみなされるべきではなく、むしろこれらすべての支柱になるものとみなされなければならない。というのは、これらの作品は人間行動の基礎を、多様な抽象的ルール、とりわけふるまいの社会的ルールを内面化する心の能力に求めているからである。ハイエクこれが、ハイエクⅢの研究の基礎をなす。ハイエクの主観主義の基礎は、その心理学研究にあるのではなく哲学にある。ハイエクの主観主義は彼の心理学とともに消失するのではなく、その形態を変えるのであり、一九六〇年代のある時期に、理解（*verstehen*）アプローチが主観的観念論的アプローチに取って代わるのである。ハイエクに主観主義的局面があるということには同意するが、私が提示する理由は異なったものであるし、また私はこの局面が一九五三年を超えて続いていると考えている。ボーズンキトは哲学にまったく言及しないが、そのような無視は致命的なものである。それはたんに、ハイエク自身が哲学を広範囲に考究しているからというだけではない。実質的理論におけるハイエクの変遷が、その根底にある哲学的変遷に基づくものであるとはみなさないために、ハイエク自身がその関心事について述べていることに基づいてハイエクの研究の時期区分をするという、かなり皮相なアプローチに導かれているからである。

科学主義に反対するハイエクの明示的な議論は、一九五五、一九六一、および一九七五年の論文で繰り返されている。また、統計を利用して計画を立てることに対する反対もつねにほのめかされており、一九八八年の著作においては、しきりに「設計主義的合理主義」として言及されている。ハイエクが第一局面で「社会科学」に関する「諸見解」を定式化したことは確かであるが、これらが「ハイエク的見解」をなすと考えるのは正しくない。社会科学に関する単一の「ハイエク的」見解というものは存在しない。ハイエクの見解は、科学主義論文の極端な主観主義から、一九六〇年以後の研究における準超越論的実在論へと変化するのである。

ボーズンキトが提唱する第二局面は、私のハイエクⅢにほぼ対応する。もっとも、彼の関心はなによりもまず政治学上の諸問題に向けられている。とはいえ、政治学についての実質的研究の根底にある理論を理解しないと、政治学の理解も浅薄なものにとどまることになる。さらに、理論との関係でいうと、知識および無知というテーマが決定的に重要である。なぜなら、それらなしには、自由を保障するとされる考案物としてのふるまいの社会的ルールの存在理由（*raison d'être*）を、だれも把握することができないからである。すなわちルールは、関連する知識を所有しているときにはそれを伝達し、それを所有していないときには無知に対処するための手段なのである。ボーズンキトが知識および無知というテーマを（事実上）無視した理由は、彼の考えがなによりもまず『自由の条件』から引き出されたものであり、一九六〇年代に執筆された他の論文から引き出されたものではなかった、ということにある。後者が第一に関係するのは、政治哲学ではなく心理学・ルール・進化・秩序だったからである（たとえば、Hayek, 1964a）。政治学上の問題に直進しようとしたために、ボーズンキトは、これらの問題を十分に把握するための理論的基礎を跳び越えてしまうのである。

ボーズンキトが提案する第三局面にも問題がある。その理由の一部は、これに先行する二つの局面に問題があるということである。実際に、たとえばハイエクの主観主義の諸側面は（もはや過激な種類のものではないが）一九七〇年代末になってもなお明白である。また、タクシス・コスモス・ノモス・カタラクシーといった考え方が、はじめてハイエクの著作のなかに現れるのは一九七〇年代であるというのも、事実についての不正確な主張である。実際には、それらは一九六七年に姿を現している（Hayek, 1978, ch. 6を見よ）。ハイエクによる「個人主義的アプローチの擁護」がいっそう強力に展開されたという注釈が何を意味するのかは必ずしも明らかではないが、いずれにせよ、ハイエクの後期の研究においては初期の方法論的個人主義の立場は放棄された、というのが私の議論である。第三局面においては、法が心理学よりも高い地位に引き上げられているというボーズンキトの主張は説得力がある。ただし、心理学はそれでもなお、補助的ではあるが重要な理論的任務を果たしており、法的ルールの基盤となる社会的ルールを基礎づけているのである。ボーズンキトによれば、心理学は主観主義を確立するために第一局面で採用され、その後で放棄された「回り道」なのである。ルールに従う人間行動、したがって道具的に合理的な人間行動ではなく、手続的に合理的な人間行動という考え方をハイエクが発展させることができたのは、心理学のおかげであった。

ボーズンキトは、『法と立法と自由』が第三局面の支柱であるとして、これに焦点を合わせているが、ハイエクがそこで論じていることの多くは、『自由の条件』や一九六〇年代のさまざまな論文（たとえば1967d）のなかにすでに含まれている。第三局面は、過去のテーマとの断絶とみなすよりも、強調点の変化とみなすほうがよいかもしれない。なぜならば、ボーズンキトが第二・第三局面に割り当てるテーマの多くは、現在の問題でもあるからである。

ハイエクⅡ／Ⅲという時期区分はより強力なものである、と私は信じている。その理由は、第一にこの時期区分が、ハイエクの言及する各側面を包括しようとするものではなく、枢要な諸側面に焦点を合わせるものだからである。第二に、この時期区分は、これらの諸側面をより深く追究し、究極的にはハイエクの実質的研究がその哲学的立場に根ざすものであったことを明らかにするからである。この時期区分は、たんに私が違うことを問題にしているというのではなく、表面的な強調点の移動以上のものを立証することのできる方法に関わるものなのである。ひとつ例をあげることにしよう。ボーズンキトは、市場秩序の社会経済的メカニズムの基本的な説明を意味する「テーゼ」が依然として不変のままであると主張する（Bosanquet, 1983, 28）。ハイエクはつねに情報伝達システムの有効性を強調しているのであるから、この主張はかならずしも不正確なものではないが、そこにはこれをはるかに上回る問題が含まれている。一九六〇年以後ハイエクは、情報伝達システムがふるまいの社会的ルールのネットワークとどのように接合しているのかを示すことができるようになり、カタラクシーの作用についてのはるかに洗練された理解を獲得するようになった。そして、ふるまいの社会的ルールの展開が可能になったのは、ただハイエクⅢが以前の哲学的立場を放棄し、私が準超越論的実在論の哲学と呼ぶものを採用したからだったのである。

（5）（i）計量経済学については、Lawson（1989a and b, 1995）、また（ii）形式主義一般については、Sayer（1992, chs 4 and 6）を参照せよ。これらは、批判的実在論の観点からする批判であり、私の大雑把な言明を援護するものである。

（6）ハイエクの実証主義の詳細については、ローソン（Lawson, 1994c; 1995a）を見よ。

（7）「はじめは私自身も、自然科学の方法が普遍的に妥当すると信じきって、この主題［すなわち社会科学］に接近した。私が最初に受けた専門的訓練は、主として狭い意味での科学的なものであったが、そればかりでなく、哲学あるいは方法について受けた少しばかりの訓練はすべてエルンスト・マッハの学派のものであり、後には論理実証主義の学派に属するものであった」（Hayek, 1942b, 57-8）。一九六四年にハイエクは、一九三六年以前の自分自身を、「専門技術的経済学」に関わる「きわめて純粋かつ狭義の理論経済学者」として記述している（1964a, 91）。

（8）実証主義（すなわち経験論的実在論的な存在論）と均衡の取り扱いとの関連は、第10章で論じる。

第2章　哲　学

（1）形而上学は、本書で論ずるものよりもはるかに多くの題材を包括しているので、その意味と意義とを述べ終えたら、形而上学という用語の使用をやめて、より一般的な用語である「哲学」を用いることにする。

（2）バスカーによれば、「存在論的実在論の概念が欠如しているとき、暗黙のうちに生じてくる実在論が含意しているのは、およそ感覚経験において経験されるものは事象であり、およそ恒常的連接として経験されるものは因果法則である、ということなのである」（Bhaskar, 1978, 42）。

（3）事実、カントは、彼が「質料的観念論（material idealism）」と呼ぶものを拒否し、自分自身の立場を「バークリの独断的観念論（dogmatic idealism）」および「デカルトの蓋然的観念論（problematic idealism）」と対比する（Beck, 1988, 122）。かくして、独我論者とは違って、カントが外的世界の存在を承認することには何の問題もない。彼はただ、外的世界を認識するわれわれの能力を疑っているのである。私がとくにこのことに注意を促すのは、観念論にはきわめて多数の形態があるという事実を強調するためである。私はあとで、ハイエクは主観的観念論者であると主張するけれども、これはバークリ流の観念論や独我論を暗黙のうちに想定するものではない。強調点を繰り返すと、主観的観念論は外的世界の否定を含意するものではないのである。

（4）本書全体を通じて、とくにことわらない限り「認識論」という用語は、カントが関心を示していた知識の導出問題、すなわち知識の対象が不可知なままであるときに、知識がどのようにして導き出されるのかという問題に関わるものとする。このような関心事は、（a）何が知識とみなされるべきか（ウィーン学団）、あるいは（b）知識の地位を要求する主張の信頼性（確証および反証）という、いずれの新カント主義的な関心事とも性質を異にするものである。カント的な認識論の詳細については、Hamlyn（1987, 21-3）、Parsons（1990, 296-9）およびStern（1990, ch. 1）を、また新カント主義的な認識論については、Caldwell（1991, chs 2 and 3）を見よ。

（5）本章の後のほうで、もういちどこの点に立ち返るが、主観的観念論が意味するもの、すなわち主観が客観を構成するという主張が意味するものを理解することの重要性を強調しておきたい。これが理解されないと、ハイエクⅡは主観的観念論者であるという記述は、誤解を招きやすいのである。

（6）スミスとニイリ（Smith and Nyiri, 1990, 271）もこれに同意する。

（7）これらの用語は必ずしもハイエク自身のものではない、ということに注意されたい。実際に、それらの多くをハイエクは知らなかったと思われる。しかしながら、枢要な哲学的問題を論ずるさいに、それらが必要なのである。

（8）ルールのような社会的存在物は、実際には、やや特殊な仕方で主体に知られることになる。その仕方を説明するためには、「遂行方法」を知ることと「論述内容」を知ることとの間にある相違を理解する必要があるが、第7章まではこれについて述べることができない。

第3章　ハイエクⅡの社会経済理論の根底にある哲学

（1）人工物という用語の意味、あるいは主観的観念論においては主観が客観を構造化するという主張の意味が不確かであるならば、第2章の「カテゴリーと用語法の解説」と題された節を再読されたい。

（2）Hayek（1942b）、とくに第二節も見よ。

（3）ハイエクの議論に誤りがないという可能性、すなわち、彼は外的領域を社会科学者が関心をもつ範囲から排除するけれども、われわれが望む場合にはこの領域を復活させることができるという可能性があるならば、それは実際には三通りに解釈されうる。とはいえ、この解釈は支持できないということを、私は間接的に示そうと思う。

（4）たとえばマルクスは、ある現象が転倒した形態で主体に対して現れるのはなぜなのか、またどのようにしてなのか、ということを確定するために、商品物神という考え方を用いる。主体の誤った想念が研究の主題となる。商品物神は、マルクスの経済学の中心部分をなすものであり、社会学的なわき道にそれた秘教的問題なのではない。

（5） マーク・ピーコック（Peacock, 1993）は、ハイエクの例に現れる警察官を、ハイエクの超越論的実在論の例として用いているが、その理由は、後者が社会構造を関係として把握するものだからである。思うに、ハイエクが「構造」として言及するものは結局のところ主体の想念にすぎない、という事実をピーコックは見逃している。かくして、ハイエクⅡは関係という把握の仕方をしてはいるが、それは観念の間の関係なのである。したがってそれは、極端に主観的な社会理論、主観的観念論的な存在論に依拠しており、それゆえに、超越論的実在論の例としてあげることはできないのである。

（6） これは、心が認知に関係するという明らかに真である論点をはるかに超える主張である、ということに注意せよ。

（7） この問題については、Lawson（1994c）の同様の注釈も見よ。

（8） ここでハイエクの認知心理学について詳しく述べることは、解説のためには有益であると思われるが、本書の流れを破壊してしまうことになる。というのは、ハイエクの認知心理学については第8章で深く論ずるからである。

（9） ハーマン－ピラト（Herrman-Pillath, 1992）は、ニューロンやリンケージの間の関係は、自然選択によって無用なものが取り除かれて、カントのア・プリオリなカテゴリーの再解釈と考えられるものに等しくなる、とまで述べる。Hayek（1952, 71）に関して、アゴニトが示唆するところによれば、「ここにあるのは、神経学的に規定されたカントのカテゴリーの変更可能な組み合わせである」（Agonito, 1975, 165）。Hayek（1952）についての短い議論の後で、グレイ（Gray, 1984, 7）は、「ハイエクのカント主義は彼の認識論において非常に際立っている」と述べる。クーカタス（Kukhatas, 1989, 5）によれば、「ハイエクの思想は、物自体、あるいは世界そのものを知るわれわれの能力を否定するという意味で、カント的である。われわれは物自体を知ることはできないとする点、および、われわれが感覚経験をも含む経験において見いだす秩序は、世界によってわれわれに与えられる実在というよりも、われわれの心の創造的活動が生み出したものであるとする点に、ハイエクのカント主義が存する。このようなカント的な懐疑的立場から帰結するのが、哲学の課題は物の必然的な性格の解明ではありえない、ということである」。

第4章　ハイエクⅡの社会経済理論の根底にある方法論

（1） 私はここでは、ハイエクの方法論についての伝統的な論争、すなわち、プラクシオロジストとしてのハイエク（Barry, 1979;

Hutchison, 1981; Gray, 1985; Caldwell, 1984, 1988; Pheby, 1988)、ポパー主義者かつ／または反証主義者としてのハイエク（Hutchison, 1981; Gray, 1985; Barry, 1979, 1981)、仮説演繹法支持者としてのハイエク（Nishiyama, 1979）に焦点を当てる論争には関わらない。また、アリストテレス主義者としてのハイエク（Smith, 1986b; Smith and Nyiri, 1990)、反設計主義者としてのハイエク（Paque, 1990）のような、最近の主張に対してもコメントしない。

（2） 定義については、第2章の「カテゴリーの解説」を見よ。

（3） クニンスキーは、（前章で述べた）心の構造の類似性というハイエクの考え方を、二つの事柄を示すために使用している。第一に彼は、ハイエクの（一九四二年から一九五二年までの）「初期の著作」は、彼が「デカルト的理解」と呼ぶものを提示していると説く。「心の類似性という仮定のもとで、われわれの心的事象（および心）についての直接的知識が、他者の心へと投影され読み込まれるという誤った把握」（Kuninski, 1992, 353）に、デカルト的要素が存するという。第二に彼は、ハイエクが、「他者の行為の理解は行為を支配するルールについてのわれわれの知覚に基づいている」（ibid., 358）という解釈学的見地からの理解を採用するために、「解釈学的転換」（ibid., 353）を行なっていると説く。クニンスキーは解釈学的基礎づけ主義の可能性を探究してはいないが、デカルト的二元論の考え方からの転換に彼が気づいているという事実は、ハイエクⅡが主観的観念論的な認識論を採用しているという私の主張を補強するものである。ハムリンが述べるように、

> われわれが直接到達しうるのは観念あるいは心的表象のみである、というデカルトによって導入された思想は、……根本的に誤っている。これらは、公共的対象および物理的対象の実在性を構成するものではないので、それらの対象はただ現象界として考えることができるだけである。ここから観念論が生ずるのであるが、これにともなって、われわれは観念を超えるものに直接到達することができないのだから、われわれが正当に仮定しうる唯一の実在はそれらの観念である、という思想が追加される。……デカルトに依拠して現象と実在との間の区別を奉ずる者にとっては、観念論が唯一の合理的な立場なのである。（Hamlyn, 1987, 17）

（4） 地代論についてのハイエクの議論を見よ（1942a, 282-3）。

（5） Nishiyama（1964, 113-18）を見よ。

（6）次章で（付随的に）言及することであるが、ハイエクは一九四一年の著書（第二章）のなかで、彼が説明と呼ぶものについて論じている。とはいえ、ここで彼は説明を、因果連関を媒介とする演繹の一形態と（おそらく不正確に）同一視しているように思われる。企業者が予想していたものとは違う事象が生ずる場合、その相違の方向をわれわれが知っているならば、われわれは企業者の行為を演繹することができる、とハイエクは示唆する。

（7）第3章の「自然科学についてのハイエクの哲学的立場」という節でも、ハイエクが法則についてのヒューム的な概念把握をしていることを論じた。

（8）これに続く注解では、ハイエクⅡ／Ⅲの時期区分に反して、一九六一年の一論文を取り上げる。このことは、ハイエクⅡおよびⅢについての私のテーゼを実際に放棄するものではない。その理由はなによりもまず、私が主張したい点は、ハイエクⅡがヒューム的法則（の一種）を採用しており、彼はそれを一九六〇年以後も放棄していない、ということだからである。

（9）パレートの次のような叙述は、彼が当時の支配的な観念を捉えていたことを示すものといってよいだろう。「人間行為はある斉一性を示す。人間行為が科学的に研究されうるのは、まさにこの性質があるからである。これらの斉一性は別の名前ももっている。すなわち、それらは法則とも呼ばれる」（Pareto, 1966, 15）。

（10）私の課題は、この問題に対するハイエクのアプローチを確定することにあるので、この問題の係争領域について詳しく述べることはしない。この係争領域は伝統的に、方法論的個人主義を定義する次のような性格に関わるものであった。すなわち、全体ではなく個々の主体だけが（a）存在し（b）目的をもつという認識、社会構造の無関係性、経済行動の研究における心理学の有用性、社会経済という機関を動かす因果的動力としての個人的な目的をもつ行為、そして全体は部分に還元されるという認識。Hodgson（1988, ch. 3）および Nozick（1977）も見よ。

（11）第3章の「いかにして科学は対象を認識する可能性を立証するのか」という項目を見よ。そこで私は、自然科学と再分類とについての「動かしがたさ」を論じた。

（12）第2章の「経験論的実在論」という節を想起せよ。

第5章　ハイエクⅡの哲学の含意とその社会経済理論の方法

（1）ここには、客観的事実と主観的事実との緊張があることに注意されたい。一九三六年にハイエクは、二つのことを主張している。

すなわち、知識とは客観的存在に関するものであるという主張、そしてまた、知識とは主体が「存在すると信じている」にすぎない事柄に関するものであるという主張である。一九四二年までにこの緊張は克服されるが、それはハイエクが、心から独立している客観的な現象を経済学者の関心領域から取り除くことによってであった。このことは、ハイエクが主観的観念論へ移行したのは、一九三六年以後、一九四二年以前であることを示している。たしかに、一九四二年の論文(Hayek, 1942a)は一九三六年の論文よりもはるかに主観主義的なのである。

(2) ハイエクは一九三六年には、このことを明示的には述べていないが、暗示してはいる。なぜなら、彼の考えでは、主体は客観的世界を同じ条件で見るようになるからである。彼がこのことを説明しようとするのは一九四二年になってからであり、そしてまた一九五二年に再度試みるのであるが、注意しなければならないのは、後者の時期の著作の草稿が書かれたのは一九二〇年代だということである。その含意は、ハイエクが一九三六年には「心の類似性」に気づいていたということである。

(3) オドリスコルとリッツォ(O'Driscol and Rizzo, 1985)もまた、知識の異種性を認識し、五つの特徴的な形態を指摘しているが、それらは(驚きという特徴を除いて)主体‐知識についての私の五項目に包摂される。

(4) これにちょうど対応するかのように、デサイは最近、「知識の問題というのは問題ではない。……ハイエクは一九四五年までに、この問題が価格システムによって解決されることを発見した」(Desai, 1994, 49)と述べている。おそらくデサイは、情報伝達システムに関するハイエクⅡの誇張された主張を受け入れ、ハイエクⅢのより社会学的な著作を無視したために、議論が真に始まる前に議論を終えることになったのである。本書の課題のひとつは、情報伝達システムだけでは「知識問題」を解決できないということ、それゆえ、ふるまいの社会的ルールという形態における社会構造が必要であるということ、こうした点にハイエクが徐々に気づくようになったということを示すことにある。

(5) この問題については第10章で立ち返って、より深く考察する。

(6) 「均衡・期待・知識」と題されたデサイの最近の論文(Desai, 1994)は、一九二〇年代後半から一九四五年にいたる期間の、均衡についてのハイエクの考え方を詳しく検討している。デサイは、ハイエクが格闘している概念把握上の困難のいくつかを描き出している。

(7) 均衡分析は、前節で論じたような主体‐知識関係については、ほとんど何も語るところがない。

(8) 「現実(reality)」という用語は、ここでは普通の意味で用いられており、先行する諸章で論じたような哲学的意味はもっていない。

(9) リトルチャイルド（Littlechild, 1982）は、ここで行なわれている議論にはまったく賛成しないであろう。彼の主張によれば、ハイエクは一九三六年の論文で、二つの代替的な研究プログラムを概観しているというのである。第一のプログラムが意味するのは、市場過程および均衡への収斂のための諸条件を詳述するということであり、第二のプログラムは、均衡の存在と効力とに焦点を当てる。リトルチャイルドは、そこからさらに進んで、ハイエクは第二の研究プログラムを採用していると主張する。だが、本書で示すように、この主張は実に驚くべきものであり、不正確なものである。とはいえ、おそらくリトルチャイルドの誤りの源泉は、彼がハイエクの研究のなかに発展を見いだすことに失敗している点にある。かくして、リトルチャイルドは、（ひとつの例外はあるが）ハイエクⅡの著作にのみ言及する。すでに述べたように、ハイエクⅡは、均衡に関して両義的であり、そのため均衡に関するなんらかの考え方を保持しているものと解釈することが可能なのである。この解釈は、一九六〇年以降のハイエクを考慮に入れるならば、まったく正当化されえない。これは、ハイエクの著作の時期区分が必要であることを示す、よい例である。「ひとつの例外」とは、一九七〇年のハイエクの論文から引用されているものであるが、そこでハイエクは、数学的手法がこれまで有用であったことを主張しているのである。ここで詳しく述べることはできないが、リトルチャイルドはただ、ハイエクがしばしば新古典派的傾向を示唆するような発言を行なっていることを、悪用しているように思われるのである。

(10) デサイの次のような所見は、問題の核心を捉えているといってよい。すなわち、ハイエクは、知識および均衡へ向かう傾向についての重大な疑問を提出した後で、「最終的には価格システムにのめり込み、彼の分析上の懐疑を無効にしてしまうのである」（Desai, 1994, 48）。

(11) Hayek（1945, 525, 527; 1946, 100; 1968a, 185; 1976, 116, 1978, 302; 1988, 76, 95–9）も見よ。

(12) 本書一二一－二ページでも、一九四五年の著作からひとつの例を引用している。以下の例は、一九六〇年以降の著作から引用したものであるが、そのようにした理由はたんに、それが利用可能なもののうちでもっとも明晰だからである。そのことは、ここで採用している時期区分には影響しない。なぜなら、ハイエクは生涯を通じて、情報伝達システムの役割と効力とに関して、しばしば誇張したあいまいな主張を保持していたからである。

(13) 論点をより簡潔に示すために、この文章にはいくらか編集の手を加えている。なぜなら、元の文章は二ページに及ぶからである。

(14) この議論は、ブルース・コールドウェルが初期の草稿についての注釈のなかで示唆したものである。

（15）ストライスラー（Streissler, 1994）やヴォーン（Vaughan, 1980）が示唆しているような、メンガーやサールビーや、より最近ではブキャナン（Buchanan, 1969a）の線に沿った完全に主観主義的な価値論を、ハイエクはどこでも展開してはいない。実際、ブキャナンは、ハイエクの価値と費用の取り扱いが十分に主観主義的ではないとして、ハイエクを批判している。

第6章 ハイエクⅢの準超越論的実在論の哲学

（1）私はハイエクが超越論的実在論に近づいていると主張したいのだが、それを誇張するつもりはない。超越論的実在論および批判的実在論には、ハイエクが受け入れることのできない、あるきわめて決定的な側面が存在する。ハイエクが全面的に超越論的実在論を受け入れるのを妨げている主要な障害をあげるならば、それはハイエクがヒューム的法則を放棄できないということであるにちがいない。第4章で明らかにしたように、彼は法則についてのこの考え方を放棄しておらず、それが作動する許容範囲をゆるくしているにすぎない。経験論のあらゆる側面に対する超越論的実在論の攻撃は、ヒューム的法則を拒絶し、法則についての考え方を取り替えることから始まる。すなわち、法則というものを、（社会的あるいは自然的な）作用する力や傾向の存在として、あるいは（より本質主義的－実在論的用語では）実在物の本質が現れたものとして、考えるのである。率直にいってハイエクは、どんな程度においても、このタイプの把握に近づくことはできないし、それゆえ、超越論的実在論の「核心」と呼んでもよいものを全面的に受け入れることはできないのである。

（2）最近、概して「主流派」のカテゴリーに入らない多数の経済学者（少なくともその著作の一部）を、批判的実在論の項目の下に位置づけようとする試みがなされてきた。たとえば、N・カルドア（Lawson, 1989b）、マルクス（Pratten, 1993）、A・マーシャル（Pratten, 1994）、J・コモンズ（C. Lawson, 1994）、ポスト・ケインジアン全般（Lawson, 1994b）、ハイエク（Peacock, 1993）がそれである。

（3）存在論的な問題は、アリストテレスの影響を受けた哲学にとっては最大の関心事であったが、スピノザ、マルクス、エンゲルス以降、すたれてしまった。

（4）Bhaskar（1978, chs 1, 2 and postscript）; Collier（1994, ch. 2）; Lawson（1994a）を参照せよ。

（5）次のことに注意されたい。経験論的実在論は、経験的領域と現実的領域とを暗黙のうちに認めているが、経験論的実在論はこれらの二領域を融合してしまい、その結果、感覚経験において与えられるものと、現実にそうであるものとが同じになるのである。

（6）「複雑現象」というハイエクの考え方は、事象の恒常的連接という考え方の拒絶へと導くものであること（第2章）を想起されたい。もっとも、その拒絶は、認識論に基づくものであって存在論に基づくものではないのが実情だったから、超越論的実在論によって定式化される拒絶と同じものではない。

（7）もしこのことが不明瞭であれば、第2章の「カテゴリーと用語法の解説」と題された節を参照せよ。

（8）ハイエクはまた、彼の注意を諸個人から行為に関する社会秩序全般へと移している。おそらくこのことをもっともよく示すのは、彼が進化論における個体選択ではなく群選択を強調している点であろう。私はこの問題を取り扱っていない。

（9）物象化とは、社会が人間行為から独立して存在する、という考え方を指す。直截にいうと、主体の行為は、社会構造に翻弄される彼らの存在の帰結にすぎない。図式化すれば、構造→（創造する）→主体の行為。

（10）ここで「主意主義」とは、主体がその行為において社会を生み出すにすぎない、という考え方を指す。行為に対する制約が重視されないだけではなく、行為を可能にする構造も無視される。図式化すれば、主体の行為→（創造する）→構造。

（11）ここで「弁証法的」とは、主体の行為が構造の原因となり、そしてまた構造が主体の行為の原因となり、そしてまた……、という相互的因果性の考え方を指す。図式化すれば、主体の行為→（創造する）→構造→（創造する）→主体の行為→……。この点については、Bhaskar（1989a, 27–44）を見よ。

（12）ここで主張しているのは、実際には、推論の様式が演繹から遡及（*retroduction*）に切り替わるということである。演繹と遡及の比較については、Lawson（1994）を見よ。また、遡及について詳しく述べているものとして、Collier（1994, 160–7）を見よ。

（13）これについては、第10章で詳しく述べる。

第7章　知識、無知、ふるまいの社会的ルール

（1）この「特殊な意味」が何を意味するのかということは、後に本章で展開されるであろう。

（2）ここで「空間的・時間的な相対的調整」という用語を使用するのは、社会経済システムの内部で生じるなんらかの調整は、完全な、最適な、あるいは全体的なものではなく、ただ近似的なものにすぎないということを示すためである。とはいえ、簡潔に表現するために「調整」という用語を使用する場合には、別の言い方をしない限り、ただ相対的な形態の調整を示すことにする。

（3）もちろん知識と無知というのは、つねに何ものかに関するものである。主体が、知識それ自体を所有しているとか、それ自体として無知であるとかいうことはありえない。主体が知識を所有していると主張することは、彼らがなんらかの事柄・事象・事態に関する知識を所有していると主張することであり、その含意としては、彼らが他の事柄……（等々）に関して無知であると主張することである。ある主体が知識を所有していると主張することによって、私は、（a）この知識を構成するものは精密に何であるのか、そして（b）その主体は精密にいうと何について無知なのか、ということを述べるように促される。社会経済秩序、したがって諸計画の調整についてのハイエクの考え方を研究する文脈において、われわれが関心をもつのは、諸主体によって、また諸主体間で、他者の計画と調和する計画を定式化するために産出され獲得され伝達される、なんらかの事柄（等々）に関する知識の質および量である。この目的を達成するために必要な知識を、必須の知識と呼ぶことにしよう。これによって、上記の（a）および（b）をいちいち明記する必要がなくなる。そのような明記は、いずれにせよ不可能な作業である。なぜなら、それらは文脈に応じて異なるからである。同様に、無知という用語は、主体がすべての事柄についてまったく無知であるということを意味しない。それはただ、彼らが必須の知識を所有していないということを意味するだけである。すなわち、主体が所有していないのは、他者の計画と調和する計画を定式化するために必要な、質と量を具えたなんらかの事柄（等々）に関する知識である。私は（題辞にある）「相対的に無知な」というハイエクの用語を意図的に避けている。なぜなら、この用語は、実際には主体が問題の事柄（等々）に関する必須の知識を所有していないと述べたいときに、その主体が問題の事柄（等々）に関する部分的な知識をもっているということを含意するからである。ひとたびこのことが理解されるならば、「主体が必須の知識を所有している」とか「主体は無知である」とかの用語法を、主体が何を所有しているのか、あるいは何について無知なのか、ということをいちいち明記することなしに使用することができる。

（4）ハイエク（Hayek, 1988, 139）は、知識という用語をめぐる言語学上の難問について注意している。

（5）ベーム（Boehm, 1989, 211）、ホジソン（Hodgson, 1989, 6–7, 108–9）、ラックマン（Lachman, 1988, ch. 3）およびイオアンニデス（Ioannides, 1992, 36–7）はみな、知識と情報とはまったく同じものではないと指摘しているが、この点を詳しく述べようとしたのはラックマンだけであった。ラックマンの論評は興味深いものであるが、彼の超主観主義的アプローチはハイエクのそれとは異なっており、彼の詳論がハイエク解釈に役立つかどうかは疑問である。この問題に関してハイエクが論評することは稀であり、どちらについても真に解明しているとはいえない。たとえば、ハイエクは次のように述べている。

われわれが知識の伝送と伝達（transmission and communication）について論じたさいには、すでにわれわれが区別してきた文明の過程の二つの面を語る意味があった。……［すなわち］われわれの蓄積された知識の貯蔵分を次世代に伝送することと、同時代人がその行為の基礎としている情報を主体間で伝達することである。（Hayek, 1960, 27）

ハイエクが真にいわんとしているのは、知識と情報との間の相違は、知識が時間を越えて伝送されるのに対して、情報は諸主体間で伝達されるという点にある、ということなのであろうか。私は、ハイエクが主張しようとしているのはこの区別である、ということに疑いをもっている。ここで彼が真に関心をもっているのは、伝統の問題であって、知識と情報とを区別するということではないのだから、この種の論評から知識と情報との区別に関する事柄を推論するのは、誤りに導くものである。

とはいえ、知識という用語の普通の用法に賛同する場合には、人間主体と対象・事象あるいは事態との間の関係に言及するために知識という用語を使うほうが、おそらくよいであろう。すなわち、主体がなんらかの感覚与件を知識に転換するために悟性能力や先行知識を使用する、といったようにである。この点では、主体は知識を所有しているといわれるかもしれない。このような普通の理解によれば、情報という用語は、感覚与件が伝送され伝達される形態に言及するために使用される。しかしこれでさえも、それほど明確ではない。感覚与件である情報も、伝達される過程においては、それ自体が知識なのである。たとえば、もし気象庁が明日雨が降ることを知っていて、それを天気予報として発表すれば、普通の主体も明日雨が降るのを知ることになる。天気予報は知識を含んでおり、それゆえに知識を伝達することができる。天気予報は情報を含んでおり、それを伝達すると主張することによって、われわれの理解が増すだろうか。そこで、この議論や、この種の無数の議論の価値とは無関係に、きわめて明瞭なこととして、われわれは、これらのカテゴリーについての複雑な論争にただちに巻き込まれることになる。さらに、このような論争は、本書で提示される議論に意義のあるものを付け加えるものではない。私は、おそらく無益だと思われる脱線を避けて、ベーム（Boehm, 1989, 211）に従うことにする。ベームは、知識と情報の区別をそれほど重要なものとは考えず、情報をも含むものとして知識という用語を使用するのである。これが、いずれにせよハイエクの理解に近いと言ってよい。なぜなら、ハイエクはほとんどいつも、二つの用語を事実上交換可能なものとして使用しているからである。たとえば、一九四五年の論文「社会における知識の利用」において、彼はある箇所では「この種のすべての知識を伝達すること」と述べ、その数行後では「いっそう多くの情報を彼に伝達することと」と述べているのである（Hayek, 1945, 524-5）。

（6）局所的で非暗黙的な知識は社会的行為にとって重要な（だがあまり研究されていない）知識の源泉であることは認めているが、それ以上のことについて述べるつもりはない。その代わり、暗黙知に注目するつもりである。

（7）ハイエクの状況に関する知識という考え方と、アルフレッド・マーシャルの「工業地域」の「雰囲気」という考え方との間には、類似性がある（Marshall, 1923, 284–5; 1947, ch. 10も見よ）。これらのカテゴリーは、知識の空間的組織化に関連するものであり、各企業はそのなかで操業するのである。ローズビーは、マーシャル的競争をはっきりと「ハイエク的発見過程」と呼び、マーシャル的競争を特徴づける知識の空間的組織化の重要性を簡潔に要約している（Loasby, 1989, 55）。

［生産単位間のより緊密な結合を容易にする］第二の要因は、単一の産業間だけではなく、しばしば特定の地域における産業クラスターの集積である。……各地方は「特殊な産業的雰囲気」を発展させ、そこに居住する住民は産業が必要とする適性を無意識のうちに吸収するのである。さらに、工業地域の内部では、各企業はよりたやすく個人的交流のネットワークを作り上げ、そのネットワークによって――おそらく金融上の動機だけではなく道徳感情にも依拠して――企業が他の企業と諸活動を統合することを可能にするのである。リチャードソンがわれわれに気づかせたように、財やサービスが標準化されていない場合には、個人的交流がとりわけ重要なものとなる。このネットワークはまた、目に見えない学園を形成し、それが新たなアイデアの発展・査定・適用を促進するのである。（Ibid., 59）

とはいえ、マーシャルが明らかにしたのは、知識の発見・獲得・伝達を容易にする、ふるまいのルールという形態での社会構造ではないし、暗黙知でもない、ということに注意すべきである。そして、知識についてのハイエクの理解がマーシャルの理解を凌駕するのは、これらの二つの考え方があるからなのである。批判的実在論者としてのマーシャルの可能性については、Pratten（1994）を見よ。

（8）これについては本書では論じないが、議論の余地のある領域である。Herrman-Pillath（1992）; Hodgson（1991）; Vanberg（1986）を参照せよ。

（9）思うに、ルールは知識を体現するという主張を受容するさいの最大の難点は、知識はなんらかの事物や対象に関するもの、あるいはそれをめぐるものであり、知識がそれ自体として事物や対象ではないという事実である。そこで、この場合には、ルールが知識を体現することはありえない。なぜならば、ルールが知識を体現するということは、知識が事物や対象になることだからである。われわれが、ルールに関する知識をもっていると主張する場合には、結局知識に関する知識をもっていると主張することになり、自家撞着に陥る。とはいえ、もしわれわれが知識と情報の区別を用い、ルールが情報を含んでいると主張するならば、われわれは情報についての知識をもっていると主張することになり、自家撞着に陥ることはない。これは明らかに改善ではあるが、なぜ改善であるかを語ることは容易ではない。なぜなら、知識と情報の間の区別が明確ではないからである。そこで、区別を無視して、次の事例を考察してみよう。もしある友人が、リヴァプールではケンブリッジでよりも商品Xがより安く入手可能であるという知識を所有していて、この知識を私に手紙で伝達するならば、この手紙は知識を含んでいるといえないであろうか。そして、もしそのようにいうことができれば、私は手紙を読むことによって知識に関する知識を得ることになる。この奇妙さはすべて、この場合には、そしてこの場合のみであるが、知識の対象（ルール）それ自体が知識と切り離しがたく結びついている（知識が知識を体現している）という事実のなかにある。したがって、われわれがある対象に関する知識をもっていると同時に、この対象それ自体が知識の容器なのである。このようなことは、知識の他の対象については生じない。たとえば、われわれは草が緑であるという知識をもつことができるが、緑の草は知識と結びついてはいないので、問題はないのである。思うに、ここでの難点は意味論的なものであり、基底にある論証に関わるというよりも、この場合の特殊性、おそらく知識と情報との間の明確な区別が欠如していることに関わるものなのである。

（10）これは労働過程論においては周知のことである。Kusterner（1978）、およびウッドの論文集（Wood, 1989）、とくにJonesの論文を参照せよ。

第8章　ルールとルール遵守を支える認知心理学

（1）ハイエクの認知心理学に関するより詳細な要約については、Weimer and Palermo（1982）のなかのHayek（ch. 12）、Weimer（ch. 13）、Agonito（1975）を見よ。きわめて博学だが簡潔な要約については、Earl（1985）のなかのRunde（119–20）を見よ。最近の貢献としてVries（1994）がある。

（2）第4章「社会科学の目標2：説明」と科学法則のヒューム的概念に対するハイエクの奇妙な愛着を見よ。

（3）多層的階層としての心については、Hodgson（1988, 110）を見よ。

(4) スミス(Smith, 1995)は、認知心理学におけるハイエクの(そしてヘッブの)先駆的な業績と、神経回路網のモデル化に関する近年の発展を支持するように見えるコネクショニズム(結合説)における発展との間の類似性について述べている。

(5) 心の超意識的ルールと同様、すべてのふるまいの社会的ルールは、もちろん抽象的かつ一般的である。これは、ルールを命令から区別するものである。すべての変異は抽象性と一般性の程度に関するものである。

(6) ここでのミクロとマクロという用語は、おそらく経済学の一般標準とは異なって、どのような集計もともなわないことに注意せよ。社会学では、小規模な社会的相互作用と大規模な社会的相互作用とが区別されるが、この用法はそれに近い。

(7) ハイエクが、学際的研究への信任をはっきりと説明している、第1章で引用したコメントを想起せよ。

(8) ワグナーとステンバーグ(Wagner and Sternberg, 1987)は「経営的成功における暗黙知」というタイトルの論文で、経営的暗黙知のモデルを発展させている。そのモデルはある部分で、私がエブリングの理念型についていわんとしてきたことと一致する。彼らは、経営者がなんらかの経営的行為を始めるためにたえず利用している半意識的過程に、本格的に取り組みつつあるようにみえる。一例をあげるならば、「実用的方向づけをもった暗黙知とは、時間がないのになんらかのことをする誘いを受けたときに、いつ礼儀正しくそれを断るべきかを知っているということである」。

第9章　行為の社会的ルールと情報伝達システムの相互関連

(1) しかし、オドリスコルとリッツォは、ハイエクのようにルールの必然性の認識に基づいていない。「主観主義、不確実性とルール」というタイトルの論文では、ルールは半ページで扱われている。彼らは、その著書においてさえ、たえず限界的最大化を行なう選択に対して、ルール遵守の長所を称賛することにより大きな関心を払っている(O'Driscoll and Rizzo, 1985, 119–22)。

(2) 他のオーストリア学派の人々の業績、たとえば、Garrison(1982, esp. 133)、High(1986, esp. 117)、Littlechild(1982)などを検討することによって、同様の議論をすることはできるだろうと思う。Kirzner(1982b)も見よ。すべてのこれらの解説者に欠けているのは、ハイエクにおけるふるまいの社会的ルールに相当するものである。それゆえ、彼らは、どのようなものにせよ、秩序の原因であるメカニズムの効能を強調ないし誇張しすぎている。ヴォーンはところどころでハイエクにもっとも接近するけれども、彼女ですら社会的ルールの効能を必ずしも理解していない(Vaughan, 1982, esp. 23)。

(3) オドリスコルは、自分の手札を過信した、やりすぎの格好の事例を提供している。彼は、『調整問題としての経済学』というタイトルの本で、次のように書いている。「失われた環……は、意思決定をしだいに一致させる傾向があるメカニズム、すなわち価格システムである。古典的な隠喩においてハイエクが示唆したのは、『価格システムの真の機能を理解したいならば、それは情報を伝達するためのメカニズムであるとみなすべきだ』ということである。価格システムは、……調整問題の研究において、焦点を当てられるべきメカニズムである」。ハイエクからの引用が、一九四五年の論文のなかにある文だということに注意せよ。次章で明らかにするように、成熟したハイエクはこの狭い経済的視野を乗り越えたのである。

第10章　ハイエクⅢによる自生的な社会経済秩序の変換的概念把握

(1)　私は第6章で、これをTMSAとともに導入したが、それについては本章でより詳細に説明するつもりである。

(2)　この研究のやり方に対するありうべき批判的反応に対処しておこう。もしハイエクがこうした主張をしていないならば、私が彼のためにそれを主張をする権利はない、という異議がありえよう。私はこれを二つの理由で却下する。第一に、その主張によって、社会経済秩序がいかに生じるかについての理解が向上するならば、それはまったく正当である。本書は経済思想史を対象とするものではないので、必要ならハイエクの言葉を越えてゆくことに何の躊躇もない。しかし、第二に、ハイエクの著作には、彼が変換的概念把握に似たものを前提としていることを示唆する暗黙的な考え方が十分にあるようにみえる。たとえ私がハイエクを越えてゆきつつあるにしても、彼が残した非常にはっきりした手がかりに基づいてそうしているのである。

(3)　オリヴァーは、Hayek (1964b) において引用された哲学者である。

(4)　もちろん、主流派経済学の内部にも多くの異なった均衡概念（そして、その近縁者である不均衡概念）がある。ワイントラウブ（Weintraub, 1986）の有益な議論によれば、ワルラス均衡・不均衡、エッジワース均衡・不均衡、Z-DモデルとIS／LMモデルにおけるマクロ経済学的均衡、そして、一般システム理論のより一般的な概念がある。均衡概念は、スラッファの影響を受けたマルクス経済学においても用いられている。

(5)　私は、社会経済秩序の自生的性質やタクシス（Taxis）とコスモス（Cosmos）についての解説（Hayek, 1973, ch. 2）については詳述しない。なぜなら、ハイエクが論じている論点は疑わしいからである。大きな社会（the Great Society）が人間の設計（少なくとも、一九～二〇世紀思想）の結果ではないという議論は、反対するものがいない議論である。クーカタスがいうように、「ヘーゲルやマルクスが、社会を意識的設計の産物であると考えなかったことは、まったく疑いようがない」（Kuhkatas, 1989, 208; ch. 6.2

も見よ）。設計主義というハイエクのあいまいな概念に関する議論については、Diamond（1980）も見よ。

（6）第2章における経験論的実在論に関する議論と、第6章における超越論的実在論の構造化された存在論という考え方を想起せよ。

（7）統計理論への移動は、事象の規則性は（理論的）閉鎖系の外部では発見されえないという問題を打開しないことに注意せよ。「事象Xが生ずるときには、つねに事象Yが生ずる」という形式は、「事象Xが生ずるときには、つねに平均して事象Yが生ずる」という形式と本質的には同じである。確率的な閉鎖は依然として閉鎖である。閉鎖については、Lawson（1989a）を見よ。

（8）ダウによれば、一般均衡理論は「現実の扱いにくい諸側面から抽象して、扱いやすい諸側面を分析するための完璧に厳密な枠組みを提供する。……いかにして、一般均衡モデルで表現された言明を、それが描写していない世界の言明へと翻訳するのかは明確ではない。正確さはモデルについてはいえるが、理論的に扱いにくい諸要素を反映する経済事象についてではない」（Dow, 1985, 123）。

（9）調整は、部分均衡の文脈に関係するかもしれないが、本書の目的、すなわち社会経済秩序という考え方についての研究にとってより重要なのは、一般均衡の文脈に関係するかもしれないということである。第5章における均衡に関する初期の議論を想起せよ。私はそこで、一般均衡理論は実際には秩序についての理論であるというハーンの示唆に言及した。

（10）一般的な均衡状態は、主体の行為よりもむしろ主体の計画の観点から書き直しうるであろうし、また、それは一組の市場清算価格をともなうかもしれないし、ともなわないかもしれない。あるいは、それは、ある人の行為がもう一人の行為の結果を実際には妨げるが、なんらかの理由で、両者とも自分の期待ないし行為を変更する傾向をもたないような状況へも拡張されうるかもしれない。

（11）過程という概念は批判的実在論を採用することなく利用されうるというのは正しいけれども、より詳細に吟味してみると、多くのそうした利用はまったく内容の乏しいものである。たとえば、フィッシャーは、以下のような方程式が「模索として知られている過程を特徴づける」と主張する（Fisher, 1989, 20–3）。

$$P_i = F^i\,[Z_i(P)]$$

P_iは第i番目の商品の価格、Z_iは総超過需要、そして、$F^i(.)$は符号を維持する連続的関数である。彼はこれを以下のように説明する。「第i番目の商品の価格は、その商品の超過需要と同じ方向へ同じ方向へと調整する。正確な調整は超過需要の連続関数（したがって価格）によりなされる」。模索という考え方（あるいは隠喩）は、疑いなく、社会経済秩序の形成に含まれる市場過程について言及することを目的としているけれども、このような多次元的過程を（a）価格と数量の関係、および（b）方程式の一次元へと還元することは、独創性に欠ける。実証主義的経済学者が体系を閉じなければならないならば、これは絶対的に必要なことではあるが。この過程概念をハイエクが詳しく説明した準批判的実在論の市場過程概念と比較しさえすれば、前者を過程として描くことは人を誤らせ、空虚なものであるということを理解することができよう。

(12) ここで、実証主義的経済学と実証主義的自然科学の間の類似性に注意せよ。第3章を想起せよ。ハイエクⅡはそこで、「原子構造」と「磁場」をたんなる概念的な構成物、理論化のための補助的用具として取り扱っている。

(13) 経済の真に動態的な性質を認識するための論理を描いているだけとはいえ、クリーゲルは次のように書いている。「もし諸個人がたんに情報を獲得するというよりはむしろ、行為を通じて情報を生み出すならば、収束すると期待できる理由は存在しない」(Kregel, 1986, 163)。同様に、ヴォーンも、調整的な企業家行為に関するカーズナーの見方を批判している。「しかし、この議論に関する問題は、なぜ不確実な世界にいる企業家が結局のところ、システムを均衡へと牽引するほど十分に正確で誤りをしないのかについて、何の議論も提供しないということである。もし与件がたえず変化しつつあるならば、均衡とはいったい何を意味するのか」(Vaughn, 1992, 259)。

(14) ペイクは、ハイエクは過程に関心を払っているということを理解しているが、均衡という思考様式から抜け出ることができない。彼は書いている。「オーストリア経済学はハイエクの意味での動態的均衡へと向かう過程に焦点を当てている」。彼はさらに付け加える。「相互依存的な諸市場からなるシステムは、新たな情報を生み出し、市場参加者に自らの知識を徐々に向上させ、以前の誤りを修正させうるような社会的制度であるとみなされる。……［これは］ハイエクの著作にくりかえし現れるテーマである」(Paque, 1985, 421)。おそらく、ハイエクの均衡概念の棄却についてのこの種の誤解は、ペイクのような思想家がハイエクの業績から書かれた時点に関わりなく断片を拾い集めてきて、整合的だと思われるようにそれらを組み立てることができるような、ハイエクの業績の歴史的取り扱いによっても助長されている。とはいえ、ハイエクが一九四〇年代に均衡に関して書いたことは、一九六〇年代とそれ以降にはまったく適用できないのである。

(15) これは、数学にとっての主要な要件、つまり、考慮している変数は、代数的にも実験的にも、計算の行為のなかで変化しないということを破るに十分である。批判的実在論の言葉では、変数は内在的に閉じている、すなわち、その内的状態は完全に定義されていて、計算の過程で変化しないということができるだろう。セイヤーが、ジョージェスク－レーゲンに依拠しながら述べるところでは、

諸対象が質的に不変な場合に限り、われわれがそこでそれらを測定したり変化させたりする秩序は適切である。石炭の灰への変換あるいは子供の社会化は、質的変化をともなう不可逆的過程である。……［もし］ある方程式の諸変数により参照される諸対象が、質的変化を生み出すような仕方で（たとえば、学習過程を通じて）相互作用するとすれば、諸変数は安定的な関係を生み出すことはできないであろう。（Sayer, 1992）

もちろん、社会的存在の変換的性質が意味するのは、ハイエクによる自生的な社会経済的秩序の概念の数学的取り扱いがまったく不可能だということである。

（16）ストライトは、啓発的なタイトルの論文「認知・競争・カタラクシー」（Streit, 1993）で、多くの相違点もあるけれども。本書が提出したのと多くの点で類似する議論を提示している。ストライトの主な論点は、ハイエクの認識論と認知心理学は、彼の社会経済現象の分析が基づく基礎を提供しているということである。知識（とくにその限界）とルール遵守的行動の問題は、カタラクシーの作動に分かちがたく結びついているとみなされている。

（17）ハイエクは、位置づけられた実践というバスカーの概念のようなものを何も論じていないことに注意せよ。位置づけられた実践は、社会学の関係的概念を確立することによって、ＴＭＳＡの理解を完全なものにするために必要な特性である。バスカーは、それを次のように定義している。すなわちそれは、

活動的主体が社会構造を再生産するために滑り込む、社会構造内のいわば「スロット（場所）」を指定する、……媒介概念系、すなわち、人間主体と社会構造との「接触点」を指定する諸概念系である。そうした点は……存続すると同時に、個人によってただちに占められなければならない。明らかなことは、われわれが必要とする媒介系は、諸個人によって占められるさまざまな位置（場所、機能、ルール、義務、任務、権利などの）に関するものであり、……諸個人がこれらの位置を占めることによって従事する諸実践（活動など）に関するものである。……諸関係は、……位置を占める諸個人の間ではなく、位置づけら

れた諸実践の間に成立する。(Bhaskar, 1989a, 40-1)

(18) Hayek (1976, ch. 10; 1968a)。また、O'Driscolland Rizzo (1985, 95) も見よ。

解題

西部 忠

本書は、ハイエクのポリティカル・エコノミーの方法論と哲学の変遷を、批判的実在論の見地から主題的に論じた研究書である。批判的実在論については、すでにその代表的論者であるトニー・ローソンの主著（Tony Lawson, *Economics and Reality*, London: Routledge, 1997）が『経済学と実在』（八木紀一郎監訳／江頭進・葛城政明訳、日本評論社、二〇〇三年）として邦訳刊行されたこともあり、その認知度がしだいに高まってきている。本書は、批判的実在論に基づく研究書として日本で二番目ということになるが、原著書の刊行ではローソンの著書に先行している。また、本書は、ハイエクの社会経済学の発展を、それを根底で支える哲学の変遷として跡づけるという経済思想史的なアプローチをとっているので、読者は、本書によって、批判的実在論が実際の学問研究においていかに活用されうるのかをより具体的に理解できるのではないだろうか。

本書については、オーストリア学派の経済学者であるカレン・ヴォーン（Karen Vaughn）が、『エコノミック・ジャーナル』（*Economic Journal*, Vol. 107, No. 443, 1997）にかなり好意的な書評を書いている。また、もう一人の有力なオーストリア学派経済学者ノーマン・バリー（Norman Barry）の『インディペンデント・レビュー』（*The Independent Review*, Vol. 2, No. 2, 1997）に載った書評は、いくらかの批判を含むとはいえ、基本的に好意的なものである。
なお、本書は一九九八年グンナー・ミュルダール賞を受賞した。これは、欧州進化政治経済学会（European Association of Evolutionary Political Economy）によりその年の最優秀図書に贈られるものである。

一　著者のプロフィール

著者のスティーヴ・フリートウッドは、一九五五年リヴァプールに生まれた。二〇代に自転車レーサーになる道を選び、一九七〇年代後半から冬に生活費を稼ぎながら夏にアマチュアとセミプロとして試合に出場するという生活を続け、一九八二〜八七年にはプロとして英国とヨーロッパのレースの第一線で活躍、その後、自転車レーサーを引退してからアカデミックな世界に転身したというユニークな経歴をもつ。ケンブリッジ大学経済学部でトニー・ローソンの指導を受け、本書へと発展した博士論文によって一九九三年に博士号を取得した。その後、ドゥ・モンフォート大学講師を経て、一九九九年よりランカスター大学マネジメントスクール組織労働技術学部で上級講師（Senior Lecturer）を務めている。なお、英国における上級講師とは米国の assistant professor にほぼ相当するので、日本でなら助教授にあたるであろう。

フリートウッドの主要な著作を紹介すると、単著である本書のほか、単編著として、

S. Fleetwood (ed.), *Critical Realism in Economics: Development and Debate*, London: Routledge, 1999

また、共編著として、

S. Fleetwood and S. Ackroyd (eds), *Critical Realist Applications in Organisation and Management Studies*, London:

Routledge, 2004

S. Fleetwood, A. Brown, and J. Roberts (eds), *Critical Realism and Marxism*, London: Routledge, 2002

S. Fleetwood and S. Ackroyd (eds), *Realist Perspectives on Organisation and Management*, London: Routledge, 2000

の計四冊を刊行している。また、以下のようなレフェリー付ジャーナル論文がある。

'An Evaluation of Causal Holism', *Cambridge Journal of Economics*, Vol. 26, No. 1 (2002), pp. 27–45

'Causal Laws, Functional Relations and Tendencies', *Review of Political Economy*, Vol. 13, No. 2 (2001), pp. 201–220

'Conceptualising Unemployment in a Period of Atypical Employment: A Critical Realist Analysis', *Review of Social Economics*, Vol. LIX, No. 1 (2001), pp. 211–220, reprinted in P. Downward (ed.), *Applied Economics and the Critical Realist Critique*, London: Routledge, 2003

'What Kind of Theory is Marx's Labour Theory of Value? A Critical Realist Inquiry', *Capital & Class*, Issue 73 (2001), pp. 41–77, reprinted in A. Brown, S. Fleetwood, and J. Roberts, *Critical Realism and Marxism*, London: Routledge, 2002

'The Inadequacy of Mainstream Theories of Trade Unions', *Labour*, Vol. 13, No. 2 (1999), pp. 445–80.

'Aristotle's Political Economy in the 21st Century', *Cambridge Journal of Economics*, Vol. 21, No. 6 (1997), pp. 729–44

'Order Without Equilibrium: A Critical Realist Interpretation of Hayek's Notion of Spontaneous Order', *Cambridge Journal of Economics*, Vol. 20, No. 6 (1996), pp 729–47.

日本語版への序文にもあるように、フリートウッドの知的関心は、現在、労働・雇用問題にあり、制度派や新古典派に取って替わりうるような、労働市場の制度論的説明を非実証主義的なアプローチによって展開している。労働経済学、労働の社会学、産業雇用関係、組織分析、人的資源経営といった各分野間の垣根を取り払う学際的研究を進めることで、労働雇用研究を統一しようと試みている。

二　本書の特徴

本書の特徴は、

(1)　ハイエク哲学の転換（三期に及ぶ）による社会経済秩序像の発展の解明

(2)　知識・無知とルールのさまざまな種類と相互関連に関する深い洞察

(3)　批判的実在論哲学のハイエク研究への適用

の三つにまとめることができる。以下、順番に解説することとしたい。

(1)　ハイエク哲学の転換（三期に及ぶ）による社会経済秩序像の発展の解明

本書は、ハイエクの著作を三期に分け、経済学、法学、政治学、社会学、心理学など社会・人文科学の諸分野にまたがる社会経済学の発展を、それを根底で支えるハイエクの哲学の変遷から説明したものである。従来のハイエクの転換問題を内在的に批判・検討し、これを彼の存在論の転換から再解釈する一方で、ハイエクⅢや自生的・変換的秩序概念などを導入した点に本書の第一の特徴がある。スティーヴ・フリートウッドによると、ハイエクは自らの哲学、とくに、分析対象の性質を主題とする存在論を二度変更した一九六〇年以降、知識やルールに対してその他の事象や経験とは異なる存在論上の地位を与えることによって、自生的な経済社会秩序像を提示しえたのである。

本書への書評でノーマン・バリーは、本書がハイエク経済学の哲学面という「狭い局面に集中することによって」、ハイエク思想の系譜的理解において「新たな何か」を提示したと述べている。この「新たな何か」は、フリードウッドがハイエクの転換の全過程を首尾一貫した視点から説明し、その帰結としてハイエクの社会経済像が備えることになる全体性や包括性を明らかにした点にある、と言えるのではないか。そして、このことは同時にハイエク像の見直しを含む。

これまで日本のメディアや論壇などでは、ハイエクは伝統的保守主義ないし自由主義を擁護する思想家として喧伝されることが多かった。また、学界では、彼の景気理論、貨幣理論、自生的秩序論、社会主義・福祉国家批判など特定の主題が個々に取り上げられる傾向にあった。それらはいずれも思想、哲学、法学、政治学、経済学など、ハイエクが取り組んださまざまな領域や分野に光を当てるものではある。しかし、これではハイエクの全体像はなかなか浮かび上がってこない。

これに対して、本書においてハイエクは、哲学的転換を繰り返しながら世界の実在性にしだいに迫ってゆき、一九六〇年以降、知識やルールを深層領域にある科学的対象として新たに再定義することで、総合的な社会経済論を創始する、いわば学融合的な社会科学者として描かれている。この点で、本書は従来にない首尾一貫したハイエク像を提示することに成功している。

ただし、フリードウッドが一九六〇年以降のハイエクⅢの準批判的実在論を適切な立場であると考えているためか、それ以前のハイエクⅠやⅡにおける経済学的研究の具体的内容に関する検討が十分ではないという印象が残る。とくに、ハイエクⅠが貨幣的景気理論から出発して、経済計算論争でミーゼスの立論を引き継ぎ社会主義経済の存立可能性を否定する論拠、あるいは、ハイエクⅡが経済計算論争で市場社会主義論とともに一般均衡理論を批判する論拠については、そう思われる。たとえば、市場を知識の「情報伝達機構」と捉える視点（「経済学と知識」一九三六年、「社会における知識の利用」一九四五年）と、ライバル的競争（rivalry）を知識の発見過程や発見手続きと見る視点（「競争の意味」一九四六年、「発見的手続きとしての競争」一九六七年）の間には一般均衡理論批判として大きな違いがあるのであり、これらをハイエクⅡと括って両者を同一視するとすれば重要な論点を看過することになってしまう。

これは、ハイエクⅢを到達点と仮定するため、そこへいたる過程がいささか軽視されていることを示す例であるが、ここには目的論的な合理化が働いているとも考えられる。こうした問題があるにしても、フリートウッドによるハイエクの全体像の構成が崩れるものではなく、今後のハイエク研究における重要な参照枠になるであろう。

本書の考察対象はあくまでもハイエクの研究書や論文に限定されており、叙述スタイルも一貫して学術的である。それ以外の著作や自伝、インタビューを利用したり、言動上のエピソードを交えたりすることで、人物の全体像を立体的に、生き生きと描き出すようなアプローチは一切とられていない。その意味でコールドウェルによるハイエクについての伝記的著作（Bruce Caldwell, *Hayek's Challenge*, Chicago: University of Chicago Press, 2004）とはまったく異質である。にもかかわらず、本書を読了すると、方法論という観点から統一的なハイエク像が明瞭に浮かび上がってくるところに本書の魅力がある。

（2）　知識・無知とルールのさまざまな種類と相互関連に関する深い洞察

本書の第二の特徴は、いま述べたことにある程度含まれているが、哲学と方法論という視点から知識とルールという問題に接近し、それらについて広くかつ深い洞察を示した点にある。知識やルールに関する書物は巷にあふれているが、本書のようにその特異な存在論的性格に光を当てたものはほとんどない。バリーが言うように、哲学的議論は当初は「狭い局面」に思えるかもしれないが、しかし、そこから見渡すからこそ、知識とルールという広大な問題領域への独自な接近が可能になったのだとすれば、これは肯定的に捉えるべき特徴である。フリートウッドは、知識と無知を認識論ではなく存在論上の「深い」領域として把握し、それらとルールの関連を明確にしている。まず、時間と費用をかければ克服できる常識的な無知と、未来についての不確実性に関わる克服不可能な根源的な無知は異なる。また、「である」という論述内容に関する知識（knowing that）と「いかにして」という遂行方法に関する知識（knowing how）も異なる。そして、時間と場所が特定された状況に関する分散化された知識といっても、言語化可能な非暗黙的なものもあれば、言語化不可能な暗黙的なものもある。第7章によれば、ハイエクⅢは一九六〇年以降、これらの例における両者を明確に区別して、前者から後者へとしだいに焦点を移していった。たとえば、ある商品がある店では安く売っているというような知識は、それを知ることで、転売利益を得ることができるような知識であるが、言葉で伝達可能であるゆえ、前者に属する。これは現代オーストリア学派のカーズナーなどが注目するような無知である。カーズナーは、市場における競争を企業家たちがこうした常識的な無知を克服する過程であると考える。しかし、ハイエクの立場（少なくともハイエクⅢの立場）はこれとは異なる。

技能や熟練は一般に遂行方法に関する暗黙知的な性質をもつが、こうした知識は、ハイエクの言う「情報伝達システム」（＝価格メカニズムとしての狭い意味での「市場」）を通じて伝達されることはなく、むしろ、ふるまいの社会的ルールを通じてのみ伝達される。したがって、発見・伝達・貯蔵という知識に関わる全過程は、「情報伝達システム」だけでは達成されず、ふるまいの社会的ルールによって補完されなければならないのである。このように、局所的知識における暗黙知と非暗黙知の区別、および、法や契約などの公式的な一般的・抽象的ルールと非公式的なふるまいのルールの区別は、市場の働きを理解するうえで重要である。根源的な無知や不確実性は暗黙的・局所的な性質をもつ。根源的な無知や不確実性があるからこそ、ふるまいの社会的ルールが必要とされるという論点への着目の有無がハイエクⅡとハイエクⅢを画する。

このように、フリートウッドの知識とルールに関する考察は洞察と示唆に富むものであるが、そこに何の問題もないわけでもない。バリーは本書への書評で、「フリートウッドの優れた著作に対する私の主要な批判は次の点にある。すなわち、彼はハイエクが社会経済秩序を最終的に提示するにいたる道筋をみごとに表示したけれども、彼はハイエクが満足のゆく回答を与えたのかを問うていないということである」と書いている。バリーによるこの批判は有効であり、看過することはできない。シャックルやラックマンのような急進的主観主義者たちは、フリートウッドと同じく知識の分散性や暗黙性に着目しながらも、ハイエクが自由市場を調和的にのみ見ている点に批判的であり、カタラクシーの自生的秩序が「分岐する期待」のせいでむしろ自生的無秩序や非調整へ陥る危険性があることを、しばしば強調している。しかしながら、フリードウッドは本書を執筆した時点では、この問題にほとんど注意を払っていないようである。

この批判を意識したからだと思われるが、フリートウッドは日本語版への序文で「『ハイエクのポリティカル・エコノミー』を書いたとき、私はなんの批判も提出しなかった。というのも、私の目的はただハイエクの著作の理論的・方法論的な基礎を理解することにあったからである。もし今日、私がこの本を書くならば、あえていくつかの批判を試みているだろう」と述べている。そこでのフリートウッドによる「ハイエク的思考のハイエク的批判」は、次の二点にまとめられる。①ハイエクが自由市場を擁護するのは、それに代わりうる代替案がないという消極的理由によるけれども、価格メカニズムやふるまいの社会的ルールで埋めえない空間には、社会的構造・制度上の自由度が存在するのであり、資本主義以外の社会経済システムが存立する可能性は依然として残されている、②ハイエクは企業内部の組織について何も語っていないものの、真の権限委譲は資本主義では達成不可能であり、その確立のためには他の社会経済体制が必要になるであろう。これら二つの論点は、本書の延長線上に位置づけられる「労働市場に対するユニークなアプローチ」に取り組む彼の現在の研究の重要な課題となっている。彼はこれについて、ハイエクとは真っ向から対立するかに見えるマルクスの議論をも取り入れている。本書でフリートウッドは、ハイエクの白生的秩序をどちらかといえば調和的に論じたけれども、ハイエクの自由市場や資本主義に対する礼賛をそのまま受け入れたわけではなく、むしろそれらを批判するために、まずは「ハイエクの著作の理論的・方法論的な基礎を理解する」ことに専念したのだといえよう。

ちなみに、本書では'telecommunication system'を「情報伝達システム」と訳している。この言葉は現在、「テレコミュニケーション」「テレコム」のように日常的に使われ、主に、「電気通信」や「遠隔通信」の意味をもっている。「通信」を「各種形態で情報を伝達することである」と考えれば、これを「情報伝達システム」としてよいだろうと判断したからである。

私見によれば、ハイエクにとっての「情報伝達システム」とは、価格システム（狭い意味での「市場」）とほぼ同義であり、一般均衡理論者であるランゲが価格システム（狭い意味での「市場」）を「コンピュータ」＝「計算機械」とたとえたこととの対比において理解すべきである。つまり、ハイエクの考える市場は、「計算」ではなくむしろ「情報伝達」「通信」を強調するという点で、相互に離れている諸主体が価格を含む情報を伝達し合い、相互に行動を調整してゆく分散的プロセスの集合体やネットワークを表しているのである。情報やシグナルは不完全であり、主体はそれだけを見て自分の行動を決めることはできない。このように、ハイエクの市場はあくまで「コミュニケーション」を主軸にするものであり、「コンピュータ」としての市場ではない。計算プロセスには計算結果という最終目的があるが、コミュニケーション・プロセスにはそうした終わりがない。このようにハイエクⅢの見地から「情報伝達システム」としての市場を捉えるときにはじめて、その静態的安定性や調和性ではなくて、むしろ動態的変動や不確実性が注目されることになるのである。

(3)　批判的実在論哲学のハイエク研究への適用

本書は批判的実在論ないし超越論的実在論をハイエク研究に適用した初の著作であり、その点で、ハイエク研究書として特異な位置を占めている。これが第三の特徴である。

批判的実在論については本書にも詳しい説明があるので解説は省略するが、[1] それは実在論的存在論を特徴とする哲学的立場もしくは方法論を意味する。バスカーが一九七〇年代の半ばに実証主義を基礎とする自然科学の哲学を批判して「超越論的実在論」を展開した。[2] 一九八〇年代後半に、バスカーがこれを社会科学にも適用して、人間主体はその社会的活動を通じて社会構造を再生産し、変換するだけであるとする「社会的活動の変換モデル（TMSA）」を提唱したが、さらに、トニー・ローソンたちがこれを経済学に導入して以後、社会構造が人間の批判的主体性に依存していることを明確にするため、「実在論」に付く形容詞は「超越論的（transcendental）」から「批判的（critical）」へ変えられ、「批判的実在論」と呼ばれるようになった。ローソンの『経済学と実在』第12章や本書の第6章は、両者の意味を次のように区別している。すなわち、「超越論的実在論」は科学哲学一般すなわち科学の一般理論を指し、「批判的実在論」は、社会科学の哲学すなわち社会的存在論についての特殊な社会理論を指す、と。

一九九〇年代、ケンブリッジ大学では、ローソンを中心に批判的実在論グループが形成され、キングス・カレッジで毎週月曜夜にリアリスト・ワークショップが開催された。そこにクライヴ・ローソンやスティーヴン・プラットンらの若手研究者が参加していた。本書の著者であるスティーヴ・フリートウッドは、なかでもオピニオンリーダー的な存在であった。このワークショップはその後、ニューナム・カレッジに場所を移し、現在はCRASSH（Center for Research in the Arts, Social Science and Humanities）で毎週月曜日に開催されている。とくに、一九九〇年代後半以降、このグループから多くの研究成果が発表されている。批判的実在論者による経済学研究書として最初に邦訳されたのは、トニー・ローソンの『経済学と実在』であり、本書は二冊目だが、原書では本書のほうが二年早く出版されている。その意味で、本書は批判的実在論に基づく初の体系的な経済学研究書でもある。また、二〇〇三年にケンブリッジ大の教員と学生を中心メンバーとするケンブリッジ社会的存在論グループ（Cambridge Social Ontology Group）を結成し、社会的実在の性質と基本構造に関する体系的研究を行なっている。(3)

ハイエクは現代オーストリア学派の源流として、日本でもここ二〇年ほどの間に大いに注目されてきており、オーストリア学派の立場から書かれた研究書も出版されている。政治学や法学での研究に加え、経済学、経済学史、経済思想史におけるハイエク研究が近年進められ、経済理論としても貨幣的景気理論、社会主義経済計算論争、自生的秩序論、貨幣発行自由化論などのトピックが取り上げられている。ハイエクがいた英国や米国ではオーストリア学派の伝統は継承されており、ハイエク研究書も数多く出版されている。

すでに述べたように、本書は、ハイエクの哲学を主たる対象として、ハイエクの政治経済学の発展ないし進化を詳細に論述するものであり、そうした哲学上の議論が批判的実在論から行なわれているのが本書の独自な点である。通常、現代オーストリア学派の哲学は主観主義、解釈学的基礎づけ主義、あるいは個人主義からなると考えられている。本書では、これらはハイエクⅠやⅡの特徴でしかなく、後のハイエクⅢはそうした立場を超克したと理解する。カレン・ヴォーンが書評で、本書はオーストリア学派的な主観主義に対する警鐘として受けとめるべきであると論評しているように、本書は、現代オーストリア学派の哲学的立場と鋭く対立している。オーストリア学派に属するハイエクの研究書を執筆したにもかかわらず、フリートウッドがオーストリア学派の経済学者であるとは通常みなされていないのは、この方法論上の問題提起のためであろう。

しかも、このような哲学ないし方法論の視点から経済学の理論を研究することは、新古典派に代表される正統派的伝統においてもまれである。これは、諸理論をその理論自体の論理整合性や意味内容ではなく、その存立基盤である哲学や方法論から超越論的に吟味検討するメタ理論的な視点を明確にするのに役立つ。批判的実在論に基づくことによって、経験論的実在論、実証主義、数理主義を批判することができるだけではなく、実在論の考え方を全面的に否認するポストモダニズムやポスト構造主義に見られる文化的相対主義にも陥らずに、分野横断的アプローチを行なうことが可能になる。しかし、超越論的実在論もしくは批判的実在論の議論を少し聞きかじった程度では、むしろそれ自身がある種の形而上学ではないのか、いったいこれが経済学の知見を実質的に増大させるのか、といった疑問を感じずにはいられないだろう。これはまさに、私が一九九六年ケンブリッジで在外研究を行ない、彼らの議論にはじめて接したときの印象でもある。しかし、私の場合、フリートウッドが研究対象としたハイエクだけではなく、彼のハイエクに関する議論の仕方にも興味を持っていた。私はその直前に上梓した『市場像の系譜学』（東洋経済新報社、一九九六年）のなかで、ハイエクに対して社会主義経済計算論争における他の論者との関連や彼のその後の発展という視点から接近したが、ハイエクの哲学・方法論全般にいたるまで考察が及んでいなかったので、フリートウッドがいかにハイエクを取り扱ったかに大きな関心を持ったのであった。

あとから考えてみると、それとは別の理由もあった。私は一九八〇年代以来、ポストモダニズムやポスト構造主義の考え方を基本的に認めつつも、同時に、それへの疑問も根強く持ち続けていた。にもかかわらず、それらに取って代わりうる考え方も見いだしえないというような宙づり状態にあった。要するに、私のなかには、フリートウッドの議論の基盤となる批判的実在論の意義を了解するための下地がすでにあり、マイケル・ポランニー流にいうならば、それに対する「焦点的意識」が形成されていたのであった。私の場合、自分が研究したハイエクの社会経済学が批判的実在論の最初の適用例として偶然に与えられたのだから、かなり幸運であったといえる。

ハイエクは、一九二〇年代から三〇年代にかけての社会主義経済計算論争で、市場の計画による代替不可能性を主張した。だが、それと同じ時期に、経済理論として厳密に数理化されつつあった一般均衡理論が、社会主義経済の存立可能性を市場社会主義論というかたちで擁護していることに気づいたハイエクは、一般均衡理論自身の批判に向かった。そのときハイエクにとって必要だったのは、実質的な経済学の内容の変更だけではなく、その哲学や方法論の転換でもあったはずである。

私自身は、そこで生じた転換の哲学的な意義について十分に考えていなかった。しかし、もしそれが単に認識論的なものであるとすれば、科学の客観性を批判する主観主義や解釈学的基礎づけ主義にしかならないだろう。だが、ハイエクの転換はそれを越える意味をもっている。本書によれば、一九六〇年以降のハイエクⅢは、価格メカニズムとしての「情報伝達システム」だけでは自生的秩序は成立しないことに気づき、法のような公式的なルール、そしてさらに、非公式的なふるまいの社会的ルールによって補完されてはじめて市場経済が成立すると認識するようになった。そして、このような経済学的知見の進展は、ハイエクにおいて経験論的実在論から準超越論的実在論への哲学的転換を要求したのである。これは、たんに認識論上の転換ではなく存在論上の転換であって、知識やルールに対して、経験や事象を越える認識独立的な地位を与えることによって可能になったのだ、とフリートウッドは主張したわけである。

私にとってこの議論はきわめて新鮮であっただけでなく、説得的でもあった。本書を読み進むうちに、先に述べた批判的実在論への疑念がしだいに払拭され、最後には、その社会科学における意義を自分なりに理解できたのである。そのとき、批判的実在論は私にとって次のような重要な役割を果たしたのではなかったか。それはまず、主流派経済学が前提としながら明示的に意識化していない哲学と方法論、とくに、その存在論的基礎である経験論的実在論を批判し、そこから離脱するための「導きの糸」として機能した。しかし、それだけではない。それはまた、オーストリア学派やポストモダン哲学が陥りがちな主観主義、解釈学、表象主義に見られる存在論の軽視と認識論の偏重を是正するための「解毒剤」としても機能したのであった。批判的実在論の現代的意義は、この両面から理解すべきであると考えられる。

注記

（1）批判的実在論を論じた日本語文献として、石井潔「批判的実在論のプロブレマティック」『思想と現代』四〇号（一九九五年）、西部忠「レトリックとリアリズム」『批評空間』Ⅱ-10（一九九六年）、佐々木憲介「批判的実在論の射程」星野富一・奥山忠信・石橋貞男編『資本主義の原理』（昭和堂、二〇〇〇年）、江頭進「トニー・ローソン」『21世紀のエコノミスト』（朝日新聞社、二〇〇一年）、トニー・ローソン（原伸子訳）「現代経済学再考の必要性について」『経済セミナー』五五九号（二〇〇一年）、江頭進「訳者解題」『経済学と実在』（日本評論社、二〇〇三年）、西部忠「書評『経済学と実在』」『季刊経済理論』四一巻一号（二〇〇四年）、西部忠「進化経済学の現在」『経済学の現在２』（日本経済評論社、二〇〇五年）などがある。

（2）R. Bhaskar, *A Realist Theory of Science*, London: Verso, 1975.

（3）「ケンブリッジ社会的存在論グループ」のホームページは、http://www.csog.group.cam.ac.uk/にある。

訳者あとがき

本書の訳者三名は、一九九六年から、それぞれケンブリッジ大学で在外研究をする機会があった。そこでは、トニー・ローソンを座長に、毎週月曜日に批判的実在論のワークショップが開かれていた。このワークショップには、ケンブリッジの教員や大学院生だけではなく、他大学からの参加者や外国からの来訪者も多く出席していた。そして、批判的実在論固有の問題はもちろん、経済学方法論から実証研究にいたるまで、広範な問題が討論のテーマとされていた。大学が休みの期間中も、そのメンバーの幾人かは、定期的にパブに集まって議論をしていた。トニー・ローソンとともに、それらの集まりの中心にいたのが、本書の著者スティーヴ・フリートウッドであった。われわれ三名は在外研究を契機に、経済学方法論史、ハイエク研究、ジェンダー論など、それぞれの問題関心から批判的実在論を意識するようになり、彼らが日本の経済学研究においても無視できない論点を提出していると考えるようになった。そこで、原の提案により、批判的実在論の立場からのはじめての体系的な経済学研究書である本書の翻訳を、試みることになったのである。

翻訳はまず、第1〜4章を佐々木、第5〜7章を原、第8〜10章および日本語版序文を西部が分担して訳稿をつくり、佐々木が全体の調整に当たるという方法で進めた。また、「解題」は西部が担当した。翻訳にさいしては、はじめに訳語表をつくり、その後も意見交換をしながらこれを訂正して、できるだけ適切な訳語で統一するように努めた。また、原文の意味を損なわないように、なおかつ読みやすいものになるようにと、訳文を考えるように努力したつもりではあるが、原著の緻密さと格調の高さとをどれだけ伝えることができたのか、心もとない限りである。

翻訳の過程でとくに迷ったことを、二点だけ述べておくことにしたい。第一に、concept と conception など、微妙な意味の違いをもつ言葉を訳し分けるのは、容易ではなかった。本書では、前者を「概念」、後者を「概念把握（または想念）」と訳し分けた。conception についていうと、研究者が何かを把握することを指す場合には「概念把握」を用い、行為する主体の主観的な捉え方を指す場合には「想念」を充てた。いずれにせよ、他の類似の言葉との関係もあり、あらためて翻訳の困難を感じないわけにはいかなかった。第二に、knowledge that と knowledge how など、直訳したのでは意味がわからない言葉については、意訳する必要があった。前者は言語的に表現されうる知識を指し、後者はそれができない知識を指すということに鑑みて、それぞれ「論述内容の知識」および「遂行方法の知識」という訳語を充てた。どちらも、すでにある訳書を参照しながら、試行錯誤のなかでたどりついたものであった。

批判的実在論は「学派」というよりも、いわばひとつの「プロジェクト」であるといわれている。その主要な役割は科学的説明にとっての「基礎」を与えること、ハイエク、ケインズ、マルクス、ヴェブレンなどの異端派や非主流派経済学の方法に対して、その発展的・建設的な研究指針を示すことである。この立場は、方法論的個人主義を支持せず、個人の行為を究極的なものとはみなさない。人間行為を社会的ルールなどの社会構造から説明しようとし、そのような社会構造を実在と考える点に特徴がある。したがって、歴史的・地理的に特有な実在としての社会構造を摘出し、そこから社会的事実を因果的に説明することが課題となる。日本についても、日本社会に顕著にみられる現象はどのような社会構造に基づいて出現しているのか、その構造はどのような性質のものなのか、といった問題を考えるうえで、批判的実在論の知見が示唆することは、大きな意味をもつといえるであろう。

法政大学出版局編集代表の平川俊彦氏と、本書を担当された勝康裕氏には、翻訳の過程でさまざまなご配慮と助言をいただいた。これらのご配慮と助言に対して感謝申し上げるとともに、翻訳が大幅に遅れたことをお詫びしたい。

二〇〇五年九月

佐々木憲介
西部　忠
原　伸子

著　者

スティーヴ・フリートウッド（Steve Fleetwood）

1955年リヴァプール生まれ。ケンブリッジ大学経済学部に学び，1993年に博士号を取得。ドゥ・モンフォート大学講師を経て，1999年よりランカスター大学マネジメントスクール組織労働技術学部上級講師（Senior Lecturer）。

主な編著として，S. Fleetwood（ed.）, *Critical Realism in Economics: Development and Debate*, London, 1999; S. Fleetwood and S. Ackroyd（eds）, *Critical Realist Applications in Organisation and Management Studies*, London, 2004; S. Fleetwood, A. Brown, and J. Roberts（eds）, *Critical Realism and Marxism*, London, 2002; S. Fleetwood and S. Ackroyd（eds）, *Realist Perspectives on Organisation and Management*, London, 2000 など。

訳　者

佐々木憲介（ささき・けんすけ）

1955年生まれ。1985年，東北大学大学院経済学研究科博士課程中退。現在，北海道大学大学院経済学研究科教授。

主要業績：『経済学方法論の形成――理論と現実との相剋　1776-1875』北海道大学図書刊行会，2001年；「W. カニンガムにおける理論と歴史」北海道大学『経済学研究』第55巻第4号，2006年。

西部　忠（にしべ・まこと）

1962年生まれ。1993年，東京大学大学院第二種博士課程修了。現在，北海道大学大学院経済学研究科助教授。

主要業績：『進化経済学のフロンティア』（編著）日本評論社，2004年；「進化経済学の現在」吉田雅明責任編集『経済学の現在2：経済思想2』日本経済評論社，2005年。

原　伸子（はら・のぶこ）

1951年生まれ。1980年，九州大学大学院経済学研究科博士課程修了。現在，法政大学経済学部教授。

主要業績：『市場とジェンダー――理論・実証・文化』（編著）法政大学出版局，2005年；D. K. フォーリー『資本論を理解する』（共訳）法政大学出版局，1990年。

ハイエクのポリティカル・エコノミー
──秩序の社会経済学

2006年2月20日　初版第1刷発行

スティーヴ・フリートウッド
佐々木憲介・西部 忠・原 伸子 訳
発行所　財団法人　**法政大学出版局**
〒102-0073　東京都千代田区九段北3-2-7
電話03(5214)5540／振替00160-6-95814
製版・印刷　平文社／製本　鈴木製本所

ISBN4-588-64540-4
Printed in Japan

事項索引

[タ　行]

人名索引

［ナ 行］

［ハ 行］

［マ 行］

［ラ 行］

参考文献

ハイエクの思想の歴史的発展を理解しやすくするために，彼の著作年次は，コンファレンスでの報告年と出版年のうちの早いほうをあげている。

Addleston, M. (1986) 'Radical Subjectivism and Austrian Economics', in Kirzner (1986).

Agonito, Y. (1975) 'Hayek Re-visited: Mind as a Process of Classification', *Behaviourism* 3 (2).

Arrow, K. and Hahn, F. (1971) *General Competitive Analysis*, New York: Holden-Day〔福岡正夫・川又邦雄訳『一般均衡分析』岩波書店，1976 年〕.

Bacharach, M. (1989) 'The Role of "Verstehen" in Economic Theory', *Ricerche Economiche*, 43(1-2).

Bakhurst, R. (1991) *Consciousness and Revolution in Soviet Philosophy: From the Bolsheviks to Evad Ilyenkov*, Cambridge: Cambridge University Press.

Barry, N. (1979) *Hayek's Social and Economic Philosophy*, London: Macmillan〔矢島鈞次訳『ハイエクの社会・経済哲学』春秋社，1984 年〕.

—— (1984) *Hayek's Serfdom Re-visited: Essays by Economists, Philosophers and Political Scientists*, London: Institute of Economic Affairs.

Beck, L. (1988) *Kant: Selections*, London: Macmillan.

Bhaskar, R. (1978) *A Realist Theory of Science*, Brighton, Sussex: Harvester Wheatsheaf.

—— (1989a) *The Possibility of Naturalism*, Brighton, Sussex: Harvester Wheatsheaf.

—— (1989b) *Reclaiming Reality: A Critical Introduction to Contemporary Philosophy*, London: Verso.

Birner, J. and van Zijp, R. (1994) *Hayek, Co-ordination and Evolution*, London: Routledge.

—— (1994) 'Hayek and Knowledge: Some Question Marks'.

Boehm, S. (1989) 'Hayek on Knowledge, Equilibrium and Prices: Context and Impact', *Wirtschaftspolitische Blätter*, 36.

—— (1994) 'Hayek and Knowledge', in Colona and Hageman (1994).

Boettke, P. (1997) 'Where did Economics Go Wrong? Modern Economics as a Flight From Reality', *Critical Review* 11, 11-64.

Boettke, P., Horowitz, S. and Prychitko, D. (1986) 'Beyond Equilibrium Analysis: Reflections on the Uniqueness of the Austrian Tradition', *Market Process* 4(2).

Bosanquet, N. (1983) *After the New Right*, London: Heinemann.

Buchanan, J. (1969a) *Cost and Choice*, Markham Publishing〔山田多門訳『選択のコスト』春秋社，1988 年〕.

—— (1969b) 'Is Economics the Science of Choice?', in Streissler (1969).

Butler, E.（1983）*Hayek: His Contribution to the Political and Economic Thought of Our Time*, London: Temple Smith〔鹿島信吾・清水元訳『ハイエク――自由のラディカリズムと現代』筑摩書房，1991 年〕.

Butos, W.（1985）'Hayek and General Equilibrium Analysis', *Southern Economic Journal* 52（October）.

Caldwell, B.（1984）'Praxeology and its Critics: an Appraisal', *History of Political Economy* 16（3）.

――（1988）'Hayek's Transformation', *History of Political Economy* 20（4）.

――（1990）*Carl Menger and his Legacy in Economics*, Durham, N. C.: Duke University Press.

――（1991）*Beyond Positivism: Economic Methodology in the Twentieth Century*, London: Unwin Hyman〔堀田一善・渡部直樹監訳『実証主義を超えて』中央経済社，1989 年，初版（1982）の訳〕.

Clark, C.（1987–8）'Equilibrium, Market Process and Historical Time', *Journal of Post Keynesian Economics* 10（2）.

――（1989）'Equilibrium for What? Reflections on Social Order in Economics', *Journal of Economic Issues* 23.

Collier, A.（1994）*Critical Realism: An Introduction to Roy Bhaskar's Philosophy*, London: Verso.

Colona, M. and Hageman, H.（1994）*The Economics of Hayek*, vol. 1: *Money and Business Cycles*, Aldershot, Hants.: Edward Elgar.

Desai, M.（1994）'Equilibrium, Expectations and Knowledge', in Birner and van Zijp（1994）.

Diamond, A.（1980）'F. A. Hayek on Constructivism and Ethics', *Journal of Libertarian Studies* 4（4）.

Dictionary of Philosophy（1983）London: Pan Books.

Dow, S.（1985）*Macroeconomic Thought: A Methodological Approach*, Oxford: Basil Blackwell〔鴻池俊憲・矢根真二訳『マクロ経済学の構図――方法論的アプローチ』日本経済評論社，1991 年〕.

Downward, P.（2003）*Applied Economics and the Realist Critique*, London: Routledge.

Dreyfus, H. and Dreyfus, L.（1987）*Mind Over Machine: The Power of Human Intuition and Expertise in the Era of the Computer*, Oxford: Basil Blackwell〔椋田直子訳『純粋人工知能批判――コンピューターは思考を獲得できるか』アスキー，1987 年〕.

Earl, P.（1985）*Psychological Economics: Developments, Tensions, Prospects*, Amsterdam: Kluwer.

Eatwell, J. and Milgate, M.（1994）'Competition, Prices and Market Order', in Colona and Hageman（1994）.

Ebling, R.（1986）'Towards a Hermeneutical Understanding of Economics', in Kirzner（1986）.

Eriksson, R.（1993）'Hayek, Realism and Idealism', Abo Akademi University, Finland, unpublished manuscript.

Fisher, F.（1989）*Disequilibrium Foundations of Equilibrium Economics*, Cambridge: Cam-

bridge University Press.
Fleetwood, S.（1999）*Critical Realism in Economics: Development and Debate*, London: Routledge.
Foreman, F.（1989）*The Metaphysics of Liberty*, Amsterdam: Kluwer.
Frowen, S.（1997）*Hayek: Economist and Social Philosopher: A Critical Retrospect*, London: Macmillan.
Galeotti, A.（1987）'Individualism, Social Rules, Tradition: The Case of F. Hayek', *Political Theory* 15(2).
Garrison, R.（1982）'Austrian Economics as the Middle Ground', in Kirzner（1982a）.
Gray, J.（1984）*Hayek on Liberty*, Oxford: Basil Blackwell〔照屋佳男・古賀勝次郎訳『ハイエクの自由論』（増補版）行人社，1989 年〕.
Hahn, F.（1973）*On the Notion of Equilibrium in Economics*, Cambridge: Cambridge University Press.
——（1982）'Reflections on the Invisible Hand', *Lloyds Bank Review*, April.
Hamlyn, D.（1987）*Metaphysics*, Cambridge: Cambridge University Press.
Hargreaves-Heap, S.（1989）*Rationality*, Cambridge: Cambridge University Press.
Harré, R.（1988）*The Philosophies of Science*, London: Oxford University Press.
Hayek, F.（1931）*Prices and Production*, London: Routledge〔谷口洋志他訳『価格と生産』（ハイエク全集 1）春秋社，1989 年〕.
——（1936）'Economics and Knowledge', *Economica*, February〔嘉治元郎・嘉治佐代訳「経済学と知識」『個人主義と経済秩序』（ハイエク全集 3）春秋社，1990 年，所収〕.
——（1941）*The Pure Theory of Capital*, London: Routledge and Kegan Paul〔一谷藤一郎訳『資本の純粋理論』全 2 冊，1952 年〕.
——（1942a）'Scientism and the Study of Society', *Economica*〔佐藤茂行訳『科学による反革命』木鐸社，1979 年，第 1 部〕.
——（1942b）'The Facts of the Social Sciences', in Hayek（1949）〔嘉治元郎・嘉治佐代訳「社会科学にとっての事実」『個人主義と経済秩序』（ハイエク全集 3）春秋社，1990 年，所収〕.
——（1943）'Scientism and the Study of Society, Part II', *Economica*, February〔佐藤茂行訳『科学による反革命』木鐸社，1979 年，第 1 部〕.
——（1944）'Scientism and the Study of Society, Part III', *Economica*, February〔佐藤茂行訳『科学による反革命』木鐸社，1979 年，第 1 部〕.
——（1945）'The Use of Knowledge in Society', *American Economic Review* 35(4)〔田中真晴訳「社会における知識の利用」田中真晴・田中秀夫編訳『市場・知識・自由』ミネルヴァ書房，1986 年，所収；嘉治元郎・嘉治佐代訳「社会における知識の利用」『個人主義と経済秩序』（ハイエク全集 3，春秋社）1990 年，所収〕.
——（1946）'The Meaning of Competition', in Hayek（1949）〔田中真晴訳「競争の意味」田中真晴・田中秀夫編訳『市場・知識・自由』ミネルヴァ書房，1986 年，所収；嘉治元郎・嘉治佐代訳「競争の意味」『個人主義と経済秩序』（ハイエク全集 3）春秋社，1990 年，所収〕.

――（1947）‘Free Enterprise and Competitive Order’, in Hayek（1949）〔嘉治元郎・嘉治佐代訳「『自由』企業と競争的秩序」『個人主義と経済秩序』（ハイエク全集 3）春秋社，1990 年，所収〕.
――（1949）*Individualism and the Economic Order*, London: Routledge and Kegan Paul〔嘉治元郎・嘉治佐代訳『個人主義と経済秩序』（ハイエク全集 3）春秋社，1990 年〕.
――（1952）*The Sensory Order*, London: Routledge and Kegan Paul〔穐山貞澄訳『感覚秩序』（ハイエク全集 4）春秋社，1989 年〕.
――（1955）‘Degrees of Explanation’, in Hayek（1967a）.
――（1960）*The Constitution of Liberty*, London: Routledge & Kegan Paul〔気賀健三・古賀勝次郎訳『自由の条件』Ⅰ，Ⅱ，Ⅲ（ハイエク全集 5，6，7），春秋社，1986–87 年〕.
――（1961）‘The Theory of Complex Phenomena’, in Hayek（1967a）〔杉田秀一訳「複雑現象の理論」『現代思想』Vol. 19，No. 12，1991 年 12 月号〕.
――（1962）‘Rules, Perception and Intelligibility’, in Hayek（1967a）.
――（1964a）‘Kinds of Rationalism’, in Hayek（1967a）.
――（1964b）‘Kinds of Order in Society’, *New Individualist Review* 1(3).
――（1967a）*Studies in Philosophy, Politics and Economics*, London: Routledge and Kegan Paul.
――（1967b）‘Notes on the Evolution of Systems of Rules of Conduct’, in Hayek（1967a）.
――（1967c）‘The Economy, Science and Politics’, in Hayek（1967a）.
――（1967d）‘The Confusion of Language in Political Thought’, in Hayek（1967a）.
――（1968a）‘Competition as a Discovery Process’, in Hayek（1978）.
――（1968b）‘The Primacy of the Abstract’, in Hayek（1978）.
――（1970a）‘The Errors of Constructivism’, in Hayek（1978）.
――（1970b）‘The Pretence of Knowledge’, in Hayek（1978）.
――（1973）‘Rules and Order’, in Hayek（1982b）〔矢島欽次・水吉俊彦訳「ルールと秩序」『法と立法と自由』Ⅰ（ハイエク全集 8），春秋社，1987 年〕.
――（1976）‘The Mirage of Social Justice’, in Hayek（1982b）〔篠塚慎吾訳「社会正義の幻想」『法と立法と自由』Ⅱ（ハイエク全集 9），春秋社，1987 年〕.
――（1978）*New Studies in Philosophy, Politics and Economics*, London: Routledge and Kegan Paul.
――（1979）‘The Political Order of Free People’, in Hayek（1982b）〔渡辺茂訳「自由人の政治的秩序」『法と立法と自由』Ⅲ（ハイエク全集 10），春秋社，1988 年〕.
――（1982a）‘The Sensory Order after 25 Years’, in Weimer and Palermo（1982）.
――（1982b）*Law, Legislation and Liberty*, London: Routledge and Kegan Paul〔矢島欽次他訳『法と立法と自由』Ⅰ，Ⅱ，Ⅲ（ハイエク全集 8，9，10），春秋社，1987–88 年〕.
――（1983）*Knowledge, Evolution and Society*, London: Adam Smith Institute.
――（1988）*The Fatal Conceit*, London: Routledge.
Heath, E.（1992）‘Rules, Function, and the Invisible Hand: an Interpretation of Hayek’s Social Theory’, *Philosophy of the Social Sciences* 22(1).
Heilbroner, R.（1986）*The Essential Adam Smith*, London: Oxford University Press.

Herrman-Pillath, K.（1992）‘The Brain, its Sensory Order and the Evolutionary Concept of the Mind: On Hayek’s Contribution to Evolutionary Epistemology’, *Journal of Social and Evolutionary Systems* 15(2).

——（1994）‘Evolutionary Rationality, “Homo Economicus”, and the Foundations of Social Order’, *Journal of Social and Evolutionary Systems* 17(1).

High, J.（1986）‘Equilibration and Disequilibration in the Market Process’, in Kirzner（1986）.

Hodgson, G.（1988）*Economics and Institutions: A Manifesto for a Modern Institutional Econmics*, Oxford: Polity Press〔八木紀一郎・橋本昭一・家本博一・中矢俊博訳『現代制度派経済学宣言』名古屋大学出版会，1997 年〕.

——（1991）‘Hayek’s Theory of Cultural Evolution: an Evaluation in the Light of Vanberg’s Critique’, *Economics and Philosophy* 7.

——（1993）‘The Economics of Institutions’, *European Association for Evolutionary Political Economy, Newsletter,* July.

Hollis, M.（1987）*The Cunning of Reason*, Cambridge: Cambridge University Press〔槻木裕訳『ゲーム理論の哲学——合理的行為と理性の狡知』晃洋書房，1998 年〕.

Hutchison, T.（1981）*The Politics and Philosophy of Economics*, Oxford: Basil Blackwell.

Ioannides, S.（1992）*The Market, Competition and Democracy*, Aldershot, Hants.: Edward Elgar.

Kay, G. and Mott, J.（1982）*Political Order and the Law of Labour*, London: Macmillan.

Kirzner, I.（1982a）*Method, Process and Austrian Economics*, New York: Lexington Books.

——（1982b）‘Uncertainty, Discovery, and Human Action’, in Kirzner（1982a）.

——（1986）*Subjectivism, Intelligibility and Economic Understanding*, New York: New York University Press.

——（1992）*The Meaning of Market Process: Essays in the Development of Modern Austrian Economics*, London: Routledge.

Koestler, A. and Smithies, A.（1969）*Beyond Reductionism: New Perspectives in the Life Sciences*, London: Hutchinson〔池田善昭監訳『還元主義を超えて——アルプバッハ・シンポジウム ’69』工作社，1984 年〕.

Kregel, J.（1986）‘Conceptions of Equilibrium: the Logic of Choice and the Logic of Production’, in Kirzner（1986）.

Kukhatas, C.（1989）*Hayek and Modern Liberalism*, Oxford: Clarendon Press.

Kuninski, M.（1992）‘F. A. Hayek’s Theory of Spontaneous Order: Between “Verstehen” and “Invisible Hand Explanation”’, in J. Lee Auspitz *et al*., *Praxiologies and the Philosophy of Economics: The International Annual of Practical Philosophy and Methodology*, vol. 1, London: Transaction Publishers.

Kusterner, K.（1978）*The Important Working Knowledge of ‘Unskilled’ Workers*, Boulder, Col.: Westview Press.

Lachman, L.（1969）‘Methodological Individualism and the Market Economy’, in Streissler（1969）.

——（1976）‘From Mises to Shackle: an Essay on Austrian Economics and the Kaleidic Socie-

ty', *Journal of Economic Literature* 14(1).
—— (1986) *The Market as an Economic Process*, Oxford: Basil Blackwell.
Lavoie, D. (1986) 'The Market as a Procedure for Discovery and Conveyance of Inarticulate Knowledge', *Comparative Economic Studies* 28(1).
Lawson, C. (1994) 'The Transformational Model of Social Activity and Economic Analysis: A Reinterpretation of the Work of J. R. Commons', *Review of Political Economy* 6(2).
Lawson, C., Peacock, M. and Pratten, S. (1996) 'Realism, Underlabouring and Institutions', *Cambridge Journal of Economics* 20(1).
Lawson, T. (1988) 'Probability and Uncertainty in Economic Analysis', *Journal of Post Keynesian Economics* 11(1).
—— (1989a) 'Abstraction, Tendencies and Stylised Facts: a Realist Approach to Economic Analysis', *Cambridge Journal of Economics* 13(1).
—— (1989b) 'Realism and Instrumentalism in the Development of Econometrics', *Oxford Economic Papers* 41(1).
—— (1994a) 'A Realist Theory for Economics', in R. Backhouse (ed.), *New Directions in Economic Methodology*, London: Routledge.
—— (1994b) 'The Nature of Post-Keynesianism and its Links to Other Traditions: a Realist Perspective', *Journal of Post Keynesian Economics,* August.
—— (1994c) 'Realism and Hayek: a Case of Continuous Transformation', in Colona and Hageman (1994).
—— (1995a) 'Developments in Hayek's Social Theorising', in Frowen (1995).
—— (1995b) 'The Lucas Critique: a Generalisation', *Cambridge Journal of Economics* 19(2).
—— (1997) *Economics and Reality*, London: Routledge〔八木紀一郎監訳，江頭進・葛城政明訳『経済学と実在』日本評論社，2003 年〕.
—— (2003) *Reorienting Economics*, London: Routledge.
Lewis, P. (2004) *Transforming Economics: Perspectives on the Critical Realist Project*, London: Routledge.
Littlechild, S. (1982) 'Equilibrium and Market Process', in Kirzner (1982a).
Loasby, B. (1989) *The Mind and Method of the Economist*, Aldershot, Hants.: Edward Elgar.
—— (1991) *Equilibrium and Evolution*, Manchester: Manchester University Press.
Mäki, U. (1990a) 'Scientific Realism and Austrian Explanation', *Review of Political Economy* 2(3).
—— (1990b) 'Mengerian Economics in Realist Perspective', in Caldwell (1990).
Marshall, A. (1923) *Industry and Trade*, London: Macmillan〔永沢越郎訳『産業と商業』全 3 冊，岩波ブックセンター信山社，1986 年〕.
—— (1947) *Principles of Economics*, 8th edn, London: Macmillan〔永沢越郎訳『経済学原理』全 4 冊，岩波ブックセンター信山社，1985 年〕.
Meikle, S. (1985) *Essentialism in the Thought of Karl Marx*, London: Duckworth.
Nishiyama, C. (1964) 'Hayek's Theory of Sensory Order and the Methodology of the Social Sciences', *Journal of Applied Sociology* 7.

—— (1979) 'Anti-Rationalism or Critical Rationalism', in F. Mayer *et al.* (eds), *Verfassung der Freiheit: Festgabe für F. Hayek zur Vollendung seines achtzigsten Lebensjahres*, Stuttgart: Fischer.

Nozick, R. (1977) 'On Austrian Methodology', *Synthese* 36.

Nyiri, J. (1988) 'Tradition and Practical Knowledge', in Smith and Nyiri (1988).

O'Driscoll, G. (1977) *Economics as a Coordination Problem*, Kansas City: Sheed Andrews and McMeel.

O'Driscoll, G. and Rizzo, M. (1985) *The Economics of Time and Ignorance*, Oxford: Basil Blackwell〔橋本努・井上匡子・橋本千津子訳『時間と無知の経済学——ネオ・オーストリア学派宣言』勁草書房, 1999 年〕.

—— (1986) 'Subjectivism, Uncertainty and Rules', in Kirzner (1986).

Oliver, W. (1951) *Theory of Order*, Yellow Springs, Ohio: Antioch Press.

Paque, K.-H. (1985) 'How Far is Vienna from Chicago? An Essay on the Methodology of Two Schools of Dogmatic Liberalism', *Kyklos* 38(3).

—— (1990) 'Pattern Predictions in Economics: Hayek's Methodology of the Social Sciences Revisited', *History of Political Economy* 22(2).

Pareto, V. (1971) *Manual of Political Economy*, New York: Augustus M. Kelley.

Parsons, S. (1990) 'The Philosophical Roots of Modern Austrian Economics: Past Problems and Future Prospects', *History of Political Economy* 22(2).

—— (1994) 'Hayek and the Limitations of Knowledge: Philosophical Aspects', 'Developments in Hayek's Social Theorising', in Frowen (1997).

Peacock, M. (1993) 'Hayek, Realism and Spontaneous Order', *Journal for the Theory of Social Behaviour* 23(3).

Peters, R. (1958) *The Concept of Motivation*, London: Routledge & Kegan Paul.

Pheby, J. (1988) *Methodology and Economics: A Critical Introduction*, London: Macmillan〔浦上博逵・小島照男訳『経済学方法論の新展開——方法論と経済学』文化書房博文社, 1991 年〕.

Polanyi, M. (1958) *Personal Knowledge*, London: Routledge and Kegan Paul〔長尾史郎訳『個人的知識——脱批判哲学をめざして』ハーベスト社, 1985 年〕.

—— (1966) *The Tacit Dimension*, Gloucester, Mass.: Peter Smith〔佐藤敬三訳『暗黙知の次元』紀伊國屋書店, 1980 年〕.

Popper, K. (1972) *Conjectures and Refutations*, London: Routledge and Kegan Paul〔藤本隆志・石垣壽郎訳『推測と反駁——科学的知識の発展』法政大学出版局, 1980 年〕.

Pratten, S. (1993) 'Structure, Agency and Marx's Analysis of the Labour Process', *Review of Political Economy* 5(4).

—— (1994) 'Marshall on Tendencies, Equilibrium and the Statistical Method', *History of Political Economy* 30.

Prisching, M. (1989) 'Evolution and Design of Social Institutions in Austrian Theory. Austrian Economics: Roots and Ramifications Reconsidered, Part 2', *Journal of Economic Studies* 16(2).

Rizzo, M（1990）‘Hayek’s Four Tendencies Towards Equilibrium’, *Cultural Dynamics* 3(1).
Rubin, I.（1990）*Essays on Marx’s Labour Theory of Value*, Detroit, Mich.: Black Rose Books.
Rubinstein, D.（1981）*Marx and Wittgenstein: Social Praxis and Social Explanation*, London: Routledge and Kegan Paul.
Runde, J.（1985）‘Subjectivism, Psychology and the Modern Austrians’, in P. Earl（ed.）, *Psychological Economics*, Amsterdam: Kluwer.
Ryle, G.（1945）‘Knowing How and Knowing That’, *Proceedings of the Aristotelian Society* 46.
——（1949）*The Concept of Mind*, London: Hutchinson〔坂本百大・宮下治子・服部裕幸訳『心の概念』みすず書房，1987 年〕.
Sayer, A.（1992）*Method in Social Science*, London: Routledge.
Sayers, S.（1985）*Reality and Reason*, Oxford: Basil Blackwell.
Smith, B.（1986）‘Austrian Economics and Austrian Philosophy’, in Smith and Grassl（1986）.
——（1990a）‘Aristotle, Menger, Mises: an Essay in the Metaphysics of Economics’, in Caldwell（1990）.
——（1990b）‘On the Austrianness of Austrian Economics’, *Critical Review* 4.
——（1995）‘The Intellectual Order: a Study of Hayekian Psychology’, in Frowen（1997）.
—— and Grassl, W.（1986）*Austrian Economics: A Historical and Philosophical Background*, London: Croom Helm.
—— and Nyiri, J.（1988）*Practical Knowledge: Outlines of a Theory of Traditions and Skills*, London: Croom Helm.
Spengler, J.（1948）‘The Problem of Order in Economic Affairs’, *Southern Economic Journal* 15.
Stern, R.（1990）*Hegel, Kant and the Structure of the Object*, London: Routledge.
Streissler, E.（1969）*Roads to Freedom: Essays in Honour of F. von Hayek*, London: Routledge and Kegan Paul.
——（1994）‘Hayek on Information and Socialism’, in Colona and Hageman（1994）.
Streit, M.（1993）‘Cognition, Competition and Catallaxy’, *Journal of Constitutional Political Economy* 4(2).
Thompson, J.（1989）‘The Theory of Structuration’, in J. Thompson and D. Held, *Social Theory and Modern Societies: A. Giddens and his Critics*, Cambridge: Cambridge University Press.
Thomsen, E.（1992）*Prices and Knowledge: A Market Process*, London: Routledge.
Tomlinson, J.（1990）*Hayek and the Market*, London: Pluto Press.
Ullman-Marglit, U.（1978）‘Invisible Hand Explanations’, *Synthese* 39.
Vanberg, V.（1986）‘Spontaneous Market Order and Social Rules: a Critical Examination of F. A. Hayek’s Theory of Cultural Evolution’, *Economics and Philosophy* 2.
Vaughan, K.（1980）‘Economic Calculation under Socialism’, *Economic Enquiry* 18(4).
——（1982）‘Subjectivism, Predictability, and Creativity: Comment on Buchanan’, in Kirzner（1982a）.
——（1984）‘The Constitution of Liberty from an Evolutionary Perspective’, in Barry（1984）.

—— (1992) 'The Problems of Order in Austrian Economics: Kirzner vs. Lachmann', *Review of Political Economy* 4(3).

Vries, R. de (1994) 'The Place of Hayek's Theory of Mind and Perception in the History of Philosophy and Psychology', in Birner and van Zijp (1994).

Wagner, R. and Sternberg, R. (1987) 'Tacit Knowledge in Managerial Success', *Journal of Business and Psychology* 1(4).

Weimer, W. and Palermo, D. (1982) *Cognition and the Symbolic Process*, London: Lawrence Erlbaum.

Weintraub, E. (1986) *Microfoundations*, Cambridge: Cambridge University Press.

Wood, S. (1989) *The Transformation of Work*, London: Unwin Hyman.

Woolfson, C. (1982) *The Labour Theory of Culture*, London: Routledge and Kegan Paul.